《周易》新义

薛飞◎编著

华龄出版社
HUALING PRESS

图书在版编目（CIP）数据

《周易》新义 / 薛飞编著 . -- 北京：华龄出版社，2022.9

ISBN 978-7-5169-2210-1

Ⅰ. ①周… Ⅱ. ①薛… Ⅲ. ①《周易》—译文 ②《周易》—注释 Ⅳ. ① B221

中国版本图书馆 CIP 数据核字（2022）第 050562 号

策划编辑	叶　萍	**责任印制**	李未圻
责任编辑	梅　剑	**封面设计**	中尚图

书　名	《周易》新义	**作　者**	薛　飞
出版发行	华龄出版社 HUALING PRESS		
社　址	北京市东城区安定门外大街甲57号	**邮　编**	100011
发　行	（010）58122255	**传　真**	（010）84049572
承　印	三河市中晟雅豪印务有限公司		
版　次	2022年9月第1版	**印　次**	2022年9月第1次印刷
规　格	880mm×1230mm	**开　本**	1/32
印　张	12.5	**字　数**	290 千字
书　号	ISBN 978-7-5169-2210-1		
定　价	79.00元		

序言

在我们的学习、生活和社会实践当中，我们时常会感叹伟大的中华文明源远流长、灿烂辉煌。作为中华文明的后世子孙，我们不免要思考一个问题：我们的血脉、我们的文化发端肇始于何时何事，如何成就了我们这个独特而伟大的民族，使得我们形成了与世界上其他民族和文化相比而言那样巨大的差异？要想回答这个问题，就必然要追溯我们古代圣贤留下的伟大著作，通过那些流传千年不朽的章句来寻找我们的根脉，而《周易》则在那些伟大的著作中占据极为重要的显赫地位。

在我们中华文明流传千年的文化巨著当中，《周易》历来被誉为“群经之首”“上古奇书”，其与《诗经》《尚书》同为我们研究中国古代历史、文化、哲学等各学科时无法绕开的古代经典著作。尤其在研究“中国古典哲学”这个学科门类之时，深入探究《周易》所载的哲学思想更是一条必由之路。在拙作《老子新读》当中，我说《老子》哲学是“朴素的客观唯物主义”，而经过我在创作本书时对《周易》进行的学习与研究，可以得出同样的结论，《周易》（这里主要指《易经》部分）哲学同样可以被认为是朴素的客观唯物主义哲学。如何证明我的这一论断，相信读者在阅读本书对各卦进行的注释后自然能够明了。

历代以来，《周易》被儒家学者们尊为经典，宋代朱熹将之列入“四书五经”，成为学人的必读书目；然而在其获得如此显赫地位的同时，也被一些学者视为“卜筮之书”。造成这种情况的原因，一是《周易》成书时代久远，字句含义深邃难解，故而自然容易使后人不明就里，只能以神秘主义来看待它；二是《周易》成书时代的历史局限性。关于《周易》成书的时代和作者，有人认为是上古时代伏羲所作，有人认为是商周之际，周文王被囚禁于羑里时所作；但当代学界研究认为，《周易》的成书应当是从商代到周初逐步发展写成的，作者也非一人，而是由当时众多的学者和思想家们不断地传承和完善的，本书赞同这种观点。在那样的古代社会中，知识是社会中少数顶层阶级才能够掌握的，而这些人往往是统治者的臣属和谋士。在那样一个文明尚未开化的时代，却有着与今人同样需要面对的各种问题，因此，最早掌握了知识的先贤们就有动力去观察世界、观察社会，并将自己的思想凝结起来传承后世。那时的统治者在治理社会遇到具体问题的时候，也需要向这些掌握知识的先贤们进行咨询，那么在议论这些事关兴亡的国政之时，臣属谋士自然不能信口开河，而需要有完备可靠的理论支持自己的观点和意见，同时需要对统治者所询之事给出明确的吉凶判断，使这种理论经由政治活动转换为实际的治国政策，如此就有了我们今天所看到的卦辞、爻辞当中对理论概念的陈述，以及对吉凶悔吝的判断。

因此，本书认为将《周易》，尤其是《易经》部分简单粗暴地说成是卜筮之书，无疑是浅薄武断的观点和认知。杨效雷说：“《易传》固然是阐述思想的哲学书，《易经》也并非无思想内涵的单纯的卜筮记录。《易经》作者要告诉人们的，不仅仅是吉凶的结果，更关键的是‘何以吉，何以凶’的趋吉避凶之理。”[①] 我们今天学习和研究《周易》，万不可陷入神秘主义乃至封建迷信的歧途，而应当通过深入考究文本字句的原旨原义，充分认识作《周易》的古代圣贤所构建起的一套独特的哲学观点，并将之引入我们的实际生活当中，使其丰富我们的精神世界，才是正确的做法和途径。

我们今天见到的《周易》文本，多是由《易经》和《易传》两部分构成。《易经》，即卦辞和爻辞；《易传》，相传由孔子所作，用以对《易经》进行解析和阐发。《易传》包括《彖》《象》《文言》《系辞》《序卦》《说卦》《杂卦》七种，共十篇，故又称“十翼”。在历代注疏《周易》的众家中由此分为两派，一派倡导将《经》《传》共同看作一个整体来学习和研究；一派认为应当对《经》《传》的思想加以分别，不可混为一谈。本书认可后一派的观点。《易传》当然是对《易经》非常高水准的解读和诠释，因此才能在千年来的传承中被广泛地承认和重视，但《易传》成书的时代、所处的社会背景、思想潮流终究与《易经》存在很大的不同，如果在我们的学习和研究中兼说《经》《传》，

① 杨效雷. 中国古代《周易》诠释史纲要. 郑州：中州古籍出版社，2017.

就容易造成误解，反而模糊甚至掩盖了《周易》哲学最根本、最原始的思想含义。高亨先生说："我认为《易经》作于周初，《易传》作于晚周，其间相去已数百年，传的论述当然不会完全符合经的原义。而况《易传》作者往往借用经文，来发挥他们的世界观，使经由筮书领域跨入哲学书领域。古画添上新彩，古鼎刻上新字，加工的《易经》就不是原样的《易经》了。然而《十翼》有正确的解说，有独具的价值，也是不可否认、值得重视的。因此我说《十翼》仅是出现最早的、颇有可采的《易经》注解，并非精确悉当的、无可非议的《易经》注解。我们生在科学昌明的今天，若仍遵循古人的故辙，一味信从《十翼》，拿古人的盆扣在自己的头上，用古人的绳捆在自己的手上，就难于考见《易经》原意。因此，我主张讲《易经》不必受《易传》的束缚，谈《易传》不必以《易经》为归宿，照察两本书的本来面貌，探求两本书的故有联系，才是研究《周易》经传的正确途径。"① 本书赞同高亨先生的这种将《经》《传》加以区别认识的观点，同时需要注意的是，《易传》各篇也并非出自一人之手，甚至其中是否有孔子所作篇目也存在很大的疑问。今天我们能看到的最早的《周易》文本是马王堆帛书本，在这一文本中，除了《易经》各卦外，另有《系辞》和"卷后佚书"，而不见其他《易传》篇目。帛书本《系辞》部分字句段节也与今本存在许多不同。

本书着重于探讨《周易》哲学最根本、最原始的思想，因此以传世本为基础、以帛书本为依据，进行了部分字句的分析校

① 高亨. 周易古经今注. 北京：清华大学出版社，2010.

订；仅对卦辞、爻辞和附缀于下的《彖》《象》进行注释，对于《彖》《象》中过于引申卦、爻辞含义的字句，在注释中进行了说明；对于《易传》其他篇目，本书认为其中的思想观点已经与《易经》本身相距甚远，甚至有不少穿凿附会、过度引申的成分，因此则仅附在正篇之后以为参考。

本人学识尚浅，谬误之处还请读者指正批评。

薛飞

2021年10月于北京

目录

第一卦　乾

【原文】

乾　元，亨，利，贞[①]。

《象[②]》曰：大哉乾元[③]，万物资始，乃统天[④]。云行雨施，品物流形[⑤]。大明终始[⑥]，六位时成[⑦]。时乘六龙以御天[⑧]。乾道变化[⑨]，各正性命[⑩]，保合大和[⑪]，乃利贞。首出庶物，万国咸宁[⑫]。

《象》[⑬]曰：天行健[⑭]，君子以自强不息[⑮]。

初九[⑯]　潜龙勿用[⑰]。

《象》曰："潜龙勿用"，阳在下[⑱]也。

九二　见龙在田[⑲]，利见大人[⑳]。

《象》曰："见龙在田"，德施普[㉑]也。

九三　君子终日乾乾，夕惕若厉，无咎[㉒]。

《象》曰："终日乾乾"，反复道[㉓]也。

九四　或跃在渊，无咎[㉔]。

《象》曰："或跃在渊"，进无咎[㉕]也。

九五　飞龙在天[㉖]，利见大人。

《象》曰："飞龙在天"，大人造[㉗]也。

上九　亢龙有悔[㉘]。

《象》曰："亢龙有悔"，盈不可久[29]也。

用九[30]　见群龙无首[31]，吉。

《象》曰："用九"，天德，不可为首也[32]。

【注释】

①乾　元，亨，利，贞：乾，乾卦，是六十四卦之首，是根本发源，亨通于万事万物，利于事物的发展进步，正大光明之象。乾，天之道、主宰之道、进取之道。《说卦传》曰："乾，天也、健也。"象征天道运行，推动万物生生不息、发展进步。元，根本、开端之意。《说文》曰："元者，始也，从一从兀。徐锴曰，元者，善之长也，故从一。一者，惟初太始，道立于一，造分天地，化成万物。"亨，通达、亨通之意。象乾道通达于万事万物。利，积极有利之意。《说文》曰："利，铦也，从刀，和然后利，从和省。易曰，利者，义之和也。"贞，正直、坚定之意。乾卦在《周易》哲学中就代指天道真理，但天道真理却是人的智慧不足以完全认知的，因此爻辞对此更加具体地进行了形容、比喻和评断，用以帮助我们更好地理解天道真理在不同阶段、不同层次所蕴含的价值观。天道真理是客观唯物的，是《周易》哲学精神的核心和起点，因此我们在学习《周易》哲学的过程中，就要始终将乾卦揭示的思想贯穿始终。

②彖：读音 tuàn。即《彖传》，属《易传》十翼其一，用以对各卦之卦辞进行解说。"《正义》引褚氏、庄氏释曰：'彖，断也，断定一卦之义，所以名为彖也。'但作为经传之名，其义有二：一、指卦辞，即《释文》引马融所谓'彖辞、卦辞也'。《左传》襄公九年孔疏从之，称'《周易》卦下之辞谓之为《彖》'。二、指《十翼》中的《彖传》，即王弼《周易略例》所谓'统论

一卦之体’者也，《正义》亦曰：‘夫子所作《彖辞》，统论一卦之义。’这里指第二义，凡六十四卦所附‘《彖》曰’之辞，均属此例。《彖传》又称《彖辞传》。”——黄寿祺　张善文《周易译注》。

③**大哉乾元**：伟大的乾道，是万事万物的肇始。大，《说文》曰：“天大，地大，人亦大，故大象人形。”“大”这个字取一个人撑开手臂的形象，象征着开天辟地、顶天立地之势，故而《彖传》作者用“大”这个字来形容和赞叹乾卦所代表的天道。元，根本、开端之意。《说文》曰：“元者，始也，从一从兀。徐锴曰，元者，善之长也，故从一。一者，惟初太始，道立于一，造分天地，化成万物。”

④**万物资始，乃统天**：宇宙间的万事万物皆由乾之天道化生孕育，以其为资、因其而始，因此其象天道、统合自然界的一切事物。

⑤**品物流形**：自然界各种缤纷的事、物纷纷出现，因天道流变而各具形体。《说文》曰：“品，众庶也；万物也，牛为大物；天地之数，起于牵牛，故从牛。”流形，形容天道像水流一样生生不息、滋养万物，不断推动事物发展前进而各成其形。

⑥**大明终始**：宇宙脱离了混沌的状态，建立了由始及终的一整套自然秩序。前辈学者训“大明”为太阳，但我认为，祖先造字，日月相合而为“明”，日月象征《易》之阴阳构成的辩证关系。因此，所谓“大明”指《易》使混沌初开，阴阳辩证出现，一切自然界才能随之建立起《易》之哲学角度的秩序。

⑦**六位时成**：空间的概念从“大明始终”之时开始完整构建起来。六位，即上下左右前后，以人自身为参照和基准，来识别和认知空间的方位概念。时，指上一句“大明始终”开始出现的时间概念。本句有前辈学者作出值得我们参考的不同解说：“六

位，指《乾》卦六爻；时，作副词，即按时。此句举卦中六爻按不同的‘时位’组成，说明阳气的发展顺沿一定的规律。”——黄寿祺　张善文《周易译注》。

⑧**时乘六龙以御天**：太古圣贤作《易》，以六条龙象征的乾卦六爻，顺应着天道展现出的规律而发展变化。《彖传》相传是孔子所作，用以解释和说明他对《易》的理解。也有学者认为包括《彖传》在内的《易传》各篇并非孔子所作，乃是由不同哲学流派的先贤共同创作。但无论作者是谁，《易传》除解说《易经》的卦辞、爻辞外，同时带有很强的文学性，因而难免在一些细节处不够严谨，因此我们不必深究某一句某一字的含义，只要总体把握其精神即可。

⑨**乾道变化**：乾卦象征的天道是万事万物的根本客观规律，生生不息而变化无尽。

⑩**各正性命**：（乾道变化而产生的万物）都契合于天道划定的规格之中，因此各具不同性质和禀赋。孔颖达《正义》曰：“性者，天生之质，若刚柔迟速之别；命者，人所禀受，若贵贱夭寿之属也。”朱熹《周易本义》曰：“物所受为性，天所赋为命。”

⑪**保合大和**：天道始终护持着万物之间极致的协调、顺和的关系，同时将万物与自身的客观规律相契合。

⑫**首出庶物，万国咸宁**：天道既创生万事万物，又庇佑万物在自身的客观规律下获得积极长久安宁的发展进步。庶物，即万物。《尔雅》：“庶，庶众也。”万国，代指广大的领域和范畴。万，虚指，广大之意。国，古字“國”，古文可同“域”，万国即万域，广大的领域。拙作《老子新读·第二十五章》：“國（域）中有四大，而人居其一焉。”即属此例。

⑬**《象》**：即《象传》，《易传》十翼之一。象，即象征之意，

是《象传》作者赋予卦形、卦辞和爻辞某种哲学形象和哲学概念的文字描述。“《系辞下传》所谓‘象也者，像此者也’。但作为经传之名，则有两义：一、指《周易》的卦形和卦爻辞，《系辞下传》：‘《易》者，象也。’《左传》昭公二年叙韩宣子适鲁‘见《易象》与《鲁春秋》’，均指此，故宋人项安世《周易玩辞》谓‘凡卦辞皆曰象，凡卦画皆曰象’，故卦爻辞又称《象辞》。二、指《十翼》中的《象传》，旨在阐释卦象、爻象的象征意义。这里指第二义。凡六十四卦所附‘《象》曰’云云，均属此例。《象传》又有《大象传》《小象传》之分：前者每卦一则，释上下卦象，《正义》谓‘总象一卦，故谓之《大象》’；后者每卦六则，释六爻爻象（《乾》《坤》两卦分别多一则释‘用九’‘用六’）。《正义》谓释六爻之《象辞》，谓之《小象》。”——黄寿祺　张善文《周易译注》。

⑭**天行健**：乾卦象征客观存在的天道，天道的运行方式体现在独立而不被任何主观意志所改变，强健而不怠不息。

⑮**君子以自强不息**：君子通过不断努力进取、战胜自我来获得强大、强健的精神力量，来体现自身存在的价值。

⑯**初九**：乾卦第一爻为阳。“《周易》六十四卦各由六爻组成，其位自下而上，名曰：初、二、三、四、五、上，本爻居卦下第一位，所以称‘初’；《周易》占筮用‘九’‘六’之数，‘九’代表阳，‘六’代表阴，本爻为阳，所以称‘九’。《正义》云‘居第一之位，故称初，以其阳爻，故称九’是也。案，六爻由下至上排列，古人又以象征事物的发展由低渐高、由微而著。故《周易乾凿度》云‘《易》气从下生’，郑玄注：《易》本无形，自微及著，故气从下生，以下爻为始也。”——黄寿祺　张善文《周易译注》。

⑰**潜龙勿用**：初九爻位于全卦起始阶段，此时天道真理尚

未昭显昌明，如同龙潜藏在水下，暂时不要发挥或表现功用。潜龙，象初九位于乾卦第一爻。《易》以龙譬喻乾之天道，天道隐而不可见，是抽象的、形而上的，正如人们想象中的龙一般。勿用，劝诫问卦之人暂时隐忍不发，不要显露自身。

⑱阳在下：犹言初九“潜龙”尚在乾卦发展的最初阶段。

⑲见龙在田：龙出现在大地之上，譬喻人顺应天道，逐渐开始发挥自身的作用、体现自身价值。见，古文同“现”，出现、体现之意。

⑳利见大人：在天道的庇佑和推动下，人将得到全面发展和进步，成为一个顺应天道客观发展规律，并且有能力带动整个文明与社会进步之人。利，非“有利于”之意，乃指乾卦之德。见，古文同“现”。大人，指与天道合德之人，非指“大人物”或身居高位之人。

㉑德施普：九二已经度过“潜”的阶段，乾卦之德逐渐开始彰显生动，影响广远。施，《说文》曰：“旗貌。徐锴曰，旗之逶迤。”形容旗帜在风中摆荡招展。普，普遍、广远之意，《广韵》曰“博也，大也”;《说文》曰“从日从并，日无色也。徐锴曰，日无光则远近皆同”，因此又有天下大同的含义。

㉒君子终日乾乾，夕惕若厉，无咎：君子在日常行为实践中始终顺应天道，不断乾健进取，到了夜晚休息的时候也不会放松对自身的要求，始终警醒自身，不可片刻悖离天道，因此不会犯下原则性的错误，不会遭遇由自身不道行为导致的祸患。君子，同上下文的“大人”，都是指合德于乾卦所代表的天道的人。按：《周易》每卦六爻，由下三爻构成下卦，上三爻构成上卦，按照从“初爻”至“上爻”的方向发展。故而诠释《周易》各卦，通常以上下卦为分，又有主客卦之说。乾卦九三爻位于下卦向上卦运动转化之际，故而卦辞一反常例，不再以龙的形态情势为喻，

而是直接以“君子”为称，意在提醒学易之人，天道真理的客观规律是朝夕不离的，不会因时间的推移而消失，因此君子不但要在光明昭显的白天当中践行天道真理，在夜幕降临（即九三所处的下卦向上卦转换之际）、光明潜隐的夜晚同样要保持对天道真理的敬慎，如此才能避免过失咎害。

㉓**反复道**：犹言持续不断地重复践行天道。不是仅仅在某一时或某一事上，而是“终日”践行天道。

㉔**或跃在渊，无咎**：龙时而腾跃出现在空中，时而潜回水下，但并不会因此带来祸患。跃在渊，象征龙腾飞在水面之上，前加一个“或”字，即表达龙时腾时潜，象征人在顺延天道不断发展进步的同时偶尔也会遭遇困难，重新回到“初九潜龙”的境况；但以龙喻人，即人始终会得到天道的庇佑和推动，因此困难只是暂时的，并不会使人落入万劫不复的可怕境地。

㉕**进无咎**：犹言在发展的过程当中会有高潮与低潮，这都是天道的客观法则，因此根据不同情形采取适当策略，保持积极进取，就不会产生危害与过错。

㉖**飞龙在天**：龙飞腾于天空中，象征人与天道形成完美契合，达到了“天人合一”的最高境界。

㉗**大人造**：九五居上卦正中之位，如同龙飞腾于天际，正是有德之人运用自己的权力和能力来建功立业的时候。造，建立、建造之意，引申为建功立业。《尚书·大诰》曰：“予造天役。”《增韵》曰：“建也，作也，为也。”

㉘**亢龙有悔**：龙飞得太高，精神亢奋，超出了自身的客观极限，超过了天道划定的合理范畴，于是遭遇祸患，而心生悔恨。亢，高傲、过分之意。亢龙，即象征人在天道的推动下不断进取，但终于被盲目自信冲昏了头脑，于是悖离、突破了事物的合理客观界限，反而从主观上给自身招致灾祸。

㉙盈不可久：犹言盈满、极限的状态不能长久保持，不能持续发展。《老子》第四章曰“道冲，而用之或不盈”，即属此例。

㉚用九：《易》之筮法。“这是指明《周易》哲学以‘变’为主的一方面特点。《易》筮过程中，凡筮得阳爻，其数或‘七’或‘九’，‘九’可变，‘七’不变，故《周易》筮法原则是阳爻用‘九’不用‘七’，意即占其‘变爻’。若筮得六爻均‘九’时，即以‘用九’辞为占。《本义》：‘用九’，言凡筮得阳爻者，皆用九，而不用七。盖诸卦百九十二阳爻之通例也。以此卦纯阳居首，故于此发之。而圣人因系之辞，使遇此卦而六爻皆变者即此占之。”——黄寿祺　张善文《周易译注》。

㉛见群龙无首：许多龙同时出现，或跃或潜、形态各异，协和而动、互不相扰。譬喻一众君子乃至社会大众都能顺应天道，各显其用又能各安其身，和谐相处共同发展进步。群龙皆以客观存在的乾德天道为纲，而不是以某个具有主观意志的独立个体为首领，因此谓之“吉”。

㉜天德，不可为首也：用九“群龙”只是乾卦六爻的形象，是乾卦的不同发展阶段，因此应当以“乾　元，亨，利，贞”之德为首，而不能本末倒置，以自身为首。

《文言》曰：元者，善之长也；亨者，嘉之会也；利者，义之和也；贞者，事之干也。君子体仁足以长人，嘉会足以合礼，利物足以和义，贞固足以干事。君子行此四德者，故曰：“乾　元，亨，利，贞。”

初九曰“潜龙勿用”，何谓也？子曰：“龙，德而隐者也。不易乎世，不成乎名；遁世无闷，不见是而无闷；乐则行之，忧则违之，确乎其不可拔，‘潜龙’也。”

九二曰“见龙在田，利见大人”，何谓也？子曰：“龙，德而正中者也。庸言之信，庸行之谨；闲邪存其诚，善世而不伐，德博而化。《易》曰：‘见龙在田，利见大人’，君德也。”

九三曰“君子终日乾乾，夕惕若厉，无咎”，何谓也？子曰：“君子进德修业。忠信，所以进德也；修辞立其诚，所以居业也。知至至之，可与言几也；知终终之，可与存义也。是故居上位而不骄，在下位而不忧。故乾乾因其时而惕，虽危无咎矣。”

九四曰“或跃在渊，无咎”，何谓也？子曰：“上下无常，非为邪也；进退无恒，非离群也。君子进德修业，欲及时也，故‘无咎’。”

九五曰“飞龙在天，利见大人”，何谓也？子曰：“同声相应，同气相求；水流湿，火就燥；云从龙，风从虎；圣人作而万物睹；本乎天者亲上，本乎地者亲下，则各从其类也。”

上九曰“亢龙有悔”，何谓也？子曰：“贵而无位，高而无民，贤人在下位而无辅，是以动而‘有悔’也。”

“潜龙勿用”，下也；“见龙在田”，时舍也；“终日乾乾”，行事也；“或跃在渊”，自试也；“飞龙在天”，上治也；“亢龙有悔”，穷之灾也；乾元“用九”，天下治也。

“潜龙勿用”，阳气潜藏；“见龙在田”，天下文明；“终日乾乾”，与时偕行；“或跃在渊”，乾道乃革；“飞龙在天”，乃位乎天德；“亢龙有悔”，与时偕极；乾元“用九”，乃见天则。

“乾元”者，始而“亨”者也；“利贞”者，性情也。乾，始能以美利利天下，不言所利，大矣哉！大哉乾乎！

刚健中正，纯粹精也；六爻发挥，旁通情也；时乘六龙，以御天也；云行雨施，天下平也。

君子以成德为行，日可见之行也。“潜”之为言也，隐而未见，行而未成，是以君子弗用也。

君子学以聚之，问以辨之，宽以居之，仁以行之。《易》曰“见龙在田，利见大人”，君德也。

九三重刚而不中，上不在天，下不在田，故乾乾因其时而惕，虽危无咎矣。

九四重刚而不中，上不在天，下不在田，中不在人，故“或”之。“或”之者，疑之也，故无咎。

夫“大人”者，与天地合其德，与日月合其明，与四时合其序，与鬼神合其吉凶。先天而天弗违，后天而奉天时。天且弗违，而况于人乎？况于鬼神乎？

“亢”之为言也，知进而不知退，知存而不知亡，知得而不知丧。其惟圣人乎？知进退存亡，而不失其正者，其惟圣人乎！

第二卦　坤

䷁

【原文】

坤　元，亨，利，牝马之贞[①]。君子有攸往[②]，先迷，后得主，利[③]。西南得朋，东北丧朋，安贞吉[④]。

《彖》曰：至哉坤元[⑤]，万物资生，乃顺承天。坤厚载物，德合无疆；含弘光大，品物咸亨[⑥]。牝马地类，行地无疆，柔顺利贞[⑦]。君子攸行，先迷失道，后顺得常。西南得朋，乃与类行；东北丧朋，乃终有庆。安贞之吉，应地无疆。

《象》曰：地势坤，君子以厚德载物[⑧]。

初六　履霜[⑨]，坚冰至。

《象》曰："履霜坚冰"，阴始凝[⑩]也；驯致其道，至坚冰也[⑪]。

六二　直方大[⑫]，不习，无不利[⑬]。

《象》曰：六二之动，直以方也[⑭]；"不习，无不利"，地道光也[⑮]。

六三　含章可贞[⑯]，或从王事[⑰]，无成有终[⑱]。

《象》曰："含章可贞"，以时发也[⑲]；"或从王事"，知光大也[⑳]。

六四　括囊，无咎无誉[㉑]。

《象》曰："括囊无咎"，慎不害也[22]。

六五　黄裳，元吉[23]。

《象》曰："黄裳元吉"，文在中也[24]。

上六　龙战于野，其血玄黄[25]。

《象》曰："龙战于野"，其道穷也[26]。

用六[27]　利，永贞[28]。

《象》曰：用六"永贞"，以大终也。

【注释】

①**坤　元，亨，利，牝马之贞**：坤卦，与乾卦一样，是其他六十二卦以及万事万物的根本发源。通达贯彻于万事万物，利于事物的发展进步。光明正大又慈安和顺。坤，象征地之道，顺应于乾之天道，敦厚而可承载万物。元、亨、利，与乾卦同。牝马之贞，与乾卦之贞同样代表着光明正大之德，但却像恭顺的母马一样顺从于乾之天道。坤与乾相伴而生，一从动，一主动，对立而统一，共同构成《周易》哲学中最基础的辩证关系。

②**君子有攸往**：顺应坤德的君子有所目标而前进。君子，合于坤德之人。攸，《尔雅》曰："所也。"

③**先迷，后得主，利**：自身领先超越了天道的合理界限就会迷失方向，置身于天道之后保持追随之势就可以得到光明的前景，这样做利于自身健康积极地发展进步。先迷，非刚开始迷惑之意。先，居于领先地位之意，《老子》曰："我有三宝，持而保之，一曰慈，二曰俭，三曰不敢为天下先。"——《老子新读·六十七章》。后，与先意思相反，使自身位居于天道的地位之后，跟随天道的客观发展规律。主，《说文》曰："镫中火主也。"即灯中发出的光亮，其光甚微而可照明一室。引申为主张、

主义、前进方向。

④**西南得朋，东北丧朋，安贞吉：**西南方向可以合德于天道而得辅，东北方向则会失去天道的辅佑，（但只要及时回归于天道）即可得到安宁、光正和吉祥的前景。按：本句所谓西南、东北，历代学者解说纷纭，各有其理。本书认为，这两个方向只是代指顺应或背离天道，并非字面意思的两个方向。相传周文王姬昌曾被迫从自己的封地周原被商纣王囚禁于羑里，在被囚禁期间重新演绎了伏羲传下的八卦，创“文王六十四卦”。流传到今天的《易经》即是相传由周文王演绎并作卦辞、周公作爻辞，故称《周易》。结合这段历史典故，我们可以推测卦辞所谓“西南得朋，东北丧朋”可能就是文王结合了自己的这一段遭遇而发，周原与羑里的相对地理位置即西南与东北，故而以这两个方向来譬喻得失于天道。

⑤**至哉坤元：**赞叹坤元之德的伟大。至，动词用作形容词，《说文》曰：“鸟飞从高下至地也。从一，一犹地也。象形。不，上去；而至，下来也。”象征乾之天道覆盖并降落于坤代表的大地，与后句“乃顺承天”呼应。

⑥**品物咸亨：**万物都通达于坤之德。品，《说文》曰：“众庶也。”

⑦**牝马地类，行地无疆，柔顺利贞：**坤德以“牝马”为喻，归为“地类”，代表着与“天”相对的“地”上的一切具象的、由天道所衍生的万事万物。坤卦之德的运行如同牝马自由行走在广阔无垠的大地上，没有任何界限与阻碍。卦辞所谓“牝马之贞”，本句即呼应此形容。

⑧**地势坤，君子以厚德载物：**坤之德就如同大地之势一样厚重，可以承载和滋养生命，因此君子就应当修养大地之德，才能承载起完整的人生。

⑨**履霜**：脚下踏霜。履，走上、踏上之意。《说文》曰："足所依也。"

⑩**阴始凝**：寒冷的气候到来，空气开始凝结成霜。阴，即寒冷气象的代指。在中国古典哲学观念中，阴又是坤的代称，阴阳辩证关系对应着乾坤辩证关系。

⑪**驯致其道，至坚冰也**：顺着天道的客观规律发展下去，霜凝会逐渐结冰。本句接上句，都是用递进的方式描述"其道"，即"履霜—坚冰"这一客观发展变化的动态过程。驯，顺从、服从之意，《说文》曰"马顺也"，呼应卦辞所言"牝马之贞"。

⑫**直方大**：正直、端方、博大。从坤卦的大地之德引申到君子应当具备的品德、人格。

⑬**不习，无不利**：即使对于很多事物不熟悉、不熟练，也会得到天道的庇佑而顺利发展进步。不习，非"不学习"之意，乃不熟悉、不熟练之意。《说文》曰："习，数飞也。"古义飞鸟不断练习飞翔，逐渐熟练。无不，呼应"不习"之句，故用双重否定文法，即肯定。

⑭**六二之动，直以方也**：本爻位居坤卦第二爻，它的运动呈现正直之势，逐渐构成端方的形象。

⑮**地道光也**：坤之德（即"地之道"），象征着光明和顺。与乾健之天道相呼应，乾卦《象》曰"天行健"，坤卦《象》曰"地势坤"。

⑯**含章可贞**：六三位于下卦向上卦转变之际，此时可以根据事物发展的实际情况灵活采取含蓄或彰显的态度，但都要肯切地坚定固守于天道真理。含，含蓄、含藏之意。章，可同"彰"，显明、章明之意，《说文》段注曰："彣彰也。彰，明也，通作'章'。"可，在古代汉语中与"肯"互训，《说文》段注曰："肎（肯）也。肯者，骨间肉肎肎箸（著）也。"肯（即古文"肎"），

本意指骨头之间的关节。无论肢体如何进行活动，但各处关节始终确定肯切地将各处骨骼连接起来构成一个有机整体。故“可”在本义有肯切、确定的含义。《周易》哲学不是教条刻板的，而是实事求是、与时偕进的，因此面对具体的事物，可以灵活选择“含”与“章”作为具体策略，但天道真理仍然是必须顺应和坚守的根本原则，这也就是“坤德”的精神所在。

⑰**或从王事**：根据天道的发展规律做出选择来指导自身行为实践。或，不确定、做出选择之意。从，《说文》曰：“听也。”王，《说文》曰：“天下所归往也。董仲舒曰，古之造文者，三画而连其中谓之王。三者，天、地、人也，而参通之者王也。孔子曰：‘一贯三为王。’凡王之属皆从王。”事，《说文》曰：“职也。”由此可见，所谓从王事并非像前辈学者解释的那样，是狭义的追随、听从君王的命令和意志来行事。

⑱**无成有终**：未必有直接、明显的成就，但因与天道合德，故而产生的结果必定中正平和、积极，有利于长远的发展进步。成，本义成就，引申出第二层意思，即“中正、中和”，《说文》曰：“成者，就也，从戊。徐锴曰，戊，中宫，成于中也。”终，古代汉语作“夂”，有两重含义，一为终点、尽头之意，二同“冬”，冬季是一年四季的终点，但又是新的一年的开始，因此有循环往复、生生不息之意。

⑲**以时发也**：以天道真理给出的恰当的时机作为“含”或“章”的行动依据。发，发动、行动之意，《说文》曰“䠶发也”，䠶，即“射”，“弓弩发于身而中于远也。从矢，从身。《徐曰》䠶者，身平体正，然后能中也。篆文作射，从寸，亦法度也。”

⑳**知光大也**：天道赋予人的智慧之光堪称伟大、博大。知，古文同“智”。

㉑**括囊，无咎无誉**：采取谨慎严正的态度，不会带来消极的

结果，但也未必会得到赞誉。括囊，本义扎紧口袋，引申为采取谨慎的态度。括，《说文》曰“絜也”，《广雅》曰“絜，束也”。

㉒**慎不害也**：因为谨慎、慎重，所以不会造成危害。害，消极的结果、危害，《老子》第三十五章曰：“执大象，天下往。往而不害，安平泰。”

㉓**黄裳，元吉**：身着黄色下衣，相合于地之坤德，象征着美好吉祥的发展趋势。黄，中国传统文化中的大地之色，中和之色。裳，古代男人穿着的下衣。晋·皇甫谧《帝王世纪》记载：“黄帝始去皮服，为上衣以象天，为下裳以象地。”因此，黄裳其实就是坤德的引申和代指。

㉔**文在中也**：衣服的纹饰位于中段。此说为《象传》作者对黄裳的引申。《象》是对《易》的一种解说方式，其解未必如《易》之本义，部分思想与本文主旨不合，故仅作参考。

㉕**龙战于野，其血玄黄**：乾卦“群龙”在野外进行战斗，流出的鲜血与黄土大地相混合。引申为天道在人类文明的认识之外同样不断发挥着作用、塑造着万物生息，又反过来作用于人类文明，象征人与自然和谐共处，共同繁衍发展。龙，即“乾”的代称。野，《说文》曰“郊外也”，清·段玉裁《注》曰：“邑外谓之郊，郊外谓之野。”邑，城市之义。古代中国是农业社会，城市规模很小，百姓主要生活在城市外围的农村，开垦土地进行农业生产，即“郊”；未被开垦、少有人类生活的荒地即“野”。故引申为人类社会和文明之外的、更大范畴的自然界。玄，象形，古义为两根丝线相互缠绕，《说文》曰：“幽远也，黑而有赤色者为玄。象幽而入覆之也。”从《说文》的含义来看，玄字并非完全特指我们一般意义上的天空的颜色（玄天），而是呈现出黑与赤两种颜色的互相融合与渐变，是一个动态过程，再结合其象形之义，故而本书认为，“玄黄”代表着天道与代表人类社会

和自然界一般变化的坤德纠缠融合的形态，正与《文言》所谓“夫玄黄者，天地之杂也”文义相和。

㉖“龙战于野”，其道穷也：坤卦上六达到了最高的极致，与乾之天道发生了冲突，而陷入了穷途末路。这是《象传》作者的认识，被后世多数学者所接受，但我认为未必如此。乾卦上九曰“亢龙有悔”，已经对亢进忘本作出了提醒，坤卦上六再次作出意思近似的提醒，显然有所重复而不够合理。本文对上六的注释，在本人认识中更合乎《易》之主旨本义，可以和《象》对本爻的解释对比参考。

㉗用六：与乾卦“用九”相对，是筮法的变化。

㉘利，永贞：坤德顺应乾之天道而有利于万物的发展进步，永葆其精神。

《文言》曰：坤，至柔而动也刚，至静而德方。后得主而有常，含万物而化光。坤道其顺乎！承天而时行。积善之家，必有余庆；积不善之家，必有余殃。臣弑其君，子弑其父，非一朝一夕之故，其所由来者渐矣！由辩之不早辩也。

《易》曰“履霜，坚冰至”，盖言顺也。

“直”，其正也；“方”，其义也。君子敬以直内，义以方外。敬义立而德不孤。“直方大，不习无不利”，则不疑其所行也。

阴虽有美，含之以从王事，弗敢成也。地道也，妻道也，臣道也。地道无成而代有终也。

天地变化，草木蕃；天地闭，贤人隐。《易》曰：“括囊，无咎无誉。”盖言谨也。

君子黄中通理，正位居体，美在其中，而畅于四支，发于事业：美之至也！

阴疑于阳，必战。为其嫌于无阳也，故称“龙”焉；犹未离其类也，故称“血”焉。夫玄黄者，天地之杂也：天玄而地黄。

第三卦　屯

【原文】

屯[1]　元，亨，利，贞[2]；勿用，有攸往[3]，利建侯[4]。

《彖》曰：屯，刚柔始交而难生[5]；动乎险中，大亨贞[6]。雷雨之动满盈，天造草昧；宜建侯而不宁[7]。

《象》曰：云雷[8]，屯；君子以经纶[9]。

初九　盘桓[10]，利居贞[11]；利建侯。

《象》曰：虽盘桓，志行正[12]也；以贵下贱[13]，大得民也。

六二　屯如邅如[14]。乘马班如[15]，匪寇，婚媾[16]；女子贞不字，十年乃字[17]。

《象》曰：六二之难，乘刚[18]也；十年乃字，反常[19]也。

六三　即鹿无虞[20]，惟入于林中[21]；君子几，不如[22]；舍，往吝[23]。

《象》曰：即鹿无虞，以从禽[24]也；君子舍之，往吝，穷[25]也。

六四　乘马班如，求[26]婚媾；往吉[27]，无不利。

《象》曰：求而往，明[28]也。

九五　屯其膏[29]。小，贞吉；大，贞凶[30]。

《象》曰：屯其膏，施未光[31]也。

上六　乘马班如，泣血涟如[32]。

《象》曰：泣血涟如，何可长也？

【注释】

①屯：卦名，读作zhūn，下震上坎。屯卦的精神象征着事物初生，逐渐开始生长发展。《说文》曰："屯，难也。象屮（草）木之初生，屯然而难，从屮贯一。一，地也；尾曲。《易》曰：屯，刚柔始交而难生。"包括草木在内的任何事物的成长、发展都不可能一帆风顺，故称"难"。

②元，亨，利，贞：屯代表着初生，故称"元"；以草木代指万物，其精神通达万物，故称"亨"；天道的客观规律促进万物的成长和发展，故称"利"；在生长发展的过程中遇到困难与挑战皆可向天道"占问"以得正途，故称"贞"。

③勿用，有攸往：不要让自身的主观想法过多发挥作用，只要顺应天道的客观规律即可获得发展进步。屯卦具有元亨利贞的属性，故而合德于乾、坤。事物初生，合"潜龙勿用"之德；为天道所利，可得发展进步，合"君子有攸往"之德。

④利建侯：得利于天道的推动来建立诸侯。引申为在天道的客观规律下建立和发展人类文明和社会的秩序。建，《说文》曰："立朝律也。"侯，古义指"射侯之礼"，《说文》曰："春飨所射矦也。从人；从厂，象张布；矢在其下。天子射熊虎豹，服猛也；诸侯射熊豕虎；大夫射麋，麋，惑也；士射鹿豕，为田除害也。其祝曰：毋若不宁矦，不朝于王所，故伉而射汝也。"故"侯"引申为人类文明和社会。《老子》曰："道常无为而无不为，侯王若能守之，万物将自化。"即属此意。

⑤刚柔始交而难生：以刚、柔为代表的对立属性开始形成一

种纠缠共生的辩证关系，使得事物呈现出深奥复杂的特点，困难也就随之而来。乾卦六爻皆是阳爻，坤卦六爻皆是阴爻，屯卦是六十四卦的第三卦，首次出现阳爻与阴爻相组合，故称“刚柔始交”。阴阳结合衍化出缤纷复杂的万事万物，不再如乾、坤那样单一、纯粹，因此各种问题和困难就开始出现，故称“难生”。

⑥**动乎险中，大亨贞**：事物遵循天道的客观规律，在发展过程中不断战胜各种挑战和危险得以进步，因为天道至大、广远、贞固。《老子》曰：“执大象，天下往。往而不害，安平泰。”即属此意。

⑦**雷雨之动满盈，天造草昧；宜建侯而不宁**：雷雨激荡充斥天地之间，即是灾祸困难带来了机遇，天道正是如此草创孕育了初生尚且蒙昧的万物。人类文明和社会初步形成时也是如此，正适合遵循天道提供的机遇建立秩序以持续发展进步。草昧，草创之物尚未开化而显得蒙昧。不宁，不停滞，呈现动态的趋势。宁，同“寍”，《说文》曰：“安也。”安，有“停滞”之义，《老子》曰“孰能安以动之徐生”，即属此意。

⑧**云雷**：屯卦下震上坎，故象“云雷”。

⑨**经纶**：原意指将丝线编织成绶带，引申为系统完整的学问和思想。君子以经纶，即说君子当取法屯卦的哲学精神，在发展成长的过程中艰难跋涉的同时不断充实自己，建立和完善自身的精神修养。

⑩**盘桓**：前途晦暗不明，使人犹疑彷徨。形容道路艰难曲折，“其道盘桓旋曲而上”——郦道元《水经注》。

⑪**利居贞**：得利于天道，遵循天道的客观规律就可以使自身站定稳固。居，《说文》曰：“蹲也。从尸古者，居从古。臣铉等曰，居从古者，言法古也。”居有“法古”的含义，古者，“天道”的代称，“能知古始，是谓道纪”——《老子》。

⑫志行正：思想和行动都保持贞固、端正。志，指思想意志；行，指行为实践。正，与初九爻辞“贞”呼应。

⑬以贵下贱：指初九之阳爻相对于阴爻为“贵”，却处于本卦最下端，寓意谦下。

⑭屯如邅（zhān）如：犹言事物得以生息发展，却又呈现困顿辗转之状，譬喻事物刚刚开始发展时困难重重，使人内心纠结矛盾。如，语助词，用于“屯如邅如”之类的情况时有左右摇摆、动态不定之意，《晋》曰“晋如摧如”，即属此例。

⑮乘马班如：许多形象勇怒威武的人骑马按照一定秩序陆续到来。乘马，驾驶马车。马，《说文》曰：“怒也，武也。”结合下文“非寇”，引申为形象勇怒威武之人。班，《广雅》曰“序也”，顺序、次序之意。屯卦意在从哲学角度表现事物初生、发展的过程，在此期间困难不断出现，故曰“乘马”；事物的发展遵行一定的客观规律，有其前因后果，故曰“班如”。

⑯匪寇，婚媾：那些勇怒威武之人并非来进行暴力掠劫，而是来求取婚姻。匪，古文同“非”，“我心匪石，不可转也。”——《诗经·邶风·柏舟》。寇，原意指强盗，《书·舜典》曰：“寇贼奸宄。”注：群行攻劫曰寇。《说文》曰：“寇，暴也。当其完聚而寇之。”引申为，一群人聚合在一起进行暴力掠劫。婚媾，《说文》曰：“婚，妇家也。《礼》：娶妇以昏时，妇人阴也，故曰婚。”六二为阴爻，故谓之“婚”；媾，原意指男女交合，引申为阴阳协调、“合好”之意，“楼昌曰：不如发重使为媾。”——《史记·平原君虞卿列传》。

⑰女子贞不字，十年乃字：新婚夫妇坚守屯卦揭示出的天道的客观规律（勿用，有攸往），在家庭刚刚组建尚未稳定成熟之时，没有急于生育后代，等到婚姻关系协调、时机成熟之时才进行生育。女子，非单指女性，当作女、子，分别指刚刚成婚的

夫妇二人。贞，坚守屯卦之德，与卦辞“元亨利贞”“初九，利居贞”相呼应。字，《说文》曰：“乳也。人及鸟生子称乳，兽曰产。”引申为生育后代。十，《说文》曰：“数之具也。一为东西，丨为南北，则四方中央备矣。”引申为辩证协调，周全充分之意。年，古字作“秊”，《说文》曰：“秊，穀孰也。《春秋传》曰：大有秊。”引申为时机成熟，条件充分。

⑱**乘刚**：言阴爻六二位于阳爻初九之上。

⑲**反常**：回归生活常态当中。反，同“返”。

⑳**即鹿无虞**：贸然靠近野鹿，却没有准备好必要的捕猎工具。即，靠近，《论语·子张》：“望之俨然，即之也温，听其言也厉。”虞，准备，《春秋·国语》：“卫文公有邢翟之虞。”有“虞人”之意，即古代掌管山泽鸟兽的官吏，引申为打猎的向导和助手。

㉑**惟入于林中**：不假思索地跟随惊鹿进入深林。惟，可通“唯”，古文中常用作句首语助词。原意指人平常的思想活动，《说文》曰：“惟，凡思也。”联系前后文，本句当从原意，引申为不假思索，没有经过深思熟虑就盲目行动。

㉒**几，不如**：停下脚步，不再追赶。几，原意指用于踞坐的矮凳，《说文》曰“踞几也”，引申为停滞行动，安坐休息。如，《说文》曰“从随也”，本句“不如”，引申为不再跟着惊鹿盲目追赶。

㉓**舍，往吝**：关键时刻懂得放弃，否则继续发展下去必招致祸患而产生令人悔恨的结果。舍，舍弃、放弃。往，事物持续发展进行，“执大象，天下往。”——《老子》。吝，惋惜、悔恨，《说文》曰：“恨惜也。”

㉔**以从禽**：缺乏人类应有的理智，仅仅让禽兽般的本能来主宰自身行为。以，古文作“㠯”，《说文》曰：“㠯，用也，从反巳

（古文同‘已’）。贾侍中说：巳，意巳实也。”有“思想已定，可以用之主导实践”的意思，《左传·僖公二十六年》：“凡师能左右之曰以。”从，听从、跟从，《说文》曰：“相听也。”禽，原意为各类野兽的总称，《说文》曰：“走兽总名。”从禽，引申为听从于野兽般的本能。

㉕穷：穷途末路。喻指事物发展到了尽头而陷于停滞和灭亡。

㉖求：求取、寻求。本爻为客卦（坎）第一爻，与主卦（震）初遇，组合起来才能构成屯卦，所以有“求”的含义。

㉗往吉：继续发展，前途呈现出吉祥的积极趋势。

㉘明：在本句有两层含义，第一层为前景光明，第二层意思代表主卦与客卦相合、阴阳相济，共同构成屯卦。屯有元亨利贞之德，寓意天道庇佑万物战胜困难，生生不息。“明”乃日月（阴阳）相合，故谓之“明”。

㉙屯其膏：诞生于“屯难”之中的生命和文明艰难成长，但尚未壮大，如同风中之烛火一般，随时可能熄灭、消亡。其，代指孕育于屯难之中的生命。膏，本义油脂，又有灯中油膏（用于照明的燃料）之意。本卦以“膏”代指灯烛的火光，《楚辞·招魂》曰：“兰膏明烛，华镫错些。”

㉚小，贞吉；大，贞凶：在微观角度呈现吉祥的趋势，从宏观角度却呈现出凶险的趋势。本爻九五，属坎。单看本爻为阳，象征生生不息，但从客卦“坎”的整体角度，一阳陷于两阴之间，故谓“凶”。

㉛施未光：（风中烛火）处于摇曳动荡的状态，虽有光亮但尚未稳定，不足以普照四方。施，原意指旗帜在风中飘动，本句用以形容“屯其膏”呈现出的状态，《说文》曰“旗貌”，朱骏声《说文通训定声》曰：“旖施，柔顺摇曳之貌。”

㉜乘马班如，泣血涟如：本爻位居上六，为屯卦之极。“易穷则变”，事物发展到“屯”代表的草创阶段的极限，应当顺应天道的客观规律进入下一阶段，如此才能“与时偕进”。本爻仍谓“乘马班如”，仍然停留在“屯”的较为初级的发展阶段，没有及时作出改变，落后于客观规律的发展趋势，必然被时代所淘汰而“泣血涟如”。故而本爻之《象》用“何可长也？”的反问来警醒学《易》之人，及时跟随时代的发展潮流，不可故步自封，落后于天道的客观发展规律。

第四卦　蒙

【原文】

蒙　亨[1]。匪我求童蒙，童蒙求我[2]；初筮告，再三渎，渎则不告[3]。利，贞。

《彖》曰：蒙，山下有险，险而止蒙[4]。“蒙，亨”，以亨行时中[5]也。“匪我求童蒙，童蒙求我”，志应[6]也。“初筮告”，以刚中[7]也；“再三渎，渎则不告”，渎蒙[8]也。蒙以养正，圣功也[9]。

《象》曰：山下出泉，蒙[10]；君子以果行育德[11]。

初六　发蒙，利用刑人，用说桎梏[12]；以往吝[13]。

《象》曰：利用刑人，以正法也[14]。

九二　包蒙，吉[15]。纳妇，吉；子克家[16]。

《象》曰：“子克家”，刚柔接也。

六三　勿用取女，见金夫，不有躬，无攸利[17]。

《象》曰：“勿用取女”，行不顺[18]也。

六四　困蒙，吝[19]。

《象》曰：“困蒙之吝”，独远实[20]也。

六五　童蒙，吉[21]。

《象》曰：“童蒙之吉”，顺以巽[22]也。

上九　击蒙；不利为寇，利御寇[23]。

《象》曰："利用御寇"，上下顺[24]也。

【注释】

①**蒙　亨**：卦名，下坎上艮，犹言人的思想精神处于蒙昧、稚拙、尚未开化的状态，是一种人人都会经历的普遍现象，需要在一生中持续不断地学习和探索才能脱离蒙稚，成为一个完整的人。

②**匪我求童蒙，童蒙求我**：客观的天道不会请求蒙稚之人进行学习，而是蒙稚之人要自愿主动地向天道求索知识和真理。本句的"我"与"童蒙"，既指老师与学生的关系，又引申为天道与人的关系。天道的真理是无止境的，人的学问再大，之于天道也永远是渺小的"童蒙"。

③**初筮告，再三渎，渎则不告**：在向天道占筮时须以首次占问的结果为准，如果对结果抱有怀疑的态度，再三针对同一件事进行占问就是对上天的亵渎，上天就会拒绝回应占问。引申为人向天道求索真理应当秉持诚恳认真的态度，如果主观抱持三心二意的犹疑轻慢态度，就会被事物的表面现象所迷惑，而无法认清天道的真理。筮，占筮、占卜，《说文》曰"易卦用蓍也"，段注曰"曲礼曰，龟为卜，策为筮"，引申为向天道求取知识或真理，帮助自身进行决策。告，本意告诉、告知，引申为天道的回应、答复。渎，犹言思想迷惑混乱，《系辞》曰："君子上交不谄，下交不渎。"

④**蒙，山下有险，险而止蒙**：蒙卦的卦象乃上坎下艮，坎为"险"，艮为"兼山""止"。人生的成长过程就像攀登高山一样，在过程中会不断遇到困难，故曰"山下有险"。困难和挑战可以

让人暂时停下前进的脚步，通过学习和思考来加以克服，最终战胜困难，脱离蒙稚的精神状态，在思想和精神上获得完善，即曰“险而止蒙”。《艮·彖》曰：“时止则止，时行则行；动静不失其时，其道光明。”这就是说所谓“止蒙”是一个动态的过程，人的蒙稚是多层次、多角度的，是贯穿人的一生的，因此需要人在适当的时机停止前进，通过学习和反思来突破蒙稚的束缚，战胜当下的困难再继续前进。

⑤以亨行时中：蒙稚的精神状态对于人来说既是挑战也是机遇，把握“时中”的思想和方法来解决蒙稚产生的问题，就能使自身贯通于天道而获得长久持续的发展进步。“时中”即儒家所谓“中庸之道”，对待一切事物采取不过而无不及的态度，永远掌握在最恰当最合适的时机来采取行动。

⑥志应：蒙卦以“我”代指天道，以童蒙代指向天道求索真理之人。天道客观存在，周行运转不以任何人的意志为转移，因此人不能消极等待真理自动降临，而必须主动向天道求索，才能达到“天人合一”的最高境界，故曰“志应也”。

⑦以刚中：秉持“天行健，君子以自强不息”的乾刚之德于心中。

⑧渎蒙：使人原本蒙稚的思想状态更加混乱迷惑。

⑨蒙以养正，圣功也：蒙卦所阐释的哲学思想可以帮助人培养和树立光明正大的道德品质，堪称伟大神圣的功德。

⑩山下出泉，蒙：蒙卦上艮象山，下坎象水。形容蒙稚之人就像山下的泉水一样，需要不断前进、不断与其他水系融汇，最终才能进入大海，达到更高的境界，这就是蒙卦想要揭示的哲学思想。泉，《说文》曰：“水原也，象水流出成川形。”形容人在蒙稚状态就像刚刚涌出的泉水一样，要不停奔流才能成川入海。

⑪君子以果行育德：君子必须行事果断、行必有果，才能培

育健全自身的思想美德。

⑫**发蒙，利用刑人，用说桎梏**：启发蒙稚的思想，利于帮助童蒙认识客观的规矩和法则，帮助其脱离幼稚蒙昧形成的桎梏。发，启发、发展，《说文》曰："发，射发也；射，从寸，寸，法度也。"发蒙，譬喻蒙稚学习并认识法度而得以成长发展。刑人，通过学习、认识规矩和法度来约束人的行为，建立健全完整的人格与思想。古代汉语中，"刑"本义为法度，与"荆"字所指的刑罚有所区别，后世才将两字合并。有前辈学者训"刑"同"型"，用作动词，指以典型、法式教育人，此说可供参考。说，同"脱"，脱离、摆脱之意。桎梏，古代用来固定手脚的木制刑具，譬喻蒙昧幼稚的状态对人的思想和发展前途的束缚。

⑬**以往吝**：未能及时启发蒙稚，待蒙稚之人的思想定型，继续发展下去就会走入令人恨惜的消极方向。以，古文作"㠯"，《说文》曰："用也。从反巳。贾侍中说：巳，意巳实也。象形。"因此，"以"在本句引申为人已形成思维定式，并用之于行为实践。往，《说文》曰："之也；之，出也。象艸过屮，枝茎益大，有所之。一者，地也。"形容事物从小到大、从简到繁的发展方式。吝，《说文》曰："恨惜也。"往吝，发展趋势呈现消极前景。

⑭**以正法也**：用规矩和法度来约束和端正人的思想行为。

⑮**包蒙，吉**：九二处于下卦正中、上下两阴爻之间，故曰"包蒙"。《象》曰"以刚中也"，蒙稚心中包藏着乾健的美德，就能志应于天道而获得发展进步，故曰"吉"。

⑯**纳妇，吉；子克家**：本爻九二与上卦中爻六五和下卦末爻六三皆构成阴阳组合（《象》曰："刚柔接也。"），阳爻遇阴爻，故曰"纳妇"；阴阳调和，故曰"吉"。九二阳爻象"子"，上下阴爻象"女"，下卦三爻子、女共同构成"家"。"子"居正中合

于“时中”之德，可以承担起家庭栋梁的责任。克，承担起责任，《说文》曰：“克，肩也。徐锴曰，肩，任也。”

⑰**勿用取女，见金夫，不有躬，无攸利**：不可娶这个女子，因为她被男子英俊的外表迷惑而丢弃了自己的德行体统，这样的行为是没有价值、消极不利的。取，选择、接受之意。取女，犹言选择、接受这个女子成为自己的伴侣。金夫，前辈学者训为对男子的美称。躬，同“身”，自身、自我之意。不有躬，即丢失了自身、迷失了自我。

⑱**行不顺**：男女结合应当建立在双方自尊自爱、互敬互爱的前提上，《象》曰“志应也”。而本爻形容其见金夫而不有躬，就是说六三之女放弃了自尊自爱的前提条件，那么双方结合又何谈互敬互爱？这样的男女婚姻结合，必然是“不顺”而“无攸利”的。

⑲**困蒙，吝**：六四与上下阳爻之间均有阴爻相隔而无法形成联系，就像蒙稚之人与天道的真理始终有重重阻隔，故曰“困蒙”，令人感到恨惜。

⑳**独远实**：蒙卦六四之外的其他阴爻均与阳爻相邻，唯独六四上下相邻都是阴爻。阴爻一横中缺为虚，阳爻一横完整为实，故曰“独远实也”。

㉑**童蒙，吉**：六五处上卦正中，与上九形成阴阳相交之形，象征蒙稚之人在天道庇佑之下保持中正之德，潜心学习而获得发展进步。

㉒**顺以巽**：六五所在的位置与上九构成发展之势，合德于巽卦“小亨，利有攸往，利见大人”之德。

㉓**击蒙；不利为寇，利御寇**：天道击打鞭策蒙稚之人，使其在发展进步的过程中对自身、对社会、对世界形成完整全面的认识，明白人生有所为，有所不为的道理。击，《说文》曰“支

（pū）也”，以手持杖敲击，引申为击打鞭策。不利为寇，利御寇，引申为蒙稚之人形成积极完整的思想观念，认识到天道的价值观，否定滥用暴力和其代表的一切消极负面的思想和手段，而主张利用合乎天道的方法来限制和消解之。

㉔上下顺：从六五童蒙向天道学习，到上九童蒙成长起来，以天道的发展规律和价值观“利用御寇”，形成了一个积极向上的发展途径，故曰“上下顺也”。

第五卦　需

䷄

【原文】

需　有孚，光亨，贞吉[①]；利涉大川[②]。

《彖》曰："需"，须也[③]；险在前也，刚健而不陷，其义不困穷矣[④]。"需，有孚，光亨，贞吉"，位乎天位，以正中也[⑤]。"利涉大川"，往有功[⑥]也。

《象》曰：云上于天，需[⑦]；君子以饮食宴乐[⑧]。

初九　需于郊[⑨]，利用恒[⑩]，无咎。

《象》曰："需于郊"，不犯难行[⑪]也；"利用恒，无咎"，未失常也[⑫]。

九二　需于沙，小有言，终吉[⑬]。

《象》曰："需于沙"，衍在中[⑭]也；虽小有言[⑮]，以终吉也。

九三　需于泥[⑯]，致寇至[⑰]。

《象》曰："需于泥"，灾在外[⑱]也；自我致寇[⑲]，敬慎不败[⑳]也。

六四　需于血，出自穴[㉑]。

《象》曰："需于血"，顺以听也[㉒]。

九五　需于酒食[㉓]，贞吉。

《象》曰："酒食贞吉"，以中正也。

上六　入于穴[24]；有不速之客三人来[25]，敬之，终吉[26]。

《象》曰："不速之客来，敬之终吉"，虽不当位，未大失也[27]。

【注释】

①需　有孚，光亨，贞吉：需卦下为乾、上为坎，有"等待时机"之意。时机因天道而成，带有真理性而使人信心坚定，光大正面而贯彻通达，合德于天道客观发展规律而具有积极的性质。

②利涉大川：需卦的下卦象征天道刚健之德，上卦象征人面临的各种困难。人以天道之德为基础，有助于人承托和战胜一切困难与挑战，如同人能够合理利用自然规律横渡宽阔湍急的江河。

③"需"，须也：需，有等待的含义。《说文》曰："需，须也。遇雨不进，止须也。从雨而声。"段注曰："须，待也。左传曰：需，事之贼也；又曰'需，事之下也'，皆待之义也。从雨、而，而训须，须同'盨'。"《尔雅·释诂》曰"盨，待也"，《诗经·邶风》曰"卬盨我友"。

④险在前也，刚健而不陷，其义不困穷矣：前方有艰难险阻，但秉持刚健之德就能避免陷入其中。需卦的思想内涵就在于使人学会如何面对和解决困难，而不困陷于穷途绝路。

⑤位乎天位，以正中也：九二与九五代表着天道的乾健之德分别占据着上下卦的正中天位，为需卦打下了积极正面的精神基础。

⑥往有功：运用需卦的哲学精神指导自身的前进方向，可

以获得积极的发展和成果。往，前进、进步之意。有功，有所收获、有所成果之意。

⑦云上于天，需：云气上升聚集于天空，这就是“需”的原本含义。《象传》作者用“云上于天”这样的文学手法揭示了需卦表现出事物是呈现动态发展的，“上”是动词，表现了云气从地面不断上升并逐渐聚集在天空中的运动过程。因此，运用需卦的哲学精神时也要以动态和发展的眼光来指导自身行动，才能解决困难。

⑧君子以饮食宴乐：君子吸收需卦的哲学精神来充实自身思想，并加以运用来解决实际问题和困难，以获得安乐积极的结果。就像人需要以吃饭喝水来吸收营养、维持身体机能健康，才能投入生产生活一样。饮食，用于譬喻君子学习和吸收《周易》的哲学思想。宴乐，即安乐。宴，同“安”，《说文》曰“宴，安也”，段注曰：“引申为宴飨。”

⑨需于郊：在没有明确方向和路径的荒野中停止盲动，等候时机以解决困难，找到前进的方向。《尔雅·释地》曰“邑外谓之郊”，也就是人迹罕至的荒野之地。

⑩利用恒：运用天道的一般化、常规化的自然规律就可以解决问题战胜困难。恒，《说文》曰“常也”，在中国古典哲学当中，“常”往往代指“道”的普遍性规律，《老子》曰：“知常曰明。不知常，妄作，凶。”

⑪不犯难行：不在难以行动的地方冲动冒进。犯，进犯、侵犯，《广韵》曰：“干也，侵也，僭也。”引申为从主观出发盲目从事。

⑫未失常也：没有失去运用客观规律来指导自身行动的冷静思维。常，本义恒常，在《周易》及《老子》哲学中犹言天道的常态化的客观规律和道理。《玉篇》曰“恒也”，《正韵》曰“久

也”,《系辞》曰“动静有常”,《老子》曰:“知常曰明。不知常,妄作,凶。”

⑬**需于沙,小有言,终吉**:在细碎杂乱的问题中停下来思考并等待时机,问题虽然细碎烦琐,但仍在天道的客观规律的范畴之内,因此正确加以运用就能解决问题,最终获得美好的结果。沙,《说文》曰:“水散石也,从水从少,水少沙见。”譬喻问题和困难像沉没在水底的细沙碎石一样。有言,有规律、有定论,《说文》曰:“言,直言曰言,论难曰语。”“直言”即没有异议和争论的定律、定论和学问,也即天道的客观规律。

⑭**衍在中**:九二位居下卦正中。衍,即沙衍,水中有沙者。

⑮**虽小有言**:沙粒虽然细小,但仍有天道的客观规律来塑造和定义它。

⑯**需于泥**:在泥污中消极等待,没有及时采取积极行动。泥,泥污、污秽之意,《论语》曰“井泥不食”。

⑰**致寇至**:消极等待,没有及时采取行动脱离问题的泥潭,导致更大的问题和麻烦来临。寇,本意指强盗、匪寇,引申为比泥污更大更可怕的问题和麻烦。

⑱**灾在外**:九三处在与上卦(代表着困难的坎卦,即“灾”)相接但尚未完成过渡的位置,如同人已身陷泥泞,但真正的灾难尚未来临在动态过程当中,故曰“灾在外”。

⑲**自我致寇**:因为自身没有及时采取积极行动脱离泥潭,才导致了更大的困难和灾难到来。

⑳**敬慎不败**:九三的哲学思想说明只有对天道的客观规律抱持庄重严谨的态度,在正确的时机和处境下发挥主观能动性积极采取行动,而非听之任之消极等待天道前来“救赎”,才能避免落败于困难。

㉑**需于血,出自穴**:在血泊中正确认识困难和挑战,等待时

机采取行动，从陷穴中脱困而出。六四表示事物发展的程度已进入上卦，上卦为坎，《说卦传》曰“坎为血卦”；但六四下有乾卦刚健之德承托，上有九五“位乎天位，以正中也”，故而能够遇难成祥，脱离陷穴。

㉒**顺以听也**：六四以一阴爻居于众阳爻之间，合德于坤卦“牝马之贞”的精神，而能顺从、听从天道的客观规律。

㉓**需于酒食**：停止行动、等待时机，以酒食进补滋养身体，以天道的思想精神充实自身，以利继续发展前进，战胜未来更多更大的挑战和困难，即《象》所谓“君子以饮食宴乐”之义。

㉔**入于穴**：冲动而陷入困难当中。《周易》作者用“入于”而非“陷于”，就是因为“入”这个动词有强烈的主观性，用于强调上六已达需卦之极，已无所顾忌而被冲动的情绪主导。

㉕**有不速之客三人来**：下卦三阳爻代表的天道不请自来。《中庸》曰“道不远人”，天道是客观存在的，普遍周流于万物之间，某种程度上是不请自来的，因此以“不速之客”形容之。下卦三阳爻代表着乾卦的刚健之德，故曰“三人来”。

㉖**敬之，终吉**：敬畏并庄重谨慎地运用天道的客观规律，最终就能战胜困难、脱离陷穴。

㉗**虽不当位，未大失也**：上六虽然孤悬于需卦之极，超越了下卦三爻和九五代表的天道划定的合理界限，但只要端正态度就能获得天道的积极助力，在尚未导致重大失误和失败前及时战胜困难、脱离险境。

第六卦　讼

【原文】

讼[1]　有孚窒惕[2]，中吉，终凶[3]。利见大人，不利涉大川[4]。

《彖》曰：讼，上刚下险，险而健，讼[5]。“讼，有孚窒惕，中吉”，刚来而得中[6]也；“终凶”，讼不可成也。“利见大人”，尚中正[7]也；“不利涉大川”，入于渊[8]也。

《象》曰：天与水违行，讼[9]。君子以作事谋始[10]。

初六　不永所事，小有言，终吉[11]。

《象》曰：不永所事，讼不可长[12]也；虽小有言，其辨明[13]也。

九二　不克讼，归而逋[14]；其邑人三百户，无眚[15]。

《象》曰：不克讼，归逋，窜[16]也；自下讼上，患至掇也[17]。

六三　食旧德，贞厉，终吉[18]。或从王事，无成[19]。

《象》曰：食旧德，从上吉[20]也。

九四　不克讼，复即命渝[21]，安贞吉。

《象》曰：复即命渝，安贞不失[22]也。

九五　讼，元吉[23]。

《象》曰：讼，元吉，以中正[24]也。

上九　或锡之鞶带，终朝三褫之[25]。

《象》曰：以讼受服，亦不足敬也[26]。

【注释】

①讼：卦名，下坎上乾。意指争讼、争议、争执。《说文》曰“讼，争也”，《正义》曰“凡讼者，物有不和情，争。争而致其讼”。

②有孚窒惕：原本清晰明白、无可置疑的事物被人为干扰阻塞，而引起忧惧猜疑。有孚，即对客观事物抱持确定、确切的信念。孚，《说文》曰：“卵孚也，从爪从子。一曰信也。”徐锴注：“鸟之孚卵，皆如其期，不失信也。鸟裒，恒以爪反覆其卵也。”因此，“孚”的意思就是说禽类产卵孵化皆有其固定周期，这是一种自然界的客观规律，因为其属自然规律，无须任何质疑，故而曰“信”（此信非诚信、信誉之意，而是肯定、确信之意，《老子》第二十一章曰“道之为物……其中有信”，即属此意）。窒，阻塞、堵塞之意，《说文》曰：“窒，塞也。”惕，警惕之意，《说文》曰“惕，敬（警）也”，本章中引申为忧惧猜疑之意。

③中吉，终凶：在“讼”的发展过程中可能取得一些阶段性的积极成果，但放任其发展下去，最终结果必然是消极凶险的。正如《象》曰：“中吉，刚来而得中也；终凶，讼不可成也。”

④利见大人，不利涉大川：在“讼”的过程中，有利于产生强力、强势之人，但不利于从根本上解决问题、战胜困难。涉大川，本意指涉越河川，譬喻战胜困难。

⑤讼，上刚下险，险而健，讼：讼卦由代表天道阳刚的乾卦居上和代表困难艰险的坎卦居下而构成。虽然有困难和危险，但仍然有天道的刚健之德蕴含其中，这就是讼卦的哲学精神。

⑥刚来而得中：诠释《周易》的方法有主客之法，讼卦当中

上卦象征刚健之德的乾卦为客卦，故曰“来”；下卦象征“重险”的坎卦为主卦，坎卦中爻属阳，故曰“得中”。

⑦尚中正：在《周易》哲学中，“中正”是天道最高层次的核心价值观。在人与人相“讼”的过程中，必然有其中一方掌握着天道的真理和“中正”的价值观，因此才能在“讼”的过程中脱颖而出，成长为“大人”。

⑧入于渊：从全局来看，“讼”呈现出一味逞强、争执不休的情况，就如同面临河川无法渡越，而是落入水中随波逐流一样。

⑨天与水违行，讼：太阳代表的天道自东向西运转，河流自西向东流动，二者行进方向呈现出背道而驰的状态，象征着人与人、人与事物之间的关系因无法协调而导致的争执、争议、争端，即“讼”。

⑩君子以作事谋始：君子在事物刚刚发端的时候就应当进行前瞻性、全局性的谋划。作事，犹言事物的发端阶段。作，发展之意，《老子》曰“万物并作，吾以观复”；本章象辞特指事物发展的初始阶段。谋始，即谋于始、成于终，有始才能有终，所以既强调前瞻性，又强调全局性，正如《老子》所言：“为之于未有，治之于未乱；慎终如始，则无败事。”

⑪不永所事，小有言，终吉：不要在事物刚刚开始产生的初始阶段（即本爻初六所处阶段）反复纠缠，这个阶段的事物形态虽然细碎，但仍然处在天道的客观发展规律之下，其发展方式是有迹可循的，保持“与时偕进”就能在其发展到一定程度时获得积极的前景。不永所事，即不要纠缠困扰于细枝末节当中。永，《说文》曰“水长也”，《周易》用水来譬喻事物的发展态势，不是静止的，而是不断流动的，因此人也不能静止地看待事物，而要看到其发展的方向和趋势，形成通盘全局的眼光。所事，指

以静止的眼光纠缠在事物的某一阶段。所，《说文》曰："伐木声也，《诗》曰'伐木所所'。"所事，即如同砍伐木材时重复劈砍同一部位一般来看待和处理事物。小有言，小即指"所事"；有言即指事物在天道的客观规律之下，其发展方式是有规律可察、有定论的。

⑫**讼不可长**：争执、争讼是静止、片面、消极的，因此要及时改变这种负面的状况，不可以长期纠缠其中。

⑬**其辨明**：人只要具备了全局和发展的眼光，对陷于争讼漩涡中的细枝末节也能逐渐分辨出其性质和规律。其，代指前文"所事"。

⑭**不克讼，归而逋**：不能赢得争讼，赶紧逃离撤退。克，《玉篇》曰"胜也"。逋，音 bū，逃跑、逃亡之意，《说文》曰："逋，亡也；亡，逃也。"

⑮**其邑人三百户，无眚**：争讼的对方是一个有三百户之众的强大集体，团结一心，没有内部矛盾和问题（故而讼不能胜）。其，代指争讼的对方。邑，指古代人口的聚居地。三百户，譬喻人多势众，代指上卦的三个阳爻。眚，音 shěng，原意指眼睛生病产生视力障碍，又古人有"内妖曰眚，外妖曰祥"的说法，因此引申为由自身引发的灾祸、过错。无眚，即对方没有可以被利用的内部矛盾和问题。

⑯**窜**：九二虽居下卦刚中之位，但其势与上卦三阳爻相比仍处弱势，故"不克讼"而需要及时脱离、藏匿。窜，《说文》曰："匿也，逃也。"

⑰**自下讼上，患至掇也**：九二无法在争讼中战胜上卦三阳爻，因为其处于事物发展的前期阶段，而上卦象征事物发展的成熟阶段。这个时机两者发生争讼，自然无力应付而手忙脚乱、自找麻烦。患，指争讼带来的隐患、麻烦。掇，双手采摘，《说文》

曰“掇，拾取也”，是一个主动行为，故引申为手忙脚乱、自找麻烦。

⑱**食旧德，贞厉，终吉**：培养、吸收并应用传统的道德范式来指导自身应对争讼，如此虽然看似呈现凶险的趋势，但最终可收获积极的结果。食，本意指吃下食物为自身摄取营养和能量；又同“养”（古字“飬”），意为培养、保养，《老子》第二十章曰：“我独异于人，而贵食母。”即属此例。旧，指过去的、以前的，旧德即以前的、传统的道德范式和准则。

⑲**或从王事，无成**：六三位于下卦向上卦转变的阶段，因此，应当根据天道的发展规律做出选择来指导自身行为实践，但暂时不会有所成就、成果。或，不确定、做出选择之意。从，《说文》曰“听也”。王，《说文》曰：“天下所归往也。董仲舒曰：‘古之造文者，三画而连其中谓之王。三者，天、地、人也，而参通之者王也。’”李阳冰曰，中画近上，王者则天之义。事，《说文》曰“职也”。

⑳**从上吉**：六三正处在下卦与上卦的转变之时，上卦为乾象征天道，因此六三之时应当采取“食旧德”的保守姿态，等待事物或争讼发展到上卦所处的阶段，再跟随天道的客观发展规律来行动，就可以获得积极的结果。

㉑**不克讼，复即命渝**：不能赢得争讼，就及时回到天道的客观发展规律之下，改变导致自身争讼失败的主观想法。复，《说文》曰“行故道也”，回归原来的道路。即，《说文》曰“就也”，就，《增韵》曰“从也”。命，命运、天命，《说文》段注曰：“使也，从口令。令者，发号也，君事也。非君之口使之，是亦令也，故曰，命者，天之令也。”引申为天道的客观发展规律。渝，变化、改变，《尔雅·释言》曰“变也”，《诗经·郑风·羔裘》曰：“彼其之子，舍命不渝。”

㉒安贞不失：及时加以改变使自身复归于天道，就能获得平安和顺的发展前景，而不会彻底迷失方向。

㉓九五　讼，元吉：居于天道的九五中正之位，思想合德于天道，在争讼当中自身的立场和观点具有天道的真理性，此时面对争讼必然获得积极的结果。元吉，犹言九五乾爻“元亨利贞”之德，故而发展前景积极美好。

㉔以中正：用天道的中正之德来指导自身面对争讼，故能“讼，元吉”。以，《说文》曰“用也”，段注曰：“用者，可施行也。”

㉕或锡之鞶（pán）带，终朝三褫（chǐ）之：勉强争讼也许能获得一时的利益，但用不了多久就会得而复失，甚至带来更大的损失。本爻上九位于讼卦之极，有乾卦上九“亢龙”之意，故有强行争讼而超越天道的合理界限的含义。或，犹言不确定性，《说文》曰：“以为疑或不定之意。”锡之鞶带，犹言得到赞赏、赞誉或实际利益。锡，同“赐”，《师卦》曰“王三锡命”，即属此例，赐予、赏赐之意。之，代指本爻赢得争讼之人。鞶带，《说文》曰“大带也”，古人用皮革制成的腰带，用于佩玉等，外表华丽，统称鞶带。终朝，从日出到早饭之时，犹言短时间、短期。三，犹言多次、屡次。褫，褫夺、剥夺，《说文》曰“夺衣也”。

㉖以讼受服，亦不足敬也：以强行争讼、强词夺理来获取荣誉或利益，终究不符合天道的客观发展规律和价值观，同样不能得到他人真正的认同和尊重。服，指服饰，也即“鞶带”。受服，即受到“赐之鞶带”的赏赐，获得荣誉和利益。

第七卦　师

【原文】

师[1]　贞，丈人，吉，无咎[2]。

《彖》曰：师，众也；贞，正也。能以众正，可以王矣[3]。刚中而应[4]，行险而顺[5]，以此毒天下[6]，而民从之，吉又何咎矣！

《象》曰：地中有水[7]，师；君子以容民畜众[8]。

初六　师出以律[9]，否臧凶[10]。

《象》曰："师出以律"，失律[11]凶也。

九二　在师中[12]，吉，无咎；王三锡命[13]。

《象》曰："在师中，吉"，承天宠也；"王三锡命"，怀万邦也[14]。

六三　师或舆尸[15]，凶。

《象》曰："师或舆尸"，大无功也[16]。

六四　师左次[17]，无咎。

《象》曰："左次无咎"，未失常也[18]。

六五　田有禽，利执言，无咎[19]；长子帅师，弟子舆尸，贞凶[20]。

《象》曰："长子帅师"，以中行[21]也；弟子舆尸，使不当也[22]。

上六　大君有命，开国承家；小人勿用[23]。

《象》曰："大君有命"，以正功也[24]；"小人勿用"，必乱邦也。

【注释】

①师：卦名，上坤下坎，象征"大众"。古训本卦象"兵众"谈论的主题是治军用兵之事，但结合全卦主旨则略显狭隘，故不取。《说文》曰："师，二千五百人为师。从帀（zā，周围、四周之意），从𠂤（duī，"堆"的古字）。𠂤，四帀，众意也。"因此，"师"当理解为社会大众。师卦的精神在于探讨天道真理与人类社会、文明之间的关系。

②贞，丈人，吉，无咎：师卦的精神主旨要求人类社会和文明始终以天道真理为发展生存的依据，要贞固保持。以天道真理来支持、支撑人类社会和文明的发展进步，就能获得吉祥而无所危害。丈人，非古训"长老"或"贤明长者"之意。《说文》曰："丈（古字型近似"支"），十尺也。从又持十；又，手也，象形，段注此即今之右字；十，数之具也，一为东西，丨为南北，则四方中央备矣。"因此，"丈"的会意即为人的右手掌握着以"十"为喻的天道，《老子》曰"执大象，天下往"即属此意。

③能以众正，可以王矣：能够使得大众都做到"正"，就能够使文明和社会汇入天道的积极发展大潮当中。以，介词，"使"之意。正，《说文》曰"是也，从一，一以止"。"一"象征天道，"一以止"即不超越天道的合理界限。王，《说文》曰："天下所归往也。董仲舒曰：'古之造文者，三画而连其中谓之王。三者，天、地、人也，而参通之者王也。'"因此，"王"非指片面的"君王""君主"，而是指一种贯通了天、地、人三个主要哲

学元素的哲学概念和状态。

④刚中而应：九二位居下卦正中之位，象征天道刚健之德，维护着人的信念。《坎》曰“有孚维心”，《象》曰“以刚中也”。

⑤行险而顺：师卦的发展途径从“习坎，重险”始，至“(坤·象)后顺得常”而终。从坎到坤，象征从陷入困难逐渐发展为平安和顺的结局。《周易》作者无疑已经认识到，人类社会和文明的发展进步绝不会是一帆风顺的，而是必然要经常面对种种内部和外部的危害与侵袭；但人类社会和文明是应天道真理而形成的，因此在宏观上必然能够最终化解和战胜这些威胁人类社会和文明的消极因素，这是源于天道生生不息的精神特点。

⑥毒天下：治理天下，化育百姓。毒，治理、养育之意，《说文》段注曰：“厚也。毒兼善恶之辞，如祥兼吉凶，臭兼香臭。”如《老子》曰：“长之育之，亭之毒之，养之覆之。”

⑦地中有水：师卦上卦为坤，象地；下卦为坎，象水。地高于水，如同一个水洼，故谓“地中有水”。师卦探讨独立的人类个体在天道客观规律的支配下，自然聚合在一起形成大众群体，建立社会和文明，如同小规模的水流随着地势自然流淌到低洼地带，汇集起来形成浩大的江河湖海。

⑧君子以容民畜众：君子应当取“地中有水”之德，将自身摆在一个谦卑低下的位置，容纳人民大众、团结人民大众共同构成一个发展进步的集体。畜，同“蓄”，聚集、团结之意。《老子》曰“大邦不过欲兼畜人，小邦不过欲入事人”，即属此例。

⑨师出以律：人类社会和文明的形成、发展和进步皆以天道真理为依据。出，发展、进步之意，《说文》曰：“进也，象草木益滋，上出达也。”律，《说文》段注曰：“均布也。律者，所以范天下之不一而归于一，故曰均布也。”即均匀、普遍地分布于世界上的天道客观规律，非片面的律法、纪律之意。马克思说

道："人是最名副其实的社会动物，不仅是一种合群的动物，而且是只有在社会中才能独立的动物。"人类是难以孤立生存的，是会自然形成集体、社会和文明的社会动物，这一特性不是来自哪个圣人或神的主观意志，而是由自然规律所决定的。师卦探讨人类的这种集体性和社会性，因此在初爻就开宗明义作出了如此论断。

⑩否臧（zāng）凶：如果（人类社会和文明的发展）不能遵从天道真理而肆意主观妄为，结果必然凶险。否，《说文》曰"不也"，段注曰"不者，事之不然也"。臧，《说文》曰"善也"。中国古典哲学往往以"善"代指天道的客观发展规律，例如"上善若水"即属此意，拙作《老子新读》对此观点有详细的分析求证。

⑪失律：失去了天道真理指出的正确途径，非"失去了律法约束"之意。

⑫在师中：本爻九二居下卦正中之位，有天道刚健之德，象征天道真理的积极发展规律始终贯穿于人类社会和文明的日常生活当中。《老子》曰："功成事遂，百姓皆谓我自然。"

⑬王三锡命：人类与天、地共同构成"三才"的哲学概念，因此得天道恩赐获得不同于自然界其他事物的特殊命运，犹言人类社会与文明的发展命运取决于天道真理。王，即《彖》曰"能以众正，可以王矣"，在中国古典哲学中往往代指人类社会和文明。三，《说文》曰"天、地、人之道也"，段注："数名。数者，易数也。三，兼阴阳之数，言：一下曰道立于一，二下曰地之数，王下曰三者，天、地、人也。一耦二为三，成数也。三画而三才之道在焉，故谓之成数。"《老子》曰："道生一，一生二，二生三，三生万物。"因此"三"即代指天道，又譬喻天道化育万物，使人类得以摆脱动物性而建立文明的发展过程。在中国古

典哲学中，“三”的思想含义非常丰富，在本句中兼有各义，是用一种文学手法来构成“王三锡命”这个词汇。锡，同“赐”，施与、给予之意。天道是至高无上的真理，因此以“赐”为喻。命，《说文》曰“使也，从口、令”，段注曰：“令者，发号也，非君而口使之，是亦令也，故曰命者，天之令也。”

⑭**怀万邦也**：天道的积极发展规律遍及天下。怀，《尔雅·释诂》曰“至也”。

⑮**师或舆尸**：人类社会和文明对客观唯物的天道真理产生犹疑动摇，而开始滋生出唯心主义的鬼神崇拜。或，疑惑不定之意，引申为信念产生动摇。舆，事物逐渐产生、出现，《韵会》曰：“权舆，始也，造衡自权始，造车自舆始也。”尸，古代用于祭祀的神像，《说文》曰“神像也，象卧之形”，非尸（屍）体之意。

⑯**大无功也**：人虽然贵为天、地、人三才之一，但（对天道的信念动摇而迷信鬼神的行为）使人失去了本来的价值和意义。大，如同舒展身体、顶天立地的人的形象，引申为人类文明和智慧，《说文》曰：“天大，地大，人亦大，故大象人形。”功，存在的功能和意义，《老子》曰“不自伐，故有功”，人类社会和文明的一切成功，都应当归结于人顺应了天道的客观发展规律，而非来自人本身的主观唯心的孤立行为。鬼神迷信本质上就是高度唯心的，将自身的成功与否寄托于鬼神庇佑，自然是“无功”的。

⑰**师左次**：社会大众回归了以右手为主、左手为次的合理习惯，即天道的发展潮流。左，《增韵》曰：“左，右之对，人道尚右，以右为尊；手足便右，以左为僻。”引申为不符合天道客观规律的思想行为。次，居于次位之意。左次，即摒弃以“师或舆尸”为代表的“左”的、不符天道的思想行为，使之让位于天道

的客观发展规律和价值观。

⑱**未失常也**：没有脱离天道的合理范畴。常，即天道的客观发展规律的代称之一，《老子》曰："知常曰明；不知常，妄作，凶。"

⑲**田有禽，利执言，无咎**：在生产生活中实践了天道的客观发展规律而有所收获，拥有了坚实的物质基础，利于引领人民大众坚定对天道的信念并执行下去，而不会产生咎害。田，同"畋"，意为打猎或耕种，《广韵》曰"取禽兽也"，《说文》曰"平田也"，泛指农业生产。有，产生、出现之意，《说文》曰"不宜有也"，段注曰："谓本是不当有而有之称。""有"在以《周易》和《老子》为代表的中国古代朴素的客观唯物主义哲学中，是一个用以形容事物在天道的客观规律之下"无中生有"的诞生和发展过程，《老子》曰："万物生于有，有生于无。"即是对此概念的生动阐述。禽，同"擒"，有所捕获、收获之意，《礼记·曲礼·不离禽兽疏》曰："禽者，擒也，言鸟力小，可擒捉而取之。"执，《正韵》曰："持也，守也。"言，《说文》曰"直言曰言，论难曰语"，《老子》曰"多言数穷，不如守中"，因此引申为具有真理性质的天道的思想理论。执言，坚守并实践天道的客观发展规律，即卦辞所谓"丈人"，《彖》所谓"能以众正"。

⑳**长子帅师，弟子舆尸，贞凶**：哥哥带领大众践行天道的客观真理，弟弟却蛊惑大众迷信鬼神，对这种状况仍然保持既有态度放任其发展，必然前途凶险。所谓长子与弟子，犹言对天道的客观真理呈现出不够坚定、摇摆犹疑的态度。帅，同"逵"（今作率），率领、引领之意，《说文》曰："率，先导也。"

㉑**以中行**：以天道的客观发展规律作为引领人民大众发展进步的指导纲领。中，中道、天道的代称，《老子》曰："多言数穷，不如守中。"本卦六五居上卦中位，合于《坤·六五》"黄

裳，元吉”之德，故以“中行”谓践行天道。

㉒**使不当也：**（部分大众迷信鬼神的）行为不正确、不合适。《说文》曰：“使，令也；令，发号也，徐锴曰，号令者，集而为之。”因此，“弟子舆尸”就不是“弟子”一人所为，而是群体行为。

㉓**大君有命，开国承家；小人勿用：**人民大众将自身融于天道的发展规律当中，获得天道的积极推动，建立起更加完善先进的社会和文明；但要分辨和提防一些不道之人，使其不能窃取权柄兴风作浪。大君，犹言广大人民群众。大，《说文》曰：“天大，地大，人亦大，故大象人形。”君，同“群”，群众、人民大众的集体意志，《白虎通》曰：“君者，群也，群下归心也。”因此，“大君”当作“大群”，意为合德于天道的广大人民群众构成的社会和文明，而非伟大的君主、帝王之意。有命，即由天道赋予其命运，指出发展的道路。

㉔**以正功也：**以天道的客观规律作为思想行为的界限和法度，而取得成功，与《彖》“贞，正也。能以众正，可以王矣”相呼应。

第八卦　比

【原文】

比[1]　吉。原筮[2]，元永贞，无咎[3]。不宁方来，后夫凶[4]。

《彖》曰：比，吉也；比，辅[5]也，下顺从也。“原筮，元永贞，无咎”，以刚中也。“不宁方来”，上下应也；“后夫凶”，其道穷也[6]。

《象》曰：地上有水，比。先王以建万国，亲诸侯[7]。

初六　有孚比之，无咎[8]；有孚盈缶，终来有它[9]，吉。

《象》曰：比之初六，有它吉也[10]。

六二　比之自内，贞吉[11]。

《象》曰：“比之自内”，不自失[12]也。

六三　比之匪人[13]。

《象》曰：“比之匪人”，不亦伤乎[14]？

六四　外比之[15]，贞吉。

《象》曰：外比于贤[16]，以从上[17]也。

九五　显比[18]；王用三驱，失前禽，邑人不诫[19]，吉。

《象》曰：“显比”之吉，位正中也；舍逆取顺[20]，失前禽也；邑人不诫，上使中[21]也。

上六　比之无首[22]，凶。

《象》曰："比之无首"，无所终[23]也。

【注释】

①比：卦名，上坎下坤。意为同他人建立密切的比辅关系，通过对比寻找自身的短板和差距并加以改善，使自身获得发展进步。《说文》曰："比，密也，二人为从，反从为比。从，相听也。"由此可见，"从"代表两个人是平行关系，"比"则带有互利互补的含义。

②原筮：从内而外，从本质到表象，从自察自省到比辅于榜样，来学习和实践比卦揭示的哲学思想。原，本身、根本。筮，本意为占筮，本句中当理解为对比卦进行探索、学习和实践。

③元永贞，无咎：犹言"比"的哲学精神由天道真理而生，永远坚定正固不会动摇，因此不会带来过失咎害。元，《说文》曰"始也"，又有"首""根本"之意。万物以天道真理为"元"，比卦非寻常之"比"，其精神生于天道，以天道精神为指导来构成自身与他人之间的比辅关系，故以"元"为喻，其哲学精神不可人为改变和转移，故曰"永贞"。

④不宁方来，后夫凶：不可以停滞不动，而要紧跟着天道真理的运动规律和哲学精神进行比辅，以获得持续的发展进步，落后就会遭遇凶险。宁，同"佇"，犹言伫立、宁立不动，引申为停滞不动，拒绝与天道运动规律偕同而行。方，《说文》段注："併船也。併船者，并两船为一。又引申为比方。"因此有比、并之意。方来，犹言跟随、相伴而来。与《困》卦九二"困于酒食，朱绂方来"文法类同。后，犹言滞后、落后。夫，语助词。

⑤辅：构成车的重要部件，《正韵》曰："车辅，两旁夹车木

也。”比卦的意义在于通过比辅使自身更加完整、完善，就像车有辅这个部件才能构成一个完整意义上的车一样。

⑥**“后夫凶”，其道穷也**：九五“显比”作为比卦各阴爻的目标，譬喻为天道。上六所处的位置处于九五之后，到达了全卦发展的尽头，超越了天道合理界限，故而前途穷竭凶险。

⑦**先王以建万国，亲诸侯**：古代的圣人以《比》的哲学精神构建统率天下的基本社会制度，团结不同的社会群体共襄大道。先王，犹言掌握并实践天道客观发展规律，开创并发展了人类文明和社会的古代圣人。王，《说文》曰：“天下所归往也。董仲舒曰：‘古之造文者，三画而连其中谓之王。三者，天、地、人也，而参通之者王也。’”因此“王”非片面指君王、君主。万国，犹言天下，《坤·彖》曰：“首出庶物，万国咸宁。”即为例。亲，《说文》曰：“至也；至，鸟飞从高下至地也。从一，一犹地也。象形；不，上去；而至，下来也。”可见，“亲”的古义带有居高临下的、等待对方主动前来比亲的色彩。诸侯，本义指封建社会受帝王分封的各国领主，引申为构成“天下”的不同的社会群体。

⑧**有孚比之，无咎**：抱持着对天道真理的信心和信念，主动前去寻求比辅，就不会产生咎害。有孚，犹言对天道怀有坚定的信心和信念，“习坎，有孚维心，亨”。

⑨**有孚盈缶，终来有它**：对天道的信心和信念充盈、充分，各种原本抽象的、难以察觉的积极因素就可以汇集起来，发展成一条明显的线索和道路。盈，《说文》曰：“满器也。”缶，盛装水酒的瓦器。终来，原意指吉祥的光芒汇集起来，《说文》曰：“终，絿丝也；来，周所受瑞麦来麰。一来二缝，象芒束之形。天所来也，故为行来之来。《诗》曰：诒我来麰。”故“来”按古义引申为构成天道客观发展规律的积极因素。有它，像蛇行动

的踪迹一样逐渐清晰展现出来。有，产生、出现之意，《说文》曰“不宜有也”，段注曰：“谓本是不当有而有之称。”“有”在以《周易》和《老子》为代表的中国古代朴素的客观唯物主义哲学中，是一个用以形容事物在天道的客观规律之下“无中生有”的诞生和发展过程，《老子》曰：“万物生于有，有生于无。”即是对此概念的生动阐述。它，古义指蛇，引申为显露出踪迹、有迹可循之意，《说文》曰：“它，虫也。从虫而长，象冤曲垂尾形。上古草居患它，故相问无它乎。”段注曰：“俗作他，经典多作它，犹言彼也。羔羊传曰，委蛇，行可从迹也。”

⑩**比之初六，有它吉也**：初六象征“比”的起始，因为对天道坚定信念并且在比辅合作的过程中实践，自然会融入天道展现的积极美好的发展路线当中。

⑪**比之自内，贞吉**：建立起融洽和谐的内部关系，如同六二位居下卦中位一样秉持中正之德，就能形成积极美好的局面。自内，犹言自身内部。自，古义鼻子，引申为自身。内，内部之意，又喻六二处于下卦居中之位。《增韵》曰“内，中也”，《坤·文言》曰：“君子敬以直内。”

⑫**不自失**：不会因内部的矛盾和问题而产生过错和遗憾。

⑬**比之匪人**：与错误的对象进行比辅。匪，同“非”。匪人，即非人，犹指不合适、不恰当的对象，“所托非人”即属此例。

⑭**不亦伤乎**：不会大受伤害吗？亦，古义象人之双臂，引申为“大”，《说文》曰“人之臂亦也。从大，象两亦之形”，段注曰：“亦犹大也、甚也。”

⑮**外比之**：六四与上方的九五建立比辅关系。《易》卦以下为内，以上为外；下三爻称为内卦，上三爻称为外卦。六四位居上卦之初，故谓“外”；又与上方相邻的九五形成上下关系，故谓“外比之”。

⑯**外比于贤**：与掌握了天道客观发展规律的外部对象建立比辅合作的关系。上方相邻的九五位居上卦中位，“以刚中”，故赞之“贤”。

⑰**以从上**：六四以上方的九五为追从的对象。《象》曰：“下顺从也。”

⑱**显比**：九五光明显著，是其他众爻寻求比辅合作的对象。九五“以刚中”，喻为天道，与其他众爻形成“上下应”的关系。天道恒定不可动摇，只能成为其他事物的追比对象，故而用“显比”而非“显比之”。

⑲**王用三驱，失前禽，邑人不诫**：古代先王在畋猎时从三个方向包抄兽群，网开一面任由奔逃在最前面的部分猎物逃走，即《象》所谓“舍逆取顺”，周围的随从也都理解，并顺从先王的用意而不多嘴非议。三驱，从三个方向进行驱赶。邑人，与“王”相对，古代王畿称“邑”，邑人即王畿的居民，引申为王的随从。诫，告诫，提醒之意，《广韵》曰“诫，言警也”，引申为质疑、非议。

⑳**舍逆取顺**：天道是以客观唯物的形式存在的哲学概念，其与人的关系如同《蒙》卦所揭示：“匪我求童蒙，童蒙求我。”即不会从主观上强求人的认同，只会自然而然地将主动学习和实践天道的人纳入自身积极的发展潮流当中。

㉑**上使中**：九五居上卦正中之位，象征天道的客观发展规律，故谓“上”。其“用三驱”“舍逆取顺”的号令合乎天道的价值观。使，《说文》段注：“令也；令，发号也。”

㉒**比之无首**：寻求比辅合作却没有目标。首，本义指“头”，《乾·文言》曰“乾为首”，上六已越过了九五（乾）所在的位置，没有了目标，故谓“无首”。

㉓**无所终**：没有了确切、明确的目标，也就没有了终点。

第九卦　小畜

【原文】

小畜　亨[1]，密云不雨，自我西郊[2]。

《彖》曰：“小畜”，柔得位而上下应之[3]，曰小畜。健而巽，刚中而志行，乃亨[4]。“密云不雨”，尚往也[5]；“自我西郊”，施未行也[6]。

《象》曰：风行天上[7]，小畜；君子以懿文德[8]。

初九　復自道，何其咎？吉[9]。

《象》曰：“復自道”，其义吉也[10]。

九二　牵復，吉[11]。

《象》曰：“牵復”在中，亦不自失也[12]。

九三　舆说辐；夫妻反目[13]。

《象》曰：“夫妻反目”，不能正室[14]也。

六四　有孚，血去惕出[15]，无咎。

《象》曰：“有孚惕出”，上合志[16]也。

九五　有孚挛如，富以其邻[17]。

《象》曰：“有孚挛如”，不独富也。

上九　既雨既处，尚德载女，贞厉[18]；月几望，君子征凶[19]。

《象》曰："既雨既处"，德积载也；"君子征凶"，有所疑也。

【注释】

①小畜　亨：小畜卦上巽下乾，象征着事物的发展变化处在量变的过程当中，尚未达到质变所需的条件。万事万物都是由量变走向质变，这是天道的客观发展规律，小畜已经处于量变阶段，假以时日必然产生质变，故而其哲学道理通达于万事万物。畜，同"蓄"，积聚之意。小，喻指事物发展的初级阶段。

②密云不雨，自我西郊：天空中阴云稠密，但尚未形成降雨。云气自西方的天边积聚而来，尚未覆盖整个天空。卦辞此句说明"小畜"仅仅是事物发展的某个阶段性节点，积累积蓄已有小成，但总体程度尚未完满。密，稠密，《增韵》曰："稠也，疏之对也。"西郊，由于人的目力所限，最远只能到郊外的地平线，譬喻远方天地交接之处。

③柔得位而上下应之：《易》以乾为刚，坤为柔，小畜以六四阴爻谓柔，上下各爻皆为阳爻，又处于下卦过渡到上卦的位置，象征事物的转变转化处于天道的客观规律之中，以天道为纲，故谓"得位"而"应之"。

④健而巽，刚中而志行，乃亨：小畜卦有乾卦象征的天道客观规律为良好基础，又有巽卦象征的"随风而行"为灵活的策略。上下卦皆有乾爻居中，象征思想和行动在发展过程中始终以天道为纲，故而小畜揭示的哲学精神可以通达万事万物。

⑤"密云不雨"，尚往也：稠密的阴云尚未形成降雨，因为构成降雨的水汽尚在上升积聚的过程当中，还没有完全达到形成降雨的条件。尚，尚且，《老子》第二十三章曰："天地尚不能久，而况人乎。"往，成长、发展，《说文》曰："往，之也；之，

出也，象艸过中，枝茎益大，有所之。”拙作《老子新读》在“执大象，天下往，往而不害，安平泰”一章中，对“往”字之意进行了辨析说明。

⑥**“自我西郊”，施未行也**：事物已经有所发展，但尚未发展成熟以发挥作用，如同阴云在西方天边积聚而起，但尚未密布于天空并形成降雨。施未行，犹言事物的量变尚未转换为质变。

⑦**风在天上**：上卦巽象风，下卦乾象天，构成了小畜卦的卦象。

⑧**君子以懿文德**：君子应当对天道的客观发展规律和价值观保持专一坚定的态度，长久持续地加以实践，补益自身的品德（不断地积聚量变，最终必能导致质变，而有所成就）。懿，《说文》曰：“专久而美也，从一。”喻为专一、坚定。文，同“纹”，作动词，纹饰之意，引申为补益、加强。

⑨**復自道，何其咎？吉**：从量变发展为质变的道路上必然经历反复与波折，但这有什么错呢？（量变必然导致质变）前景积极美好。復自道，一些版本作“复自道”，古本作“復”，《说文》曰：“復，往来也；复，行故道也。”小畜卦在于探讨事物由量变到质变的过程，在这个过程中，事物的发展往往要经历波折与反复，而非一帆风顺。“自道”犹言人或事物达成质变的必由路径，故本文取“復”不用“复”，更合乎本卦主旨。

⑩**“復自道”，其义吉也**：在质变完成前的反复与波折本来就是天道的客观规律，因此其本质上就是积极美好的。

⑪**牵復，吉**：天道客观唯物的积极发展规律，牵引着事物由量变走向质变的“復”的过程，积极美好。牵，犹言天道牵引、引领万物的发展生息，《说文》曰：“牵，引前也。从牛，象引牛之縻也。”“牵牛”在中国古典哲学中有特殊的含义，从代指由天道所生的万物之“物”字就能看出，《说文》曰：“物，牛为大物，天地之数起于牵牛，故从牛。”部分版本作“牵复”，本文

用“復”，理由同上文初九注释。

⑫**“牵復”在中，亦不自失也**：本爻九二位于下卦正中，象征天道牵引着事物的发展途径，就不会被主观唯心思想干扰而迷失正确的方向。自失，犹言被主观唯心思想迷惑，与天道的客观唯物属性相对。

⑬**舆说辐，夫妻反目**：九三位于下卦最上层，已经超越了九二所代表的天道的合理界限，构成事物发展态势的阴阳辩证关系不再协调，如同车身与轮辐相脱离，车辆的整体性被破坏而无法行动。夫妻关系破裂，家庭无法再作为一个整体向前发展。舆，指车辆、车舆。说，同“脱”，脱离、分离之意。辐，轮辐、车轮。反目，可以理解为关系不和睦，但结合“舆说辐”，当理解为关系破裂。

⑭**不能正室**：夫妻关系破裂，家庭结构不再完整，譬喻阴阳没有形成辩证统一的协调关系，有悖于天道的客观规律。正，《说文》曰“是也，从止，一以止”。“一”在中国古典哲学中象征天道，“正室”即家庭关系、阴阳之间的关系，都以天道的客观规律为合理界限。

⑮**有孚，血去惕出**：六四上有居于“刚中”之位的九五，下有象征天道的乾卦，因此对天道充满信念，自身属阴爻与众阳爻构成了辩证协调的关系，因此不被忧恤的消极负面情绪干扰，只怀有对天道的敬慎之心。血，同“恤”，《说文》曰“忧也”。惕，严肃、谨慎的态度，《说文》曰：“惕，敬也；敬，肃也。”《乾》卦所谓“夕惕若厉”即属此例。

⑯**上合志**：九五是六四的后续发展阶段，有《彖》所谓“刚中志行”之德，因此六四对天道怀有信念、保持敬慎的态度。易卦各爻从下向上发展，六四在下、九五居上，故谓“上合”。

⑰**有孚挛如，富以其邻**：九五居上卦正中之位，其代表天道的真理联系起周围的一切事物，将天道积极美好的客观发展规律

作用于周围一切事物。挛，联系、维系之意，《说文》段注："挛，系也；系，絜束也。""絜"又有衡量之意，可以引申为法度、规则。因此，"挛"有以天道为法度和规则来联系万物的思想含义。如，语气词。

⑱**既雨既处，尚德载女，贞厉：**发生降雨或者降雨停息，都是天道的客观规律引起的量变不断积累最终达到质变的过程，天道至高无上的刚健真理承载着一切事物的阴柔衍变，如果固执不遵循天道真理就会造成危险。既，《玉篇》曰"已也"，犹言事物已经发生，上九处在全卦之末，象征质变已经形成，故用"既"。处，停止之意，《广韵》曰："留也，息也，定也。"尚德，犹言"上德"，即天道的客观发展规律。载，承载。女，在中国古典哲学中常代指阴性。上九属阳刚乾爻，故喻天道；天道之下的一切万物都依据其客观真理生息衍变，故与天道性质相对为阴性，而以"女"为喻。传世各本在本句往往写作"既雨既处，尚德载；妇贞厉，月几望"。于豪亮《马王堆帛书〈周易〉释文校注》："案：象曰：'既雨既处，德积载也。'故各本均从'载'字绝句，以'妇'字属下读，非是。帛书以处、女叶韵，明'女'字当属上读。"又传世各本断句，则本爻文义于全卦主旨不通，故本书取于豪亮先生之说。

⑲**月几望，君子征凶：**犹言上九已经到了小畜全卦最上阶段，如同月亮几乎要进入满月，君子应当以小畜卦揭示的哲学思想指导自身的行为实践，如果任由事物发展到上九阶段仍不知收敛，突破了天道的合理界限，前途必然凶险。几，几乎之意。望，即月望、满月。《吕氏春秋·精通》："月也者，群阴之本也。月望，则蚌蛤实，群阴盈。"高诱注："月，十五日盈满，在西方与日相望也。"故满月即称为"月望"。征，犹言继续长远地发展前进，《尔雅·释言》曰："征，行也。"

第十卦　履

【原文】

履[1]　履虎尾，不咥人，亨[2]。

《彖》曰："履"，柔履刚也[3]，说而应乎乾[4]，是以"履虎尾，不咥人，亨"。刚中正，履帝位而不疚[5]，光明也。

《象》曰：上天下泽[6]，履；君子以辩上下，定民志[7]。

初九　素履，往，无咎[8]。

《象》曰："素履之往"，独行愿也[9]。

九二　履道坦坦，幽人贞吉[10]。

《象》曰："幽人贞吉"，中不自乱[11]也。

六三　眇能视，跛能履，履虎尾，咥人，凶[12]；武人为于大君[13]。

《象》曰："眇能视"，不足以有明[14]也；"跛能履"，不足以与行[15]也；"咥人之凶"，位不当[16]也；"武人为于大君"，志刚[17]也。

九四　履虎尾，愬愬，终吉[18]。

《象》曰："愬愬终吉"，志行也。

九五　夬履，贞厉[19]。

《象》曰："夬履贞厉"，位正当也。

上九　视履考祥[20]，其旋元吉[21]。

《象》曰：元吉在上，大有庆也。

【注释】

①履：履卦，下兑上乾。《说文》曰“足所依也”，又有实践、践行之意。足，指人的行为，所依者天道。犹言根据天道的客观规律来指导实践。

②履虎尾，不咥人，亨：差点踩到老虎的尾巴，但老虎并没有咬人，因为天道的客观发展规律亨通、通达于万事万物。虎，猛兽，《说文》曰“山兽之君”，象征着一切带有具体的危害、风险的事物。咥，读作dié，咬的意思，《玉篇》曰：“齧（啮）也。”

③“履”，柔履刚也：履卦揭示的哲学精神在于柔顺从于刚，遵从和实践“刚”所代表的天道客观规律。

④说而应乎乾：下卦兑遵循、呼应于上卦乾。《兑·彖》曰“兑，说也”，说同“悦”，代表着人合德于天道，获得积极的发展进步而自然产生的欢欣喜悦。

⑤刚中正，履帝位而不疚：履卦以乾为上，上下卦皆以阳爻居于中位，因此有“刚中正”之德，以履卦之德践行和实施领导、统治的权力，就能避免产生社会性的“疾患”。

⑥上天下泽：履卦以乾卦居上，象征“天”；兑卦居下，象征“泽”。《兑·象》曰“丽泽，兑”，犹言万物受到天道的恩泽与滋润。

⑦君子以辩上下，定民志：君子以履卦的哲学精神来认识和规范个体与社会的关系、人与自然的关系，指引社会和文明找到前进的方向，以获得安定与发展。辩，同“辨”，通过辨别和分析来建立认识之意。上下，在中国古典哲学中往往用来代称天道

与人道。民志，即“民意”，指人民大众作为一个整体的最根本的进步需求和发展利益。

⑧**素履，往，无咎**：完全以天道的客观发展规律来指导行为实践，而不被主观唯心的因素干扰，在发展前进的过程中就不会遇到咎害。素，《尔雅·释名》曰：“朴素也，已织则供用，不加巧饰也。”引申为没有被主观唯心想法干扰和曲解的、最根本的天道客观规律，《老子》曰“见素抱朴”，又曰“道，常无，名朴”，拙作《老子新读》有详细辨析。

⑨**独行愿也**：以专一谨慎的态度践行天道，避免被主观唯心的思想干扰。独，即单独、独一无二之意，引申为专一、专注。愿，《说文》曰：“谨也，谨，慎也。”犹言心怀恭谨、慎重的态度。

⑩**履道坦坦，幽人贞吉**：践行天道，犹如行走在坦荡平顺的大道上，人的思想精神幽静安宁，发展的趋势积极美好。幽，幽静、幽深，形容人的精神状态平静安宁。

⑪**中不自乱**：九二位于下卦正中，有“刚中正”之德，作为思想的纲领和指引，因此可以“履道坦坦”，而不会被主观唯心的思想引入歧途。

⑫**眇能视，跛能履，履虎尾，咥人，凶**：看待事物带有偏见，行为实践不走正道，踩到老虎尾巴，遇到风险和困难就无法得到天道的庇佑而受到撕咬攻击，情况凶险。眇，《正韵》曰“偏盲也”，犹言偏见。跛，《说文》曰：“行不正也。”能，指从主观出发勉强施为之意。

⑬**武人为于大君**：掌握权力或暴力工具的人从主观片面的角度出发，将非正义的强力手段运用在广大人民群众身上。武人与大君，即六三与其他众阳爻的对比关系。大君，即“大群”，生活在天道的客观发展规律之下的广大的人民群众，《师·上六》中的“大君有命”即属此例。武人，即相对于广大人民群众的少

数掌握强力手段的人。为，施为、作为。

⑭**不足以有明**：眇者虽然能视，但眼光片面，带有偏见，因此不能从全面完整的客观角度看待事物。明，日月合写为“明”，在中国古典哲学中往往指构成事物的辩证统一关系。《老子》曰：“知常曰明；不知常，妄作，凶。”

⑮**与行**：即与时偕进、与“道”偕行。

⑯**位不当**：六三譬喻思想认识和行为实践处在主观片面、背离正道的错误路线当中，故曰“位不当”。

⑰**志刚**：六三由于“位不当”，如同“武人”错误地将强力手段施加在其他众阳爻代表的广大人民群众身上，违背了“柔履刚，说而应乎乾”的价值观，属阴却“志刚”，因此消极凶险。

⑱**履虎尾，愬愬，终吉**：差点踩到老虎尾巴，但及时认识到六三“眇”“跛”的危害而感到惊惧，警醒自身回归九四乾爻代表的天道正途来解决问题，最终获得积极美好的结果。愬，读作sù，惊惧、惊吓之貌，《韵会》曰：“惊惧谓之愬。”

⑲**夬履，贞厉**：坚定决心践行天道，积极面对前途的挑战和磨难。夬，读作guài，同“决”，《说文》曰“分决也”，《夬·彖》曰：“刚决柔也。”

⑳**视履考祥**：通过观察辨识天道的发展轨迹来区别和判断后续发展的方向征兆。视，《博雅》曰“明也”，《释名》曰：“是也，察是非也。”因此有辨析、观察之意。考，《广雅》曰“问也”，辨别、判断之意。祥，征祥、征兆。

㉑**其旋元吉**：通过“视履考祥”将自身融汇于天道积极美好的循环生息当中。旋，《说文》曰：“周旋，旌旗之指麾也。徐锴曰，人足随旌旗以周旋也。”元，譬喻天道，因此“旋”“元”有随着天道的发展规律循环生息之意。

第十一卦 泰

【原文】

泰[1] 小往大来，吉，亨[2]。

《象》曰：“泰，小往大来，吉，亨”，则是[3]：天地交而万物通[4]也，上下交而其志同[5]也。内阳而外阴，内健而外顺，内君子而外小人[6]；君子道长，小人道消[7]。

《象》曰：天地交，泰；后以财成天地之道，辅相天地之宜，以左右民[8]。

初九 拔茅茹，以其汇[9]，征吉[10]。

《象》曰：拔茅征吉，志在外[11]也。

九二 包荒，用冯河，不遐遗[12]；朋亡，得尚于中行[13]。

《象》曰：“包荒”“得尚于中行”，以广大也[14]。

九三 无平不陂，无往不复[15]；艰贞无咎，勿恤其孚，于食有福[16]。

《象》曰：“无往不复”，天地际也[17]。

六四 翩翩[18]，不富以其邻[19]，不戒以孚[20]。

《象》曰：“翩翩”“不富”，皆失实也[21]；“不戒以孚”，中心愿[22]也。

六五　帝乙归妹，以祉元吉[23]。

《象》曰："以祉元吉"，中以行愿[24]也。

上六　城复于隍[25]；勿用师，自邑告命，贞吝[26]。

《象》曰："城复于隍"，其命乱也[27]。

【注释】

①**泰**：卦名，上坤下乾。古训"通泰"，《说文》曰："泰，滑也；滑，利也。"《周礼·天官·食医》曰"调以滑甘"，疏曰："滑者，通利往来，所以调和五味。"因此，泰卦象征着一切事物在天道的客观规律的调和下发展衍化。

②**小往大来，吉，亨**：低级愚迷的宵小之道消逝而去，伟大的天道真理彰显开来。小，即宵小之道，与《周易》哲学倡导的伟大的天道相对立。往，离开、消亡，《玉篇》曰："行也，去也。"大，与"小"相对的哲学概念，在本句代指乾卦象征的包罗万象的天道，《说文》曰："天大，地大，人亦大，故大象人形。"来，彰显、呈现之意，《说文》曰："周所受瑞麦来麰。一来二缝，象芒束之形。天所来也，故为行来之来。《诗》曰：诒我来麰。"

③**则是**：受到启发而得出具有真理性质的思想或道理。则，《说文》曰："等画物也，从刀从贝。贝，古之货物也。"引申为受到启发而创造或总结出思想或道理，《系辞》曰："河出图，洛出书，圣人则之。"是，《说文》曰"直也"，具有真理性质。

④**天地交而万物通**：抽象的天道与具象的事物发生联系，使得万事万物通达而进步。天，指客观存在的、主宰一切事物发展运动的天道，《说文》曰："颠也，至高无上。"地，代指一切具体的事物，《说文》曰："元气初分，轻清阳为天，重浊阴为地，

万物所陈列也。”交，犹言两个平行关系的事物发生交叉联系，《广韵》曰：“共也，合也。”通，通达于泰卦揭示出的哲学精神，获得天道的推动而积极进步。

⑤上下交而其志同：泰卦上下卦的乾与坤、阴与阳发生有机联系，象征着一切事物与天道构成协调统一的关系，因为天道的作用在于促使事物积极进步，世间万物的根本目的也在于积极进步，两种意志共同会合即构成泰卦揭示的哲学精神。志，心愿、心志，《说文》曰：“从心之声，志者，心之所之也。”引申为将发展进步作为根本的追求与目的。同，构成协调统一的关系，《说文》曰“会合也”，《玉篇》曰“共也”。

⑥内阳而外阴，内健而外顺，内君子而外小人：《周易》在某些解读方法中，以下卦为内卦，上卦为外卦，泰卦即以乾为内卦、坤为外卦。乾德刚健，坤喻“牝马”，故称“内健而外顺”。君子以天道的客观发展规律和价值观作为自身的意志和纲领，来引导文明和社会共同发展进步，因此喻为内卦乾。芸芸大众虽然未能正确完整地认知天道，但同样追求发展进步，因此主动追随君子而喻为外卦坤。小人，在中国古典哲学当中往往代指社会大众，是一个中性词汇，最初不含贬义。随着后世各种思想理论的出现和发展，小人才往往与各种负面词汇联系起来，成为一个贬义词。因此，我们在研究探讨中国古典哲学的时候，应当注意结合全文主旨与上下文语境进行辨析，以避免混淆造成歧义。

⑦君子道长，小人道消：君子合于天道乾健之德而不断成长壮大，社会大众顺应君子的领导，将自身汇入积极发展的大潮。因此，原本存在的那些“不道”的消极负面的因素不断消减。

⑧后以财成天地之道，辅相天地之宜，以左右民：人通过观察和学习认识到天道的哲学精神之后，将之作为精神瑰宝和思想辅弼，对其加以实践就能够获得积极发展进步，省视自身来建

立人与自然的和谐关系。后，犹言认识到“天地交，泰”代表的《周易》哲学精神之后，与“先”相对，《老子》曰：“道冲而用之或不盈……吾不知谁之子，象帝之先。”就是说“道”存在于人类文明乃至宇宙创生之前，人类文明在这之后才逐渐对其形成认识，故曰“后”。按：历来前辈学者训本句之“后”为“君”，也就是古代社会的君王、统治者。本书认为，这种认识是典型的儒家思维方式，虽然不能说是错误的，但却流于片面，故不取。以王弼本为代表的古本多写作“后”而非“後”，因此对后世形成上述影响，然而此二字在古文中往往互为通假，根据本文辨析，当取“後”之义更为恰当。财，财富，将《周易》哲学当作精神财富之意，《说文》曰“人所宝也”，《老子》曰：“道者，万物之奥。善人之宝，不善人之所保。”一些前辈学者训其通“裁”，与“后”联系解释为“君王用之作为权利裁决”，似乎略显片面，故不取。成，成就，达成。辅，帮辅、辅弼之意，与“财”对文，犹言以《周易》哲学作为思想辅弼。相，读作xiàng，犹言对照榜样以检视自身，《说文》曰：“省视也，从目从木。《易》曰：地可观者，莫可观于木；《诗》曰：相鼠有皮。”宜，恰当、合适，犹言在哲学层面的自然万物当中，自身的合理位置。左右，同“佐佑”，辅佐和庇佑，《老子》曰：“大道泛兮，其可左右万物。”以左右民，即以天道的积极发展规律和价值观来辅佐和庇佑人类文明和社会获得发展进步。

⑨**拔茅茹，以其汇**：拔起白茅与茜草（象征泰卦由乾、坤相叠构成），因为它们都具有茂密繁盛、分布广泛的共同特点。茅茹，即白茅和茜草，都是分布广泛、寻常可见的草本植物。本卦由乾、坤相叠构成，乾、坤都是《周易》最基本的哲学概念，故而本爻及否卦初六都以茅、茹两种常见植物来比喻之。所谓“拔”，即《周易》作者用“拔”这个动作来生动地向学习或

求筮者展示白茅与茜草，阐释其哲学内涵。汇，传世本此字作“彙”，本义专指刺猬，王弼注曰“类”。段玉裁在《说文注》中分析：“彙，彙虫也。尔雅释兽曰，彙，毛刺。其字俗作蝟、猬。周易，拔茅茹以其彙，王弼云，類也，以为会之假借也。”可见，王弼注解“彙”为“类”是值得商榷的。据于豪亮《马王堆帛书〈周易〉释文校注》，“汇（彙）”在帛书本中写作“胃”，在否卦六二写作“菁”；彙古音同“胃”。“菁”，与“𠷎”同音，字形相近，可能存在通假。《说文》曰“𠷎，草木𠷎孛之貌”，即草木茂盛，此意于全句更为合理，故取之。

⑩征吉：乾、坤相叠为“泰”，初九为全卦定下基调，以下卦乾为主，向上卦坤发展，守正而行可得吉祥。

⑪志在外：初九居泰卦起始，居内的乾将向居外的坤发展，象征天道的志向在于通达交汇于坤卦代表的万物，故曰“志在外”。

⑫包荒，用冯（píng）河，不遐遗：九二居下卦乾之中爻，象征泰卦之德包罗广远，实践泰卦之德来涉越江河、探索未知的领域，也不会因为走得太远而失去天道庇佑。包荒，喻指泰卦积极有利的哲学精神普遍通达于天下四方，包括那些尚未有人类涉足的未知地域。包，包罗、覆盖之意。荒，即“荒服”，形容距离遥远。古代有“五服”之说，以天子所在的地方向外辐射，来形容亲疏远近，荒服即最远的第五服，距离天子所在的都城二千五百里之外。用，施行、实践之意，《说文》曰：“可施行也。从卜、从中。徐铉等曰，卜中乃可用也。”有将理论加以实践的含义。冯河，涉越河川，《尔雅·释训》曰“涉徙也”。《易经》成书的时代，受制于技术手段较为原始，人们生产生活的活动范围受到地理原因的极大限制，尤其因造船技术不发达而难以涉越河川达到对岸，《诗经·汉广》就有“汉之广矣，不可泳思；

江之永矣，不可方思”的感叹。故而“用冯河”，犹指实践泰卦九二之德，探索未知远方的含义。遐，《说文》曰“远也”，《尚书·太甲下》曰：“若陟遐，必自迩。”遗，遗失、遗弃之意，故“不遐遗”引申为不会因距离太远而被天道所遗弃之意。

⑬**朋亡，得尚于中行**：失去了同伴，但因九二位于下卦正中，合德于乾之天道，故而能得到天道的庇佑继续前进。朋，下卦三爻皆为阳爻，故称“朋”，意为同志、同道之人。亡，同“无”，失去之意。得尚，得到天道庇佑。尚，同“上”，代指天道。中，指本爻九二居下卦正中。行，前进、发展、进步之意。

⑭**“包荒”“得尚于中行”，以广大也**：本爻所谓“包荒”“得尚于中行”，是因为其思想建立在天道广远无界、贯通天地的本质之上。以，《说文》曰：“用也，从反巳；巳，意巳实也。”因此，“以广大也”说的就是人首先建立对“天道广大”的认识和信念，并用之于实践，就能形成“包荒”“得尚于中行”的积极思想和发展前景。

⑮**无平不陂，无往不复**：没有平坦就没有坡坎，没有前进发展就没有后退回归。本句犹言一切思想观念都有辩证和相对的一面。本爻位于上下卦即将发生转变之际，上下恰好对应乾坤辩证，故而用这样一句话来强调这种辩证思想和观念，提醒人在客观的事物发生性质转化的时候应当让自己的主观思想保持紧密跟随。陂，犹言坡、坎，与“平”相对。

⑯**艰贞无咎，勿恤其孚，于食有福**：事物的发展必然因天道的客观规律变化而产生艰难险阻，这种情况下要保持思想坚定贞固，向天道的客观发展规律求取答案，就能避免咎害，而不能忧惧动摇对天道的信念，如此就能在事物的客观发展过程当中继续得到天道的庇佑而收获积极前景。贞，有贞固、坚定之意；《说

文》曰："卜问也，从卜、贝，以为贽。徐锴曰，周礼有大贞礼，谓卜人事也。"段注曰："卜问也，大卜，凡国大贞。大郑云，贞，问也，国有大疑，问于蓍龟。"故联系全句，"艰贞"又有遇到艰险求问于天道的含义。恤，忧恤，思想动摇之意。孚，孚信、信念。食，本义指食物、吃饭；按《尔雅·释名》曰："食，殖也；所以自生，殖也。"谯周《古史考》曰："古者茹毛饮血，燧人钻火，而人始裹肉而燔之，曰炮。及神农时，人方食谷，加米于烧石之上而食之。及黄帝，始有釜甑，火食之道成矣。"因此，"食"描述了古人饮食的发展历程，而在本句泛指事物的发展衍化。福，本义指福佑；又《说文》段注："福者，备也；备者，百顺之名也。无所不顺者之谓备。"因此有全面周备而百事顺遂的含义。

⑰**"无往不复"，天地际也**：本爻所谓平与陂、往与复所表达的辩证观念，与九三相邻于上卦初爻六四构成的天地、乾坤辩证关系相对应。

⑱**翩翩**：六四处于上下卦阴阳转换之际，呈现出轻飘飘的、不踏实、不可靠的样貌。翩翩，本意指鸟类飞翔，呈现一种轻飘飘的、忽上忽下的动态样貌，《诗经·小雅·四牡》曰："翩翩者雏，载飞载下。"

⑲**不富以其邻**：六四在上下转换之际，其哲学性质由下卦乾过渡到上卦坤，但其却没有以上卦乾代表的天道为纲，反而呈现出"翩翩"之举，轻佻而不能周备上下。富，《说文》曰"备也。一曰厚也"，有周备、深厚的含义。六四为上卦坤的起始，本应在乾坤转换之际如坤德一样醇厚坚实，顺应乾之天道，为上下卦转换过渡打下良好基础，但其却呈现"翩翩"的状态，故曰"不富"。

⑳**不戒以孚**：犹言未能以孚为戒。《周易》哲学强调"有孚

惟心”，将对天道的信念始终维系在心中。本卦九三也强调了“勿恤其孚”，但六四却“翩翩”轻举，抛弃了对天道的信念。戒，警醒、警戒之意，《说文》曰“警也”，《尚书·大禹谟》曰“警戒无虞”；又有周备、完备之意，《萃》卦曰：“戒不虞。”

㉑**皆失实也**：犹言六四背离了坤卦本应有的“厚德载物”“牝马之贞”，也即“实”的哲学精神，而变得轻飘飘、不实在。

㉒**中心愿**：犹言六四本应“有孚惟心”，把天道的真理当作自身的信念贯穿于思想中，始终保持谨慎的态度。中心，即纵贯于心。愿，《说文》曰“谨也”，指对天道的态度。

㉓**帝乙归妹，以祉元吉**：殷商帝乙嫁出少女于周，促成了商周之间的和平，带来了积极美好的局面。帝乙归妹，这一典故的历史背景众说纷纭，尚未形成统一认识。顾颉刚先生据《诗经·大雅·大明》考证认为，帝乙即商纣的父亲，其在位时为了拉拢已成气候的周部落，将一名宗室少女嫁给了周文王，形成了商周联姻，稳定了当时的和平环境。又有学者认为，帝乙嫁出的少女并非嫁给了文王，而是文王之父季历，并生下了文王，故而本句爻辞谓“以祉元吉”。然而本书认为，无论是上述哪一种情况，帝乙归妹这一事件必然都对当时商周的历史进程产生了重大影响，相传《周易》六十四卦即由文王所创，因此文王才会在泰卦中特意提到这个事件，并且单独有“归妹”一卦，再次提到这一事件，可见这一事件对于文王或周朝的重要性。帝乙，即帝辛（商纣王）之父，其在位时商朝已经开始由盛转衰，周部落已经逐渐兴起壮大。归妹，即嫁出少女；归，《说文》曰“女嫁也”；妹，犹指未嫁的少女。祉，《说文》曰：“福也。徐曰，祉之言止也，福所止，不移也。”元，本爻居上卦坤之正中，又合德于“至哉坤元”。本爻由下卦乾发展而来，因此“以祉元吉”又可能有天道福祉降临于周，文王顺应乾坤开元建立周朝的含义。

㉔中以行愿：六五居上卦正中，得坤卦之德，象征周王朝顺行天道而代商。愿，指文王或周朝对天道的恭谨态度。

㉕城复于隍：城墙倾覆在干涸的护城河当中。形容泰卦走到尽头，事物由通达转变向闭塞，如同原本高耸的城墙彻底倒塌一样。复，同“覆”，倒塌之意。隍，即城墙外围的护城河，《说文》曰：“城池也，有水曰池，无水曰隍。”

㉖勿用师，自邑告命，贞吝：不用兴师动众，仅仅自身周围的现象就足以说明“城复于隍”是天命使然的客观规律，即使向天道求索占问也只能得到这个令人惋惜的必然结果。勿用师，犹言不用劳师动众去调查“城复于隍”的广泛性和真实性，因为天道的物极则反是放之四海皆准的客观真理。师，犹指众人、社会大众（详见本书“师”卦解读），并非特指军队，因此“勿用师”也非不要动用军队进行征战之意。邑，古代的城市称为邑；自邑，犹指自己所处的城市这个范围、自己目力所及的范围，与“师”或“天下”的概念相对。告命，即告知天命。命，指天命、天道给出的命运，《说文》段注：“使也，从口、令，令者，发号也，君事也，非君而口使之，是亦令也，故曰，命者，天之令也。”

㉗“城复于隍”，其命乱也：上六发展到了泰卦的极限尽头，必然脱离原本协调顺遂的状态而转化为混乱闭塞的状态。

第十二卦　否

【原文】

否[①]　否之匪人[②]，不利，君子贞[③]；大往小来[④]。

《彖》曰：“否之匪人，不利，君子贞；大往小来。”则是天地不交而万物不通也，上下不交而天下无邦[⑤]也。内阴而外阳，内柔而外刚，内小人而外君子[⑥]；小人道长，君子道消也。

《象》曰：天地不交，否；君子以俭德辟难，不可荣以禄[⑦]。

初六　拔茅茹，以其汇；贞吉，亨[⑧]。

《象》曰：“拔茅贞吉”，志在君[⑨]也。

六二　包承，小人吉；大人否，亨[⑩]。

《象》曰：“大人否，亨”，不乱群[⑪]也。

六三　包羞[⑫]。

《象》曰：“包羞”，位不当[⑬]也。

九四　有命无咎，畴离祉[⑭]。

《象》曰：“有命无咎”，志行也[⑮]。

九五　休否，大人吉[⑯]；其亡其亡，系于苞桑[⑰]。

《象》曰：“大人之吉”，位正当也[⑱]。

上九　倾否[⑲]；先否后喜[⑳]。

《象》曰：否终则倾，何可长也[21]。

【注释】

①否：读作pǐ。否卦，下坤上乾，象征否闭、闭塞不通。《老子》曰“天道无亲”，又曰“天地不仁”。天道虽然在宏观上推动着宇宙万物的发展生息，发挥着积极的作用，但天道是客观唯物的，并不总是如我们的主观愿望那样美好，因此在社会的具体发展过程中，天道时有否闭不通的情况出现。《周易》哲学认为这种情况主要是因为有不道之人以负面消极的方式发挥了人的主观能动性，也就是《老子》所谓“有为”，因此就阻碍了天道真理对人类社会发挥其积极进步的作用。因此，《周易》设否卦，从哲学的角度分析这种现象，以帮助学《易》之人认识并解决“否”的问题。

②否之匪人：出现了否代表的闭塞的情况，原因在于思想行动错误的人、不道之人。匪人，同“非人”，犹指不道之人。《诗经·小雅·小旻》曰：“如匪行迈谋，是用不得于道。哀哉为犹，匪先民是程，匪大犹是经。”

③不利，君子贞：在“匪人”占据主导地位的状况下，形势不利于天道昭彰，但君子仍然要保持坚定贞固的精神。

④大往小来：天道发展前进，但因“匪人”的存在而变得闭塞不通，宵小之道趁机彰显开来，窃居主流，占据了主动。

⑤上下不交而天下无邦：天道真理因无道之人的阻碍而闭塞于世，居于统治地位的人与社会大众之间出现了割裂，因此虽有“天下”，却没有形成统治者与大众可以协调共同发展的国邦。天下，在中国古典哲学当中是自然形成的观念，包含了统治者和人民大众。邦，也即国家，是历史发展中由人为因素为主构成的

社会群体和政治概念。

⑥**内阴而外阳，内柔而外刚，内小人而外君子**：否卦的结构是内卦坤、外卦乾，《彖传》认为坤卦象征小人，而乾卦象征君子。犹言小人窃居核心地位，而将君子排斥在外，因此后面一句得出小人之道盛长、君子之道消退的结论。这是《易传》作者诠释《周易》哲学的角度，然而《周易》本身却不仅仅这一个角度可以诠释解读，我们在学习的过程中需要注意辨析。

⑦**君子以俭德辟难，不可荣以禄**：君子在天道闭塞不通的情形下，应当继续保持以天道的客观发展规律和价值观来约束自身的思想言行，避免艰难的时局祸及自身，决不能被眼前的利益所诱惑。俭，约束之意，《说文》曰“约也”，《老子》曰：“我有三宝，持而保之，一曰慈，二曰俭，三曰不敢为天下先。”德，《周易》哲学倡导的君子之德，即天道的哲学精神和价值观。辟，同“避”，避免、躲避之意。荣，犹言光荣、荣耀。禄，与“福”同义，犹指好事、好东西；古代官员所得薪俸亦称禄，引申为利益。荣以禄，犹言以禄为荣，被眼前的利益所诱惑而感到高兴。古代谥法有“宠禄光大曰荣”的说法。

⑧**拔茅茹，以其汇；贞吉，亨**：拔起茅草和茜草，以其所蕴含的《周易》哲学的基本性质作为基础，然后才能认识否卦的哲学精神。初六象征否卦的起始，天道尚未隐匿，宵小之道尚未强势，在这个阶段对天道真理保持坚定，可以获得吉祥美好的前景。本爻“拔茅茹，以其汇”与泰卦初九爻辞相同，说明无论后续的发展情况是泰还是否，其起始阶段的哲学性质都基本相同，区别仅在于后续的发展中是由君子还是“匪人”占据核心掌控局势，因此本爻称“贞吉，亨”，就是提醒在这个阶段尚有余地，天道依然通达。

⑨**志在君**：犹言初六代表的初始阶段后续的发展方向在于君

子，也即占问之人如何把握自身与时局的方向。如能做到“俭德辟险，不可荣以禄”，即能“贞吉”；否则就会发展到否卦的下一阶段，真正进入“否之匪人”的不利局面。

⑩**包承，小人吉；大人否，亨**：六二被包容承奉在下卦正中，正是宵小之道最旺盛的阶段，因此小人获得美好处境。大人此时必须恪守天道的精神，“以俭德辟难”，闭塞外界的吸引和干扰，就能保持通达于天道。

⑪**不乱群**：六二在否卦当中与上下的初六、六三同为阴爻之类，故而称“群”。大人孑然独立，不为群阴爻代表的宵小之道所迷乱。

⑫**包羞**：六三已来到下卦坤向上卦乾的性质转换之际，虽然居全卦中段呈现被包容的状态，但这种状态已经达到尽头，因而宵小之道终致羞辱。

⑬**位不当**：六三虽然居全卦中段，但已离开六二所处的下卦正中之位，在阴阳转换之际仍然恃“包”而矜，必自取其辱，故而称其“不当”。

⑭**有命无咎，畴离祉**：九四已经离开下卦诸爻代表的宵小之道，进入了上卦乾代表的天道的范畴，有天道庇佑指引，因此不会有任何错误和危害，上卦三个阳爻共同依归于天道带来的积极美好的福祉。有命，犹言拥有天道庇佑的积极命运。命，指天命、天道给出的命运，《说文》段注：“使也，从口、令，令者，发号也，君事也，非君而口使之，是亦令也，故曰，命者，天之令也。”畴，同“俦”，《正韵》曰“俦，众也，等类也”，同类之意，犹指上卦三阳爻。离，同“丽”，附丽之意。祉，福祉，天道发展出的美好积极的前景。

⑮**志行也**：九四已回归天道，君子之道重新强盛起来，君子之志得天道庇佑而可顺行无阻，不会产生任何咎害。

⑯休否，大人吉：否卦闭塞不通的状态得以息止，尊奉天道的大人获得积极美好的前景。休，停止、停息之意，《说文》曰“息止也”。

⑰其亡其亡，系于苞桑：否卦闭塞的状态终于止息，是因为本爻处在象征天道的乾卦正中之位。其亡其亡，犹言大人对否卦闭塞不通的状态终于止息而发出感叹，故而加以重复来表达这种如释重负的情绪。系，读作xì，表示关联、因果联系。苞桑，枝繁叶茂的桑树，喻指上卦三个阳爻构成的乾卦天道。苞，草木繁茂之状，《诗经·小雅·斯干》曰：“如竹苞矣，如松茂矣。”桑，本义指桑树，又有桑蚕养殖和纺织业。我国作为历史久远的农耕文明古国，在古代很早就开始养殖桑蚕发展纺织业，桑与耕并重成为国家最重要的社会生产活动，并形成独有的农桑文化。因此，桑在古典文化中具有重要意义，《说文》曰：“桑，蚕所食叶木，从叒、木；徐曰，叒，日初出东方汤谷，所登榑桑，叒木也。蚕所食神叶，故加木叒下以别之。”段玉裁注曰：“榑桑者，桑之长也，故字从叒。桑不入木部而傅于叒者，所贵者也。”本书认为，《周易》作者就是据此而用“苞桑”来喻指居于上卦的三个阳爻。

⑱“大人之吉”，位正当也：九五可以止息否闭，呈现出“大人之吉”，是因为本爻位居上卦正中之位，象征否卦的发展来到了天道的积极趋势之中，因此，合德于天道的大人自然可以获得积极美好的前景。

⑲倾否：否卦彻底发生倾覆翻转，结束了闭塞不通的状态，重新进入了“天地交泰”的状态。倾，《说文》曰“仄也”，《管子·白心》曰“日极则仄，月满则亏”，正是说明上九已经走到了否卦的极高尽头，因此必然发生性质转变，这种“易穷则变”的思想，也正是《周易》哲学的核心精神。

⑳先否后喜：上九在用“倾否”阐述了否卦终末的结果后，对全卦主旨进行了总结：事物总是在跟随着天道的客观规律不断发展变化的，否卦代表的闭塞不通同样不会恒久持续，在经历了闭塞的时期和阶段后，自然会随着天道的发展走向通达，因此最后的结果仍然是积极的、值得喜庆的。

㉑否终则倾，何可长也：否卦代表的闭塞不通的状态发展到尽头，必然发生哲学性质上的颠覆转变，这种宏观的发展态势都遵循着天道的客观发展规律，怎么可能长久持续呢。

第十三卦　同人

【原文】

同人[1]　同人于野，亨[2]，利涉大川，利君子贞[3]。

《彖》曰："同人"，柔得位、得中，而应乎乾，曰同人[4]。同人，曰"同人于野，亨，利涉大川"，乾行也[5]。文明以健，中正而应，君子正也[6]。唯君子为能通天下之志也[7]。

《象》曰：天与火，同人[8]；君子以类族辨物[9]。

初九　同人于门，无咎[10]。

《象》曰：出门同人，又谁咎也[11]。

六二　同人于宗，吝[12]。

《象》曰："同人于宗"，吝道[13]也。

九三　伏戎于莽，升其高陵，三岁不兴[14]。

《象》曰："伏戎于莽"，敌刚也[15]；"三岁不兴"，安行也[16]。

九四　乘其墉，弗克攻，吉[17]。

《象》曰："乘其墉"，义弗克也[18]；其"吉"，则困而反则也[19]。

九五　同人，先号咷，而后笑，大师克相遇[20]。

《象》曰：同人之先，以中直也[21]；大师相遇，言相克也[22]。

上九　同人于郊，无悔[23]。

《象》曰："同人于郊"，志未得也[24]。

【注释】

①同人：卦名，下离上乾。离卦有"明"的含义（第三十卦·离：《彖》曰"重明以丽乎正"；《象》曰"明两作，离"），乾卦象征天道，故而同人卦有天道之下，万物文明之喻；离卦又有附丽、依附之义，居同人主卦之位，乾卦居客卦之位，因此又有主动依附于客观天道的含义。同，会和、共和之意，《说文》曰"合会也"，《玉篇》曰："共也。"人，《周易》哲学和《老子》哲学的宇宙观要素之一，《易》有天、地、人"三才"之说，《老子》曰："故道大，天大，地大，人亦大。域中有四大，而人居其一焉。"《说文》曰："天地之性最贵者也。"段注曰："禽兽草木皆天地所生，而不得为天地之心；惟人为天地之心，故天地之生此为极贵；天地之心谓之人，能与天地合德。"故而"同人"可以理解为人在天道的推动下，与外界构成和谐、共和的积极关系。

②同人于野，亨：运用"同人"的哲学精神与尚未开化的外界构建关系，可以通达无阻。野，本意为郊野、野外，引申为未开化之地、尚未文明的外界，《论语》曰："质胜文则野。"

③利涉大川，利君子贞：实践"同人"的哲学精神，有利于涉越河川到达远方，有利于君子坚贞守正。

④柔得位、得中，而应乎乾，曰同人：六二为阴爻，故曰"柔"；处在众阳爻之下合适的位置，故曰"得位"；居下卦正中，故曰"得中"。就像人在哲学角度上处在自然界一个合适的位置，是自然界的有机组成部分，得益于天道的客观规律而发展出文明，这就叫"同人"。

⑤乾行也：实践“同人”的哲学精神可以获得积极结果，并通达无阻，这是天道运行的缘故。

⑥文明以健，中正而应，君子正也：人类发展建立起文明，得益于天道的乾健之德；居于下卦中位的六二与居于上卦中位的九五，构成阴阳协调的位置对应关系，譬喻君子可以坚贞守正。文明，指居于下位的离卦之德；健，指居于上卦的乾卦之德。以，凭借、依靠。文明以健，犹言人凭借天道而建立文明。

⑦唯君子为能通天下之志也：只有合德于天道哲学精神的君子，通过具体的行为实践才能够贯通天下的发展大计。君子为，犹言君子的所作所为。天下之志，犹言天下大众共同的根本利益、发展大计。

⑧天与火，同人：在天道的作用下发展出了人类文明，这就是“同人”的哲学精神。天，指天道，即上卦乾；火，下卦离象火。火，远古人类在探索自然的过程中学会了使用火，标志着人类脱离了茹毛饮血的蒙昧阶段，而进入文明社会，因此火又喻指人类文明。与，给予、赋予。天与火，犹言天道赋予人类智慧和文明。

⑨君子以类族辨物：君子运用“同人”揭示出的哲学精神来辨别事物的性质，认识自然万物。类族，犹言门类和种族。君子尊奉天道的客观规律，从人的角度来认识万物，构建自身与外界万物的和谐关系。

⑩同人于门，无咎：运用“同人”的哲学精神向外界实践，不会产生过错。门，犹指家门，自身周边的一个狭小范围，与“外界”相对。《玉篇》曰：“门，人所出入也，在堂房曰户，在区域曰门。”《博雅》曰：“门，守也。”故而门在本爻有出门进入外界，不可故步自封、关起门来自说自话之意。

⑪出门同人，又谁咎也：运用“同人”的哲学思想接触外界，哪怕遇到陌生的、未知的状况，然而有天道庇佑，怎么会有

过错呢。诡，《玉篇》曰“不知其名也”，代指陌生、未知的事物和状况。

⑫同人于宗，吝：用“同人”的思想来探索事物的根源或结果，没什么意义。宗，本意为祖先，引申为根源、本源之意，《说文》曰“尊祖庙也”；又有人或事物所归往者之意，引申为结局、结果，《尚书·禹贡》曰：“江汉朝宗于海。”吝，本意恨惜、惋惜，在本爻中引申为没有实际意义。

⑬吝道：《易》所谓“同人”，是一种哲学精神和价值观，是方法论，目的在于帮助人认识自身与自然的有机关系，并推而广之，使人能够更好地与自然、与外部环境建立协调、和谐的关系，而非用来描述和解释人和天地万物的本质。“同人于宗”就是试图用方法论去解释世界观的问题，是一种本末倒置，因此谓之“吝道”——没有什么意义的做法。本句这个“道”字非指天道，而是指“同人于宗”这个具体的事情，是思路、方法的意思。

⑭伏戎于莽，升其高陵，三岁不兴：犹言“同人”的过程处于由阴向阳转变之际，无法一蹴而就，很长一段时间无法前进发展。六二位于初九和本爻九三之间，故曰“伏戎于莽”；发展到本爻九三之位高于六二，故曰“升其高陵”；要将“同人”的精神和价值观推广出去，必然无法一帆风顺，因此用“三岁不兴”来说明这一过程的漫长和曲折。伏戎于莽，本意指伏兵隐蔽在草木繁盛的莽原之中。伏戎，即伏兵，隐蔽于周围环境当中，代指六二。莽，有草木茂盛之意，《楚辞·九章·怀沙》曰：“滔滔孟夏兮，草木莽莽。”又《小尔雅》曰“莽，大也”，因此在本句爻辞中可代指初九和本爻九三。升其高陵，帛书本作“登其高陵”，犹指九三之位高于六二，与其性质截然相对。三，泛指多；岁，犹言年岁、时间。三岁，犹指很长一段时间。兴，兴起、发展之意。

⑮ **“伏戎于莽”，敌刚也**：六二低伏潜藏，以伏兵为喻，是因为六二的关系对象是与其性质相对的初九、九三两个阳爻。敌，相匹敌之意，《尔雅》曰“敌，匹也”，引申为与自身对应者、关联对象。刚，指性质刚健的两个阳爻。

⑯**安行也**：犹言如何可行，如何能够顺遂发展前进。安，表疑问，《论语·先进》曰：“安见方六七十如五六十而非邦也者？”行，可行、可以发展进步之意。

⑰**乘其墉，弗克攻，吉**：据守城墙之上，不能发起进攻，境况吉祥美好。犹言“同人”应当采取保守谦抑的态度，充分考虑“同人”对象的客观情况，而不能盲目从事、贸然主动，这样才能获得积极美好的前景。乘，《广韵》曰：“驾也，登也。”墉，即城墙。乘其墉，本意为登上城墙，犹言采取防御姿态，引申为采取保守、谦谨的态度。弗，不也。克，能够、可以，《尔雅·释言》曰“能也”。攻，本意为进攻、攻打，引申为主动出击、采取主动态度。

⑱ **“乘其墉”，义弗克也**：所谓“乘其墉”，《象传》作者认为，其意义就是提醒我们九四所处阶段的重点在于“不能”做什么，而非怎么做才能达到“同人”的目标。义，本意指意思、人对事物的认识。又《尔雅·释名》曰：“义，宜也，裁制事物，使各宜也。”即对待事物的恰当、合理的方式方法。

⑲**其“吉”，则困而反则也**：九四提醒我们据守不出、采取保守谦抑的态度，反而获得积极美好的境况，就是说践行“同人”不能一味采取激进态度，不能主观教条。九四体现的思路和发展方式与我们以往的认识有所不同，这时就要反向理解和思考。则，犹言法则或常理，《玉篇》曰“法也”，《尔雅》曰“常也”，也即我们解释各爻发展方式的常规方法。困，犹言有所不通，《论语》曰：“困而学之，又其次也。”反则，犹言反向理解、

反向思考常规的方法或法则。

⑳**同人，先号咷（háo táo），而后笑，大师克相遇**：在实践“同人”的哲学精神的过程中必然无法一帆风顺，需要经历困难与曲折，然后才能得到积极美好、令人愉快的结果。不同的人群，因其哲学信仰和文化传统的不同，进行接触时必然产生矛盾。号咷，同“嚎啕”，形容大哭不止。大师，大规模的人群、群体。师，本义指众人、大众。克，即相克、相对立。相遇，犹言建立联系、建立往来关系。

㉑**同人之先，以中直也**：犹言在实践“同人”的哲学精神之前，首先要秉承天道的精神和价值观，建立刚健正直的思想态度。本爻九五居上卦正中之位，故曰“中”，象征天道；上卦为乾，代表乾健刚正之德，故曰“直”。君子与外界“同人”，不是将自己的思想和价值观强加给对方，而是顺应天道的客观发展规律和价值观而行，因此，在实践之前首先要摆正自身的位置和态度。

㉒**大师相遇，言相克也**：人类社会是广泛复杂的，不同的社会群体因各自的历史文化、地理环境等因素自然形成不同的哲学信仰和文化形态。因此，当秉持不同的社会形态和文化的人类群体进行来往交流的时候，必然产生思想和意识形态上的激烈碰撞。言，犹指学问、文化，《说文》曰“直言曰言，论难曰语”，《老子》曰：“多言数穷，不如守中。”相克，犹言矛盾双方相互交锋碰撞。

㉓**同人于郊，无悔**：在人迹稀少的荒郊寻求实践“同人”，（虽然事倍功半、无所收获）但也无须感到悔恨不快。郊，邑外谓之郊，即人们日常生产生活范围以外的地方，人烟稀少的地方，譬喻“同人”的目标稀少，故而实践起来事倍功半。

㉔**志未得也**：上九已达穷极，此时继续寻求对外实践“同人”必然事倍功半，而难以充分达成自己的志向目标。

第十四卦　大有

【原文】

大有[1]　元，亨。

《彖》曰：“大有”，柔得尊位大中，而上下应之，曰大有[2]。其德刚健而文明，应乎天而时行，是以元、亨[3]。

《象》曰：火在天上，大有[4]；君子以遏恶扬善，顺天休命[5]。

初九　无交害，匪咎[6]；艰则无咎[7]。

《象》曰：大有初九，无交害也[8]。

九二　大车以载，有攸往，无咎[9]。

《象》曰：“大车以载”，积中不败也[10]。

九三　公用享于天子[11]，小人弗克[12]。

《象》曰：“公用享于天子”，小人害也[13]。

九四　匪其彭，无咎[14]。

《象》曰：“匪其彭，无咎”，明辨晳也[15]。

六五　厥孚交如，威如，吉[16]。

《象》曰：“厥孚交如”，信以发志[17]也；“威如之吉”，易而无备也[18]。

上九　自天佑之，吉，无不利[19]。

《象》曰：《大有》上吉，自天佑也。

【注释】

①大有：卦名，下乾上离。象征天道至大，能够光耀所有。天道是万物所有的本源和根本性的发展推动力，能够贯通天下所有和自然万物，故曰“元，亨”。所谓“大”者，《老子》曰：“道大，天大，地大，人亦大。域中有四大。”因此，其有天道的哲学精神通达于万物的思想内涵。有，在中国古典哲学中与“无”相对，泛指一切具象的、实际存在的事物，《老子》曰：“无，名天地之始；有，名万物之母。”

②柔得尊位大中，而上下应之，曰大有：大有卦的六五，即“柔”，位居上卦正中之位，是全卦的核心。六五与位居下卦中位的九二形成阴阳辩证的呼应关系。全卦唯一的阴爻处在最合适最恰当的位置，与众阳爻构建起和谐关系，这样排列的各爻所象征的哲学思想就是“大有”。柔，即阴爻，合德于坤卦“牝马之贞”的精神，顺从于乾卦代表的性质刚健的天道，可以根据天道客观恒定的发展路径而主动改变自身方向和形态以呼应天道，故曰“柔”。尊位，即全卦第五爻，居于上卦中位，是全卦核心，故曰“大中”。上下应之，犹言上卦与下卦构成呼应、协调的有机关系。

③其德刚健而文明，应乎天而时行，是以元、亨：犹言“大有”的哲学精神因众乾爻所处的位置而有刚健之德，阴爻处于最合理恰当的位置，而赋予“大有”文理昌明之德。“大有”象征万物遵循天道的客观规律而运行发展，因此用“元”“亨”来为其定义。

④火在天上，大有：上卦离象火，下卦乾象天。离卦又有

“明”的含义，因此“大有”象征太阳高悬在天上，光耀万物。

⑤**君子以遏恶扬善，顺天休命**：君子应当取法于大有之德，遏止那些悖逆天道的事物，弘扬天道倡导的积极美好的价值观，以这种方式来顺应和休美天道的哲学精神。休，犹言“休美”，《正韵》曰：“休，美善也，庆也。”命，非指君子自身的命运，而是指天命，即天道的客观规律和价值观。

⑥**无交害，匪咎**：初九位于“大有”发端起始之际，尚未与外界发生实际的利害关系，这不是什么过失或错误。交，犹言交往、交流、联系，《易·泰》曰：“天地交，泰。”害，本义危害、灾祸，与“利”相对；没有交往，没有危害灾祸，但同时也没有带来利益，本爻仅说“无交害”，而没有言明对“利”的看法和判断，也没有直接下“无咎”的判定，文学上带有意犹未尽的色彩，因此这个“害”当引申为利害关系，而非片面的危害、妨害。

⑦**艰则无咎**：相比于“无交害，匪咎”更进一步，在真正艰难的情况下实践“大有”的哲学精神，就完全不会产生咎害过失。

⑧**大有初九，无交害也**：犹言在“大有”起始阶段，尚未与外界形成利害关系。

⑨**大车以载，有攸往，无咎**：本爻九二位于下卦核心的位置，下卦为乾，象征天道，承载着万事万物的发展进步。因此，《周易》作者以“大车”为喻，象征天道负载着万物按照自身的客观发展规律不断前进，不会有任何过失或危害。攸，所也；所，《诗》曰“伐木所所”，斧子一下一下确凿地劈砍在木头上，有确定、确切的含义。有攸往，即“有所前往”，有确定的路径和目的。天道的哲学精神是积极正面、美善有利的，因此“无咎”。

⑩**“大车以载”，积中不败也**：九二象征天道，位于下卦中位，如同“大车”一样负载着其上各爻，故而曰“积中”，积累于下卦正中的九二之上。积，《增韵》曰：“累也，堆叠也。”天道的哲学性质是客观唯物的，是一切其他事物的源头和根本，没有任何其他事物能够压倒或战胜天道，故曰“不败”。

⑪**公用享于天子**：有德之人进献尊奉于受命天道之人。九三位于下卦向上卦过渡之际，下卦乾犹象“公”，上卦离犹象“天子”。公，犹指有德之人，为了大家的、众人的利益服务的人。天子，古义为承受天命、践行天道意志的圣贤之人，后被封建统治的君主用于自称。天道“大有”，至广至大，因此有德之人要及时主动地尊奉践行天道意志的圣贤领袖，才能形成团结的力量共同推动社会的发展进步。用享，犹言进献、尊奉。

⑫**小人弗克**：一般大众无法认识天道的真理，也无法辨识践行天道的圣贤领袖，因此无法像“公”一样胜任引领和推动社会发展的责任。小人，广义上泛指社会大众，与“大人”所代指的上层阶级相对，非狭义上道德低劣的意思。弗克，即不能胜任之意。

⑬**小人害也**：小人会因自身的局限性而妨害到有德之人和践行天道的圣贤领袖。害，犹言妨害，《左传·桓公六年》：“谓其三时不害，而民和年丰也。”即属此意。

⑭**匪其彭，无咎**：犹言九四之际“大有”虽已由下卦过渡到上卦，有乾卦象征的天道承托，但尚未发展到真正强盛、壮大的阶段，没有问题或咎害。其，指“大有”。彭，本义为鼓声，从鼓从三，《说文》段注：“指之列多略不过三。”犹言敲鼓两三下一停顿，引申为多人走路或骑马时发出顿地之声，形容壮盛行进之势，《诗经·大雅·大明》曰“驷騵彭彭”，《玉篇》曰“彭，盛也”，《韵会》曰“壮也”。

⑮**明辨晢（zhé）也**：犹言清楚明白地认识到九四还不到“大有”壮盛之时，还有发展进步的空间。晢，《说文》曰“昭明也”，即“大有”象征的天道至大、能够光耀所有万物的哲学精神。能够明白地认识和分辨“大有”哲学精神和九四所处阶段的关系，就能够得到无咎的积极前景。

⑯**厥孚交如，威如，吉**：犹言下卦乾象征的天道与本爻六五代表的“牝马之贞”的坤德发生联系和交流，天道威严刚健，六五尊奉而行，可得吉祥美好的前景。厥，其也，代指居下卦之位的乾卦。孚，孚信，犹指对天道的信念。交，发生联系和交流。如，语助词。威，形容天道的威严和尊严。又“厥”有短、缺的含义；《易》以阴爻为短，因此可以理解为“厥”代指阴爻。如此“厥”和“孚”就分别代指六五和下卦乾，在本爻所处的阶段构成“交如”的关系。

⑰**信以发志**：犹指六五通过建立对天道的崇信来发展自身的思想和志向。

⑱**易而无备也**：六五与下卦象征的天道构建起有机协调的联系，构成《易》的阴阳并济的和谐关系，自然会得到天道的威严庇佑而顺行无阻，无需主观人为预先准备。易，犹言《周易》的哲学精神，即六五与下卦乾“交如”而成的阴阳和谐关系。无备，无须预先准备。

⑲**自天佑之，吉，无不利**：上九阶段“大有”的哲学精神发展到极致，这是源自天道的辅佑，吉祥美好，没有任何消极不利的因素。

第十五卦　谦

【原文】

谦[1]　亨，君子有终[2]。

《彖》曰：谦，亨。天道下济而光明，地道卑而上行[3]。天道亏盈而益谦[4]，地道变盈而流谦[5]，鬼神害盈而福谦[6]，人道恶盈而好谦[7]。谦，尊而光，卑而不可逾，君子之终也[8]。

《象》曰：地中有山[9]，谦；君子以裒多益寡，称物平施[10]。

初六　谦谦君子，用涉大川，吉[11]。

《象》曰："谦谦君子"，卑以自牧[12]也。

六二　鸣谦，贞吉[13]。

《象》曰："鸣谦贞吉"，中心得也[14]。

九三　劳谦，君子有终[15]，吉。

《象》曰：劳谦君子，万民服也[16]。

六四　无不利，㧑谦[17]。

《象》曰："无不利，㧑谦"，不违则[18]也。

六五　不富以其邻[19]，利用侵伐[20]，无不利[21]。

《象》曰："利用侵伐"，征不服[22]也。

上六　鸣谦，利用行师，征邑国[23]。

《象》曰："鸣谦"，志未得也；可用行师征邑国也[24]。

【注释】

①**谦**：卦名，下艮上坤。犹言谦虚、谦恭、不自满的精神。谦，《说文》曰"敬也"，《玉篇》曰"让也"，《增韵》曰："恭也，不自满也。"

②**亨，君子有终**：谦卦的哲学精神通达万物，君子体悟和学习这种精神思想并身体力行，就能够有始有终，成为一个全面完整的人。有终，犹言有始有终，达到完整的哲学形态和境界。君子的德行非取决于一时一事，而是需要用全部的生命过程持续实践和完善。因此，只有做到善始善终才能真正称得上君子，正如《老子》第六十四章曰："慎终如始，则无败事。"

③**天道下济而光明，地道卑而上行**：至高至大的天道下降于普世，其客观规律济养和推动万物的发展生息，为世间万物带来光明和生机。自然万物处于天道之下，以天道为尊、自身为卑，但都向往并奉守天道的精神和客观发展规律。济，助益、成就。地，在中国古典哲学中往往泛指自然界一切形而下的、具象的事物。地道，犹言自然万物的发展形态和方向。卑，低下、卑下。

④**天道亏盈而益谦**：天道的一般哲学规律在于亏损盈满的、增益欠缺的，使自然万物保持在一种动态平衡的状态。《老子》曰："天之道，损有余而补不足。"就是同样的道理。亏，亏损、减少。盈，犹指事物盈满的状态或超出合理界限的部分。益，增益、补益。谦，即谦虚，引申为不充足、不完满的状态。

⑤**地道变盈而流谦**：自然万物的一般哲学规律在于不断遵循天道的法则进行运动，在盈与谦的状态之间运动生息。"变"与"流"，犹指不断变化和运动，《乾·彖》曰："云行雨施，品物

流形；乾道变化，各正性命。”

⑥**鬼神害盈而福谦**：人们信奉鬼神，就是因为人们认为鬼神可以伤害那些膨胀盈满的事物，而赐福于谦虚、不自满的人和事。鬼神，古人从唯心主义出发创造出来的精神崇拜对象。害，伤害、惩罚。

⑦**人道恶盈而好谦**：人类的主流思想价值观在于厌恶和排斥盈满膨胀的态度，而赞赏谦虚的态度。人道，犹言人合德于天道而秉持的价值观。恶，厌恶、厌弃。好，赞美、赞赏。

⑧**谦，尊而光，卑而不可逾，君子之终也**：对于“谦”的哲学精神和道德界限，人在高居尊位时要发扬光大，位居低下时也不能逾越和抛弃，这就是君子之道的极致。

⑨**地中有山**：乾卦的下卦为艮，象山；上卦为坤，象地。坤在艮上，故而象“地中有山”，譬喻高山矗立在广袤的大地当中，却不以自身之高为傲。

⑩**君子以裒多益寡，称物平施**：君子应当实践乾卦的精神，削减多余、补益不足，并对事物度量权衡，妥善公平地加以实施。裒，读作póu,《玉篇》曰“减也”，削减、减少，与“益”相对。平施，当理解为公平地实施“裒多益寡”，而非平均施与或布施。

⑪**谦谦君子，用涉大川，吉**：不断实践“谦”的哲学精神，谦而又谦，就可以称之为君子。运用这种思想态度来涉越河川，向远方前进，必能得到积极美好的前景。谦谦，是叠字法的构词方式，有重复、加强的含义，犹言谦而又谦，即不断重复和加强对“谦”的认识和实践。《乾卦》曰：“君子终日乾乾，夕惕若厉。”犹言君子在一天当中不断实践乾卦代表的天道乾健之德，即属此例。用涉大川，犹言对乾卦的精神加以运用可以涉越原本危险重重不可横渡的河川激流。涉大川，有向困难发起挑战、不断

前进的含义。

⑫卑以自牧：初六虽然位处低下，但仍然坚定以“谦”的精神来修养和管理自身。初六位于谦卦最下端，故曰“卑”。牧，蓄养、管治。自牧，自我修养和管理。

⑬鸣谦，贞吉：大声宣扬谦卦的积极美好的理念和精神，坚定保持这种思想态度就能得到积极前景。鸣，犹言发出声音。谦卦虽然提倡谦虚、内敛，但六二位于下卦正中之位，正是应当发出声音，向外界宣扬谦卦的哲学精神的合理时机，故而“鸣谦”。

⑭中心得也：六二位居下卦正中之位，得到了“鸣谦贞吉”的结果，是因为谦卦的核心精神可以在此阶段达成。中，指本爻所处的位置阶段。心，核心，犹指谦卦的中心思想。得，得到、达成。

⑮劳谦，君子有终：勤奋于实践谦卦的哲学精神，君子就能够有始有终而全面完整。劳，勤劳、辛劳、勤奋，《尔雅·释诂》曰“勤也”；又事功曰劳，《礼记·儒行》曰“先劳而后禄”，有勤于实践之意。

⑯万民服也：因为君子勤奋地实践谦卦的精神，在行动上做出了表率，创造了积极的实际成果，因此才能得到万民的敬服与认可。

⑰无不利，㧑谦：在六四阶段，谦卦的精神无往不利，这时更应当进一步发挥和扩大谦卦思想影响力。㧑，读作 huī，同“挥”，发挥、扩展之意。“无不利”在“㧑谦”之先，可以理解为递进和加强的关系，说明“㧑谦”是在“无不利”的前提下更进一步。

⑱不违则：在谦卦带来的“无不利”的积极状况下进一步发挥和加强“谦”的精神，并不违背谦卦倡导的原则。

⑲不富以其邻：犹言六五的意义不在于周备邻爻。六五位

居上卦正中，这个位置通常是全卦核心，上下相邻之爻往往受到这个位置的影响，但谦卦六五恰恰不是为了这个目的而设。《泰卦·六四》同样说“不富以其邻”，但有“翩翩”在前，故而理解为不能周备上下，应当如此但做不到。而谦卦六五结合全卦之旨，当理解为不仅仅、不在于此的意思。

⑳利用侵伐：六五有利于更加积极主动地发挥谦卦的哲学精神，也即“裒多益寡、称物平施”，根据具体情况采取不同方式方法对外界施加影响和干预。侵伐，犹言广义上的主动出击实践谦卦的精神，而非狭义上的侵略与征伐。《左传》曰：“凡师有钟鼓曰伐，无曰侵。”《公羊传》曰：“觕曰侵，精曰伐。”又“侵”有渐进之意，“伐”有击杀果断的含义，因此，所谓“侵伐”又有根据不同情况采取不同的方法手段的含义。

㉑无不利：犹言六五的本质虽然不在于周备其邻，但有利于对外推广实践，践行这样的思想，原则是无往不利、无须怀疑的。

㉒征不服：犹言六五的意义在于运用其哲学精神干涉和讨伐那些不平等、不合乎天道的事物。不服，即不顺从、不正道而行。服，有服从、顺从之意，《孟子》曰：“以理服人者，非心服也。”又有实行、施行之意，《战国策》曰：“此古服道致士之法也。”

㉓鸣谦，利用行师，征邑国：上六位于全卦之极，因此要明确、响亮地发出声音来宣扬谦卦的精神和真理。并且，在上六阶段有利于运用谦卦的精神来动员大军，征讨四方，最大范围地推广谦卦的真理。本爻所谓“利用行师，征邑国”与六五“利用侵伐”一样，是以军事譬喻对谦卦的推广，而非片面地鼓吹战争。行，有施行、实践之意；师，本义泛指大众，因此，“利用行师”可以理解为有利于运用谦卦的哲学精神促进和推动社会大众的发

展进步之意。邑国，高亨注曰："大夫之邑，诸侯之国。"故而"征邑国"有采用强力手段改造上层阶级，以使得天下大同的含义。这也是"裒多益寡，称物平施"精神的一种实际表现。

㉔**"鸣谦"，志未得也；可用行师征邑国也：**上六虽然大声宣扬谦卦的精神和真理，但君子之志不仅仅在于宣扬理念，故曰"志未得"。在"鸣谦"的同时，上六已经发展到谦卦极致，因此完全可以大范围、整体性地在全社会实践其哲学精神。

第十六卦　豫

【原文】

豫[1]　利建侯行师[2]。

《彖》曰：豫，刚应而志行，顺以动，豫[3]。豫，顺以动，故天地如之，而况建侯行师乎[4]？天地以顺动，故日月不过，而四时不忒[5]；圣人以顺动，则刑罚清而民服[6]。豫之时义[7]大矣哉。

《象》曰：雷出地奋[8]，豫。先王以作乐崇德[9]，殷荐之上帝[10]，以配祖考[11]。

初六　鸣豫，凶[12]。

《象》曰：初六鸣豫，志穷，凶也[13]。

六二　介于石，不终日，贞吉[14]。

《象》曰："不终日，贞吉"，以中正[15]也。

六三　盱豫悔，迟有悔[16]。

《象》曰：盱豫有悔，位不当[17]也。

九四　由豫，大有得，勿疑，朋盍簪[18]。

《象》曰："由豫，大有得"，志大行[19]也。

六五　贞疾，恒，不死[20]。

《象》曰：六五贞疾，乘刚[21]也；恒，不死，中未亡[22]也。

上六　冥豫成，有渝无咎[23]。

《象》曰："冥豫"在上，何可长也[24]。

【注释】

①豫：卦名，下坤上震。古汉语豫同"预"，象征人参悟天道，通过洞察自然天象获得预兆、预见，并且顺从而行。《说文》曰："豫，象之大者。贾侍中曰，不害于物。"天道的精神是伟大的、积极正面的，有益于万事万物的发展进步，因此人应当以天道为"预"，用来指导自身的发展进步。前辈学者多将"豫"训为"愉悦""欢乐"，与全卦主旨不合，故本书不取此说。

②利建侯行师：豫卦的哲学精神体现在其有利于社会的建设和文明发展。建侯，本义建立诸侯。周朝实行封建制度，天子分封诸侯共治天下，其核心在于通过封建的方式建立起一个社会的框架，因此所谓"建侯"，犹指社会建设。行师，古训为军队执行军事行动。师，据本书解析《师》卦之义，古义为四众、大众，因此"行师"当理解为发展文明和大众。

③豫，刚应而志行，顺以动，豫：豫卦的精神象征着天道之威形成震慑，万物心悦诚服，顺应天道而发展前进，这就是豫卦所要表达的思想。本句之"刚"，指上卦"震"，而不仅仅是九四阳爻。刚应，即"震"所代表的形而上的、抽象的天道天威与形而下的、具象的天下构成匹应和辩证统一的关系。天下万物之"志"在于发展生息，皆要遵从天道的客观规律才能实现，故曰"志应"。顺，指下卦坤德，对天道顺从、顺应，才能生动而发展。动，《说文》曰"作也"，《广韵》曰"出也"，发展、生息之意。《老子》曰："万物并作，吾以观复。"

④豫，顺以动，故天地如之，而况建侯行师乎：豫卦揭示出

万物“顺以动”的规律和思想，即便是至广至大的天地万物都依据这一规律而生，何况是人类文明和社会的建设和发展呢。

⑤天地以顺动，故日月不过，而四时不忒：以天地为代表的自然界都顺应天道的客观规律而运动。因此，昼夜一次更替为一日、月盈月缺一循环为一个月，这样的时间周期保持宏观恒定，从来不会出现差错。一年当中春夏秋冬四季的循环、一天之内朝夕昼夜的更替也从来没有偏差，是毋庸置疑的。日月，犹指太阳和月亮的运行，人类由此总结规律制定历法，指导社会的生产生活。不过，即不会出现超越合理尺度的差错。古代历法虽然不能做到今日般准确，但在宏观总体上与日月的运动周行保持一致，并以闰月的方式来修正具体偏差，故曰“不过”。四时，一指春夏秋冬四季，又指一天当中的四大时间段，都是人类生活作息的依据。忒，发生改变造成偏差之意，又有因偏差导致疑惑之意。《诗经·曹风·鸤鸠》曰“其仪不忒”,《广韵》曰“忒，差也”,《诗经·大雅·抑》曰：“昊天不忒。”

⑥圣人以顺动，则刑罚清而民服：圣人同样顺应天道的客观规律和价值观而行动，于是就能够建立清明正义的法律来维护社会秩序，天下万民都心悦诚服。

⑦豫之时义：犹言豫卦精神的历史价值和时代意义。

⑧雷出地奋：天道以惊雷震动的方式显现，大地万物都自觉振奋。豫卦上震下坤，震象雷、坤象地，故《象传》作者以“雷出地奋”譬喻其哲学形象和精神。

⑨先王以作乐崇德：人类文明的先祖通过创作美好的音乐来赞颂和推崇天道伟大的精神。先王，犹指人类社会的先贤、先辈。王，非指王侯、王权，而是泛指融汇于天道发展大潮的人类社会。《说文》曰：“王，天下所归往也。董仲舒曰，古之造文者，三画而连其中谓之王。三者，天、地、人也，而参通之者王

也。孔子曰，一贯三为王。李阳冰曰，中画近上，王者，则天之义。”故“王”当训为文明和社会。作乐崇德，犹指创作音乐来歌颂天道的精神。古代社会中，音乐具有崇高的文化地位，《说文》段注：“乐，五声八音总名。乐记曰，感于物而动，故形于声；声相应，故生变；变成方，谓之音。比音而乐之，及干戚羽旄谓之乐。”因此，音乐是古人抒发对天道和自然万物的感情的高级艺术。

⑩**殷荐之上帝**：创作出美好盛大的音乐进献给天帝。殷，即创作盛大的音乐，《说文》曰：“作乐之盛称殷。”荐，奉献、进献之意。上帝，犹指封建迷信观念中天界的君主。古人有天地崇拜，认为在人类世界之上有天界的存在，故而崇信天帝，即上帝。犹指对天道的崇敬、崇拜。

⑪**以配祖考**：以音乐表达对天道的崇拜之情，匹配结合对祖先的追思崇敬。配，匹配、结合，《玉篇》曰：“匹也，媲也，对也，当也，合也。”祖考，即祖先。

⑫**鸣豫，凶**：高声宣扬天道的预兆，因初六尚在豫卦初始，时机不恰当，因此凶险。

⑬**初六鸣豫，志穷，凶也**：在初六阶段，时机尚不成熟的情况下对“豫”进行宣扬，这是思想出现了问题，将“豫”原本的哲学精神推向极端的表现，因此凶险。志，指人的思想、观念。穷，犹言极端，《说文》曰“极也”，《小尔雅》曰：“竟也。”

⑭**介于石，不终日，贞吉**：人应当与顽石有所区别，（能够顺应天道、天时而动）而不可整天保持顽愚不变的状态，坚守此德就能获得吉祥。介，区别、有所辨别之意，《说文》曰：“画也，从人从八，人各有介。”这里的“画”即划分、区分之意。豫卦强调“顺以动”的精神，故而以“石”为对比。石头在没有外力干涉的时候不会发生任何形式的改变，更因其为顽石，没

有独立的思想意志，也没有主动一说；而人则需要主动向天道求索，主动顺应天道客观规律的发展变化之势，这就是人与石头的根本区别，也是《周易》作者以石为喻的目的。前辈学者多将“介于石”训为耿介如石，这种理解显然与本爻所在的下卦坤德的核心精神，即“牝马之贞”和“顺承天”不合，更与豫卦“顺以动”之义不合，因此本书不取此说。不终日，同样是说明人与顽石的区别。顽石是终日保持固定的形态，而合德于豫卦的人却非如此，故曰“不终日”。

⑮**以中正：**六二位居下卦坤卦的中正之位，顺应了坤卦的哲学精神，能够“顺以动”，因此能够有别于终日不移的顽石，获得贞吉的前景。

⑯**盱豫悔，迟有悔：**睁大眼睛盯着看天道展现出的预见却不加以行动，迟疑消极的态度会导致令人悔恨懊恼的后果；错过了合理的行动时机，同样会带来令人悔恨的结果。盱，《说文》曰“张目也”，段注曰“举目大视也”，犹言睁大眼睛呆看。迟，迟疑、迟缓。

⑰**位不当：**犹言六三象征人未能及时顺应天道天时而动，因为其所处的位置不恰当，处在了下卦向上卦转换但尚未完成之际，其“志”未能应九四之“刚”而行，或者行有迟缓错过了时机。

⑱**由豫，大有得，勿疑，朋盍簪：**顺从于来自天道的预见，得到了极大的收获，不要有什么疑虑，因为九四是全卦唯一阳爻，也是主导全卦的核心，横亘于上下众阴爻当中，就像原本披散的头发被簪子聚集收拢而整齐起来。由，由来、来自之意，《广韵》曰“从也”，《韵会》曰“因也”，《尔雅·释诂》曰“自也”。大有得，犹言大有所得、大获所得。朋，犹指同类。盍，《尔雅·释诂》曰“合也”，集合、聚合之意。簪，古代用于聚

拢头发的首饰。

⑲**志大行**：豫卦的精神在于人顺应天道天时而动，本爻九四即全卦唯一阳爻，是全卦之“纲”。豫卦发展到九四阶段，就是来到了全卦的精神核心，“刚应而志行，顺以动”，因此“由豫”必然可以大获所得；人之“志”也自然可以大行其道。

⑳**贞疾，恒，不死**：坚定并且迅捷地追随天道天时而行动，就能获得长期可持续发展，而不会衰败消亡。疾，非疾病之意，乃快速、迅疾之意。贞疾，犹言坚定迅疾地实践九四“由豫”的精神。恒，指长期、长久。死，《说文》曰“澌也”，段注曰：“澌，索也，尽也。”不死，即不竭、不尽。《老子》第六章曰：“谷神不死，是谓玄牝。”

㉑**乘刚**：六五位于上卦正中之位，下有九四“由豫”的积极精神为依托，故曰“乘刚”，因此可以坚定迅疾而行。

㉒**中未亡**：六五位居上卦中位，尚未到达全卦之极，仍然有持续发展的空间，因而“未亡”。亡，完结、终末之意。

㉓**冥豫成，有渝无咎**：上六为全卦之极，所处的位置高深悠远，故而其形成的预见昏冥幽暗难以辨识，人应当根据具体的情形变化而灵活行动，充分发挥主观能动性而非消极观望，就不会产生咎害。冥，幽深、幽暗之意，《说文》曰“幽也”，《广雅》曰“暗也”，用以形容上六之“豫”的高深难辨。成，形成、完成。有渝，犹言有所变化、有所改变。

㉔**“冥豫”在上，何可长也**：天道展现的预见高居于人的目力极限之上，昏冥晦暗、藏头露尾，人只能观察到其展现出的局部，用这样片面狭隘的依据来指导自身实践，怎么可能获得长远发展呢。

第十七卦　随

【原文】

随[1]　元，亨，利，贞，无咎[2]。

《彖》曰：随，刚来而下柔，动而说[3]。随，大亨，贞，无咎，而天下随时[4]。随时之义大矣哉！

《象》曰：泽中有雷[5]，随；君子以向晦入宴息[6]。

初九　官有渝，贞吉[7]；出门交，有功[8]。

《象》曰："官有渝"，从正吉也[9]；"出门交有功"，不失也[10]。

六二　系小子，失丈夫[11]。

《象》曰："系小子"，弗兼与也[12]。

六三　系丈夫，失小子；随有求得，利居贞[13]。

《象》曰："系丈夫"，志舍下也[14]。

九四　随有获，贞凶[15]；有孚在道，以明，何咎[16]。

《象》曰："随有获"，其义凶也[17]；"有孚在道"，明功也[18]。

九五　孚于嘉，吉[19]。

《象》曰："孚于嘉，吉"，位正中也。

上六　拘系之，乃从，维之[20]；王用享于西山[21]。

《象》曰："拘系之"，上穷也[22]。

【注释】

①随：卦名，下震上兑。《彖传》曰："天下随时。"故随卦象征天下一切事物都跟随天道的客观发展规律而运动。《说文》曰"随，从也"，段注曰："行可委曲从际，谓之委随。"故"随"有循迹而从之的含义，也即遵循和追从天道之迹。

②元，亨，利，贞，无咎：随卦的精神立足于天道，故曰"元"；万物皆须随从于天道，概莫能外，故曰"亨"；随卦的精神在于追从天道获得发展进步，故曰"利"；随卦精神在于始终对天道保持坚定的思想态度，故曰"贞"。天道积极美好，利于促进万物的发展生息，因此，跟随天道的客观规律必然不会带来消极影响，故曰"无咎"。

③随，刚来而下柔，动而说：随卦象征客观的天道与人的主观思想发生联系，人主动采取了柔的态度以匹应刚性的天道，因此这种联系促进了人的发展进步，而得到了喜悦的前景。随卦由下卦震和上卦兑组成。兑卦二阳一阴，阳爻居多数，故曰"刚"，居客卦之位，故曰"来"；震卦居下卦之位，故曰"下"，二阴一阳，阴爻居多数，故曰"柔"。震卦象"动"，兑卦象"说（悦）"，故曰"动而说"。

④随，大亨，贞，无咎，而天下随时：随卦的精神在于追随天道的客观发展规律和价值观，万事万物莫不如此，因此"大亨"。天道是至高无上的真理，因此践行随卦的精神就要抱持坚贞不渝的态度。天道的客观发展规律积极美好，追随天道不会带来任何咎害。正是因为这些积极进步的特点，天下万物都追随天道的客观发展规律，与时偕行。时，犹指不断发展前进的时间、

时代。天道是动态发展前进的，决定着时代与历史的趋势和方向，因此，“随时”就是提醒人应当随着时代的发展大势而前进，故而后句感叹“随时之义大矣哉”。

⑤泽中有雷：随卦上卦兑象水，即泽；下卦震象雷，组合而成随卦，就象征惊雷击中水面，原本平静的水面翻滚沸腾。

⑥君子以向晦入宴息：君子践行随卦的精神，随时而动、昼出夜入，到了夜晚就安寝休息。向晦，犹言向晚、到了夜晚。晦，昏、昧之意，引申为夜晚。入，犹言回家、回到休息的地方。宴，同“安”；宴息，即安寝休息。

⑦官有渝，贞吉：人的思想意识能够随着事物的发展态势有所变通，坚定保持这种思想态度就能得到积极前景。官，指身体器官的机能，引申为思想意识，《庄子·内篇·养生主》曰：“官知止而神欲行。”有渝，有所变化、能够灵活变通。

⑧出门交，有功：与外界进行交流、交往时，遵循“官有渝”的原则，就能有所成功。出门，犹言与外界发生接触。交，交流、交往之意。

⑨“官有渝”，从正吉也：初九属阳，位于全卦根基之位，是随卦的精神基础。“官有渝”正是随卦精神的良好体现，随从于正道，因此前景积极美好。

⑩“出门交有功”，不失也：出门与外界接触时践行随卦的精神，懂得随着事物的客观情况而灵活变通，因此不会有过失。

⑪系小子，失丈夫：六二仅能够与初九相联系，上方有六三相隔，因而失去了与上卦的联系。下卦仅有初九为阳，上卦有九四、九五两个阳爻，故而以“小子”“丈夫”为喻。

⑫弗兼与也：六二尚处于随卦发展的初期阶段，没能够兼顾与“小子”“丈夫”同时发生联系。

⑬系丈夫，失小子；随有求得，利居贞：六三与居上相邻的

两个阳爻进行联系，舍弃了与下方的联系。九四、九五喻于大，初九喻于小，因此六三具有抓大放小的含义。九四、九五代表着天道发展的未来，初九代表着已经发生的过去，六三正合乎随卦“与时偕进”的思想观念。随时而动，将自身的需求和获得系于天道的客观发展规律，有利于自身保持对随卦精神的端正态度。

⑭**“系丈夫”，志舍下也**：六三倡导“抓大放小”，把握天道的未来发展方向，就要在思想上及时抛弃过时的旧观念、放下旧包袱，才能获得新的发展。志，指心志、思想意志。

⑮**随有获，贞凶**：九四本应追随天道与时偕行，却以狭隘的眼前利益收获为导向，固执保持这种错误观念必然前景凶险。有获，犹言有所利益收获。

⑯**有孚在道，以明，何咎**：天道自然有其值得坚信的客观真理性，以此来明晰自身的思想、指导自身实践，又怎么会出现因为“随有获”而造成的过失危害。

⑰**“随有获”，其义凶也**：所谓“随有获”之“义”，就是以主观唯心的“有获”为导向，违背了随卦真正的精神，因此前景凶险。

⑱**“有孚在道”，明功也**：只有认识了天道的客观真理性，才能真正明白一切“成功”的根本原因。

⑲**孚于嘉，吉**：九五位居上卦正中，是全卦核心，代表随卦的真理性正在于天道促进万物的发展进步的美善特点，因此随卦发展到这个阶段必然是积极美好的。

⑳**拘系之，乃从，维之**：上六代表随卦发展到全卦终极阶段，却用强行拘禁的手段要求他人追随，在获得顺从后仍然持续以绳索绑缚。这样的做法就违背了随卦的精神，走入了主观唯心的歧途。维，维持、保持。

㉑**王用享于西山**：人类文明和社会永远追随天道的真理，向

天道进献奉祀直到历史的尽头。本句用来总结全卦，是将“随”的精神推向极致。“随”不是策略性的，而是需要永恒保持的，《老子》曰：“善建者不拔，善抱者不脱，子孙以祭祀不辍。”即属此意。“王”字古义代表着天人合一的思想，《说文》曰：“王，天下所归往也。董仲舒曰，古之造文者，三画而连其中谓之王。三者，天、地、人也，而参通之者王也。”因此，本句之“王”字譬喻随卦的精神，也就是天道推动着一切历史和时代发展进程的思想观念。西山，犹指日落之处，一天的结束，譬喻为时间和历史的尽头。本句采用的这种文学手法，与《大有》中的“九三，公用享于天子”同类。

㉒**“拘系之”，上穷也：**通过拘谨绑缚的强制手段使人随从，这是因为上六已经发展到了全卦穷极，超越了合理界限。

第十八卦　蛊

【原文】

蛊[1]　元，亨，利涉大川[2]；先甲三日，后甲三日[3]。

《彖》曰：蛊，刚上而柔下，巽而止，蛊[4]。蛊，元、亨，而天下治也[5]。“利涉大川”，往有事也[6]。“先甲三日，后甲三日”，终则有始，天行也[7]。

《象》曰：山下有风，蛊[8]；君子以振民育德[9]。

初六　干父之蛊，有子考，无咎，厉，终吉[10]。

《象》曰：“干父之蛊”，意承考也[11]。

九二　干母之蛊，不可贞[12]。

《象》曰：“干母之蛊”，得中道也[13]。

九三　干父之蛊，小有悔，无大咎[14]。

《象》曰：“干父之蛊”，终无咎也。

六四　裕父之蛊，往见吝[15]。

《象》曰：“裕父之蛊”，往未得也[16]。

六五　干父之蛊，用誉[17]。

《象》曰：“干父用誉”，承以德也[18]。

上九　不事王侯，高尚其德，凶[19]。

《象》曰："不事王侯"，志可则也[20]。

【注释】

①蛊：卦名，下巽上艮。"蛊"本义指生长在宿主体内的寄生虫，《说文》曰："腹中虫也。《春秋传》曰：'皿虫为蛊'，'晦淫之所生也'。"引申为内部产生的问题、内在问题。蛊卦的思想含义在于指导学《易》者借助天道真理来发现并匡正内生之乱，解决内部问题。

②元，亨，利涉大川：中国古代先哲朴素的客观唯物主义思想已经认识到，世界上的一切事物在交互作用发展流变的同时，一定会产生各种各样的矛盾和问题，这本身就是天道的客观规律所决定的，因此谓之"元"。正是因为矛盾和问题的存在，万物才能得以衍化，历史才能得以发展，因为天道通达万物、推动万物的生息进步，故曰"亨"。蛊卦的哲学精神，正是先哲通过仰观天道而总结出的解决其中的内生性矛盾和问题的思想方法，用之不但可以帮助我们战胜困难、解决问题，更能够帮助我们不断开拓进取。

③先甲三日，后甲三日：如同一切事物的发展过程一样，矛盾和问题的出现和发展也有其规律。"甲"即指矛盾和问题的出现之时，因此只要观察思考"蛊"，也就是矛盾和问题出现之时前期的情况现象，再思虑筹划矛盾和问题出现之后可能发生的情况，掌握来龙去脉进行整体把握，就能准确采取合理行动解决矛盾和问题。甲，本义指中国古代"干支"观念中"天干"的第一位，在本句代指出现矛盾和问题的起始时刻。三日，即多日，泛指一段时间。

④蛊，刚上而柔下，巽而止，蛊：蛊卦的构成代表着上卦之

位的刚健天道居客，下卦呈现柔和顺从的姿态居主，只要主动顺从客观天道的积极规律，一切矛盾和问题的发展都能得到止息，这就是蛊卦的精神。巽，犹言巽卦代表的顺从天道而行的精神。

⑤**蛊，元、亨，而天下治也**：蛊卦的精神表示着一切问题和矛盾都是在天道的客观规律下必然出现，但又因天道积极美好通达万物，因此可以依靠天道的哲学精神来解决一切矛盾和问题，形成天下大治的美好局面。

⑥**“利涉大川”，往有事也**：蛊卦的精神有利于涉越河川向远方开拓，这就是说在发展过程中运用蛊卦的思想来解决矛盾和问题，它们就可以得到合理解决。往，事物继续发展之意。事，营也，治也，即经营治理之事。有事，犹言矛盾和问题通过经营治理，得到合理的解决。

⑦**“先甲三日，后甲三日”，终则有始，天行也**：观察和思考矛盾问题出现前的情况，再思考之后可能带来的结果，这是因为一切事物有其结果就必有其前因，这正是天道的运行法则。

⑧**山下有风，蛊**：蛊卦上卦为艮，象征山；下卦为巽，象征风。山譬喻着客观恒定、不可转移的天道，风代表空气运动随着山势或疾或徐，蛊卦就是取象于此。

⑨**君子以振民育德**：君子以蛊卦的哲学思想来帮扶人民解决问题，培养社会的道德风尚。振，《说文》曰“举救也”，《增韵》曰“拯也”，犹言帮扶、帮救民众，化解社会问题和矛盾。

⑩**干父之蛊，有子考，无咎，厉，终吉**：干预并匡正父亲的问题，这是当儿子的孝道，不会带来咎害，也许会因此触怒父亲遭遇严厉的局面，但最终会有积极美好的结果。干，《说文》段注：“犯也。犯，侵也。从一，从反入。反入者，上犯之意。”干预、侵犯之意。“干父之蛊”犹言干预父亲身上的问题，父在上、子在下，上犯到父亲的权威，故后文以“厉”喻之。本句之

"蛊"取其字引申义，即自身内部的问题。"有子考"，当作"有子孝"，考与孝古字形极相似，应当是传世过程中出现的错讹。考，本义"老"，指高寿老人；又"父死曰考"，是对过世的父亲的尊称，这两种意思都与全句主旨不合。又有前辈学者训"考"为"成"，释为儿子可以通过干预和匡正父亲的错误来成就先人基业，似与全句主旨不合，故不取。孝，《说文》段注："善事父母者。礼记曰，孝者，畜也，顺于道，不逆于伦，是之谓畜。子承老也。"其意与全句主旨更为契合通顺，故据此改之。厉，犹言干预匡正父亲的问题很可能会触怒父亲，遭遇斥责惩罚，但可以使问题得到妥善解决，故而"终吉"。

⑪**意承考也**：思想意愿在于承担父亲的问题。《象传》作者沿用了"考"字，但其意思却是指父亲。本句爻辞并未言明"干父之蛊"是指已经去世的父亲，而"考"只能用来称呼已经去世的父亲，因此将"考"解释为父亲是不合理的强行附会。在中国文化中，以"考"来称呼健在的父亲是极大的悖逆人伦，古代封建社会尤甚。因此，本书认为《象传》作者对本句的理解和解释是错误的。

⑫**干母之蛊，不可贞**：干预匡正母亲的问题，不可以采取强硬固执的态度。九二属刚健，居于下卦正中之位，因此在干预和匡正母亲的问题时，就要注意避免自身的态度过于刚强固执，以伤母亲之心，悖逆人伦纲常。而应当采取天道所倡导的"中"的价值态度，中正平和地处理矛盾和问题，才能真正使问题得以合理解决。

⑬**"干母之蛊"，得中道也**：在干预匡正母亲的问题时，不采取强硬固执的态度也能合理化解矛盾和问题，这是因为九二象征天道刚健之德，位居正中之位，合德于天道。

⑭**干父之蛊，小有悔，无大咎**：干预和匡正父亲的问题时，

在小的细节方面可能出现一些令人悔恨惋惜的情况，但在大的总体方面没有什么过错。九三代表着儿子在面对父亲的问题时采取刚健坚定的态度，在处理问题的过程中必然与父亲产生一些矛盾冲突，但儿子以天道的精神行事，因此最终必然可以解决问题，而不会带来过失和错误。

⑮**裕父之蛊，往见吝**：宽缓放任父亲身上的问题，希图问题自行消失，如此发展下去必然出现令人遗憾的后果。裕，犹指宽裕、宽容之意，《尚书·洛诰》曰："彼裕我民，无远用戾。"六四属阴，譬喻儿子不再抱持刚健坚定的态度，故"裕"当引申为对父亲的问题采取宽缓纵容的消极态度。往，犹言继续发展下去。见，同"现"，出现之意。吝，恨惜、遗憾之意。

⑯**往未得也**：对待父亲的问题，采取了错误的态度听之任之，消极等待问题自行解决，但实际发展后续却并没有得到想要的结果。未得，犹指"父之蛊"没有得到解决。

⑰**干父之蛊，用誉**：干预匡正父亲的问题，应当采用赞美、赞誉等积极正面的方式方法切入问题。誉，称誉、赞誉之意，《说文》段注："称也。称，举也。誉，称美也。"

⑱**"干父用誉"，承以德也**：用赞誉等积极正面的方式作为切入点来干预匡正父亲的问题，这是以天道的价值观和美好高尚的道德来帮助父亲认识并解决问题。六五属阴，倡导儿子在面对父亲的问题时应当采取柔和谦下的姿态；居上卦正中之位，象征着天道积极正面的价值观。因此，"用誉"就是一种避免与父亲发生正面冲撞，又能妥善解决问题的手段方式。

⑲**不事王侯，高尚其德，凶**：上九已到全卦之极，自身态度高傲刚强，不供职任事于统治者内部参与处理解决各种实际问题，却强硬主观地要求统治者们天生就拥有高尚的道德思想，必然凶险。事，任职、任事之意。王侯，封建社会的高层统治阶

级，犹指统治者、统治集团。蛊卦的精神在于通过解决实际的问题来践行天道，达到“振民育德”的目的，因此要解决国家和社会层面的问题，就必须自身进入统治者内部，才能借助统治权力来发挥自身的功用，改造国家和社会。如果只是在一旁自说自话，作书生清谈，并且从自身主观来要求统治者天生就具有高尚的道德，那么就违背了蛊卦的精神，甚至一旦自身言语不当刺激到了统治者，损害了统治者的既得利益，那么就可能造成凶险的后果。本爻在传世版本作“不事王侯，高尚其事”，前辈学者解释为“不与王侯权贵合流，修养自身高尚的道德”，其义与全卦主旨，即践行天道解决问题的精神不合。本书据帛书本改之，见于豪亮著《马王堆帛书〈周易〉释文校注》。

⑳“不事王侯”，志可则也：本句是《象传》作者对传世本爻辞的阐释，与本书采用的文本不同，请读者自行辨析理解。

第十九卦　临

【原文】

临[1]　元，亨，利，贞[2]。至于八月有凶[3]。

《彖》曰："临"，刚浸而长，说而顺，刚中而应[4]。大亨以正，天之道也[5]。"至于八月有凶"，消不久也[6]。

《象》曰：泽上有地，临[7]；君子以教思无穷，容保民无疆[8]。

初九　咸临，贞吉[9]。

《象》曰："咸临贞吉"，志行正也[10]。

九二　咸临，吉，无不利[11]。

《象》曰："咸临，吉，无不利"，未顺命也[12]。

六三　甘临，无攸利[13]；既忧之，无咎[14]。

《象》曰："甘临"，位不当[15]也；"既忧之"，咎不长也[16]。

六四　至临，无咎[17]。

《象》曰："至临，无咎"，位当也[18]。

六五　知临，大君之宜，吉[19]。

《象》曰："大君之宜"，行中之谓也[20]。

上六　敦临，吉，无咎[21]。

《象》曰："敦临之吉"，志在内也[22]。

【注释】

①临：卦名。下兑上坤。本义指居上临下、以上视下。《说文》曰："临，监也；监，临下也。"《尔雅·释诂》曰："临，视也。"《诗经·邶风·日月》曰："日居月诸，照临下土。"在临卦引申为君子以天道的哲学精神监察临视着天下。

②元，亨，利，贞：天道至高无上，故曰"元"；通达监临于万事万物，故曰"亨"；天道的监临在于促进万事万物按照其客观规律发展生息，故曰"利"；天道对万物的监临和推动客观而不可转移的，故曰"贞"。

③至于八月有凶：临卦揭示出事物的发展阶段到达夏尽秋临的八月，阳气盛竭转衰，阴冷之气渐凝，前景凶险。

④刚浸而长，说而顺，刚中而应：作为全卦基础的初九、九二代表的刚健之德渐次递增；与六三共同构成兑卦，象征对天道的喜悦之情，又与上卦坤构成连续四阴爻，合德于"牝马之贞"；顺应、呼应于九二象征的天道，这就是临卦的结构象征。浸，同"渐"，浸渐、逐渐之意。说，同"悦"，即"兑"，犹指兑卦的哲学精神。

⑤大亨以正，天之道也：临卦以其积极正面的精神，至广至大、通达万物，这就是天道的哲学精神。

⑥消不久也：这句是对"至于八月有凶"的解释，犹言事物的发展如四季更替一般，跟随天道消长循环，不会长久停留在某一个季节或阶段。消，犹言消亡与成长、消灭与生息的辩证关系。

⑦泽上有地，临：下卦兑，象水（泽）；上卦坤，象地。上下卦合而构成水上有地的形象。地高于水，人站在岸边俯身临视水面，如同天道高高在上向下监临万物。这就是临卦象征的

意义。

⑧君子以教思无穷，容保民无疆：君子取法于临卦的哲学精神，教导大众学习天道的真理思想，持续不断没有穷尽之时。以天道的客观发展规律和价值观包容和保养天下大众的生息进步，永远没有止境。教，教育、教导之意。思，指天道的思想观念。容，包容、容纳之意。保，保养、保育之意。无穷、无疆，形容君子对临卦哲学精神的实践非一时一阵，而是持续不断、没有尽头的。

⑨咸临，贞吉：初九为全卦基础，象征刚健的天道，“咸临”犹言君子感应于天道，并以天道的哲学精神监临天下，保持坚定就能获得积极美好的前景。咸，同“感”，人建立与天道之间的感应。

⑩“咸临贞吉”，志行正也：感应天道并以之监临天下可获贞吉，就是说君子的思想意志因感应于天道所以行为正派，故而能获得吉祥。志，犹言心志，人的思想意志。

⑪咸临，吉，无不利：临卦发展到九二仍合德于天道刚健之德，象征君子继续与天道形成感应并以其精神监临天下，这种情况积极美好，没有什么消极阻碍的因素。

⑫未顺命也：九二阶段呈现积极美好的状态，是因为九二合于天道刚健之德，位居下卦正中之主位，尚未像其后四个阴爻一样转变阴阳性质。顺命，形容居于九二之上的四个阴爻；九二刚健居中可以理解为君子感应并践行天道的意志，后续四爻皆要顺从九二，故曰“顺命”。

⑬甘临，无攸利：以甘美、甘甜这种狭隘片面的态度和方式监临天下，没什么积极有利的实际意义。临卦的精神在于以天道的客观精神“教思无穷，容保民无疆”，正如《老子》曰：“天地不仁以万物为刍狗，圣人不仁以百姓为刍狗。”如果采取“甘”

的态度和方式，就陷入了主观唯心的“仁”的思想当中，恰恰违背了天道的客观精神，因此看似仁义，其实未必会对社会大众的发展进步带来积极作用，故而“无攸利”。甘，犹言甘美、甘甜，形容监临之人的态度方式。

⑭**既忧之，无咎**：在后来已经能够认识到“甘临，无攸利”是错误的观念并产生忧虑，就不会有更大的错误产生。既，已经、已然之意，对“甘临，无攸利”而发。忧，忧虑并动摇，《说文》曰：“心动也。”因认识到之前的错误观念而产生动摇，没有固执成见，因此可以无咎。

⑮**位不当**：六三本应该顺应九二的意志，以天道客观唯物的精神为纲，但因其位置居九二之上，超越了合理界限，因此产生了“甘临”的主观唯心的观念，故称其“位不当”。

⑯**咎不长也**：虽然六三开始阶段产生了“甘临”的错误思想观念，但因为第二阶段已经及时认识到了其中的问题，故而咎害不会长期持续。

⑰**至临，无咎**：以至近接触的方式监临天下，不会产生咎害。至，尽可能接近、靠近之意，引申为与天下大众形成紧密的接触联系，近距离进行观察检视。

⑱**位当也**：可获得“至临，无咎”的积极前景，这是因为六四所处的位置恰当合适，居于由主卦向客卦完成转换过渡之位，譬喻走出主观封闭的观念，主动接触到客观外界。

⑲**知临，大君之宜，吉**：君子以天道的精神和智慧来监临天下，与社会大众构成了协调适宜的和谐关系，积极美好。知，同“智”，犹言君子感悟天道而获得的聪明智慧。大君，犹言“大群”，即社会中的广大群众、天下大众；并非指“伟大的君王”，《师卦》曰“大君有命，开国承家”，即属此例。宜，适当、和顺之意，《诗经·周南·桃夭》曰：“之子于归，宜其室家。”

⑳“大君之宜”，行中之谓也：与天下大众构成和谐关系，这是因为六五居上卦之中，合德于坤卦，象征天下大众与担负监临之责的君子共同顺应天道的精神而发展前进，因此以“大君之宜”来形容和描述之。

㉑敦临，吉，无咎：以敦厚诚恳的态度和方式来监临天下，吉祥美好，不会带来错误与过失。上六为上卦之极，合于坤卦“厚德载物”的品格，因此上六取法坤德，发扬坤卦敦厚诚恳的精神。

㉒“敦临之吉”，志在内也：临卦上卦为坤，坤卦可象征人的内在精神品格，因此，上六譬喻君子的思想意志将坤卦的内在品德发扬到了极致，故而可获“敦临之吉”。

第二十卦　观

䷓

【原文】

观[1]　盥而不荐，有孚颙若[2]。

《象》曰：大观在上[3]，顺而巽[4]，中正以观天下[5]。“观，盥而不荐，有孚颙若”，下观而化也[6]。观天之神道，而四时不忒[7]。圣人以神道设教，而天下服矣[8]。

《象》曰：风行地上，观[9]；先王以省方观民设教[10]。

初六　童观，小人无咎，君子吝[11]。

《象》曰：“初六童观”，小人道[12]也。

六二　规观，利，女贞[13]。

《象》曰：窥观女贞，亦可丑也[14]。

六三　观我生，进退[15]。

《象》曰：“观我生，进退”，未失道也[16]。

六四　观国之光，利用宾于王[17]。

《象》曰：“观国之光”，尚宾也[18]。

九五　观我生，君子无咎[19]。

《象》曰：“观我生”，观民也[20]。

上九　观其生，君子无咎[21]。

《象》曰："观其生"，志未平也[22]。

【注释】

①观：卦名，下坤上巽。观，《说文》段注："谛视也，审谛之事也。谷梁传曰，常事曰视，非常曰观。"在本卦中指以天道的真理对天下万物进行审视、观察之意。

②盥而不荐，有孚颙（yóng）若：天道的真理自然地降临于天下，虽然不会主动向人们宣传推举要求信仰，但天道的真理性就是那样庄严博大、无远弗届。盥，本义指盥洗，以水淋手，《增韵》曰："以盘水沃洗曰盥。"在本句卦辞中形容天道的真理从天而降淋沐万物。荐，本义推荐、举荐，引申为推举自身，要求人们信仰。有孚，即天道的真理性。颙，本义指"大"，形容天道的真理伟大而广远。

③大观在上：至高至大的观点和观察角度位于上方，也即天道的形而上的客观角度。上，有两层含义，采取俯视、鸟瞰的视角，更容易纵览宏观全局；相比于人能达到的"上"的视角，至高无上、包罗万象的天道，其客观唯物的哲学视野更能称之为"上"。

④顺而巽：观卦下坤上巽。坤卦譬喻顺应、顺从；巽卦譬喻风。顺而巽，犹言观卦倡导顺着风的运动方向而行动，以天道发展的宏观趋势指导自身观察天下的眼光。

⑤中正以观天下：以天道倡导的中和、端正的价值观来观察和审视天下的发展生息。

⑥"观，盥而不荐，有孚颙若"，下观而化也：观卦的卦辞指出了天道的客观真理性，因此践行天道的君子，应当以天道的哲学视角和思想精神来作为自身审观天下、化育万民的指导

方针。

⑦**观天之神道，而四时不忒**：观察宇宙及自然界展现出的天道真理，就能发现四季更替不辍、万物生息循环的客观规律。天，在本句中代指宇宙及整个自然界。神道，犹言神奇、神妙的天道真理。

⑧**圣人以神道设教，而天下服矣**：古代圣贤观察总结了天道的真理，并以之设置教化、建设文明，天下万民全都顺从倾服。

⑨**风行地上，观**：解释本卦的结构组合为下坤上巽，如同风吹拂在大地上，这就是观卦的象征。风行地上，引申为天道的真理按照其自身的客观运动方式拂略过天下万物。

⑩**先王以省方观民设教**：引领社会发展、推动历史进步的先辈圣贤以观卦的精神省视四方、审观万民、建设文明教化。王，《说文》曰："天下所归往也。董仲舒曰，古之造文者，三画而连其中谓之王。三者，天、地、人也，而参通之者王也。孔子曰，一贯三为王。"因此，"先王"指贯彻天道真理、领导文明发展的先辈圣贤，非指曾经统治过天下的先代帝王。

⑪**童观，小人无咎，君子吝**：像天真幼稚的孩童一样观察和认识外界，对于普通人来说不是什么问题过错，但对于有文化、有志向的君子来说就值得惋惜。初六以孩童为喻，犹言孩子的观点眼光尚且浅薄蒙昧，没有形成完整全面的世界观。初六为阴爻，犹指孩童只能顺从大人的思想意志，无法做到自身刚健独立。小人，犹指普通人、一般社会大众，并非形容宵小可鄙之人。在日常生活中，普通人即使不能够很好地认识天道的真理，眼界观点往往短视和片面，但这就是社会发展的客观常态，是可以理解的，并不影响一般社会大众的实际生活，因此谓之"无咎"。在中国古典哲学中，君子扮演着推动社会和文明发展进步的责任，因此君子如果认识不到天道的客观真理，只能停留在孩

童的水平，那么这样的“君子”只不过是徒有其名，无疑是值得惋惜的。

⑫**小人道**：犹言普通人、一般大众的思想形态和生活方式。

⑬**规观，利，女贞**：以天道的客观规律为基础视点来审观外界，积极有利，使人顺应天道的精神而能保持贞固。规，《说文》曰：“有法度也。”犹言天道的客观规律。通行本作“窥观”，其义于全卦主旨不通，疑为传世过程中出现的讹误，本书根据帛书本（于豪亮《马王堆帛书〈周易〉释文校注》）改之。女贞，六二为阴爻，处下卦坤之正中，故以“女”为喻，呼应坤卦“牝马之贞”的精神，犹言“规观”是顺从于天道的行为。

⑭**窥观女贞，亦可丑也**：传世本往往将“窥观”解释为“用偷窥的方式来观察外界，利于女子保守贞德”，《象》传作者认为这种行为“丑陋，应当感到羞耻”。其实，这是基于文本错讹的一种从封建思想出发的望文生义、牵强附会，体现出封建礼教对女性的压迫。

⑮**观我生，进退**：审视观察我自身的思想行为，比照天道的真理并顺应之，帮助自身抉择进退。生，即生命、人生，人的生命由外在的行为和内在的思想共同构成。六三为阴爻，仍属“牝马之贞”，故而有“比照天道真理并顺应之”的思想含义。进退，犹言抉择自身行动的方式和方向。

⑯**未失道也**：犹言六三可以帮助自身抉择方向，是因为没有失去天道真理的推动和辅佑。

⑰**观国之光，利用宾于王**：展现并请外来宾客审观我们国家社会的光辉成就，有利于使外来宾客和他们代表的文化、文明发挥其积极作用，促进我们自身的发展。

⑱**尚宾也**：犹言崇尚、推崇与外界的来往交流。

⑲**观我生，君子无咎**：让他人审视观察自身的思想行为，因

自身合德于天道、秉持君子的操守德行，因此不会带来任何问题过错。《周易》哲学以下卦为主卦，上卦为客卦，因此下卦三爻皆是以自身的主观视角来审观外界形成观点，而上卦皆是以客观外界的视角来进行审观。因此，本爻九五虽然与六三同样说“观我生”，但九五在于把自身置于被观察的位置，通过让他人审观“我”的言行思想并给出看法，来得出“我”自身的客观形象。九五位居上卦正中，合于乾卦刚健之德，譬喻“我”有“君子”之德，因此，即使被外界审视观察，也不会产生什么问题和错误。

⑳**“观我生”，观民也**：犹言九五“观我生”的角度其实是观察外界民众对“我”的看法，通过外界的看法来总结出“我”的客观、整体形象。

㉑**观其生，君子无咎**：上九为全卦之极，“观其生”犹言建立起完整全面的宏观视角，来审观包括自身在内的天下一切事物，故以“其”代称之。至此阶段，“君子”已经与天道合德完满，并以天道的真理化育天下，必然不会产生任何咎害。

㉒**志未平也**：上九代表君子已经达到了审观天下的最高境界，但君子之志在于运用天道的真理推动文明和社会的发展进步，因此上九既是观卦的极致，又是新的开始，君子激昂高亢的高尚行动仍未平息完结。

第二十一卦　噬嗑

【原文】

噬嗑[1]　亨；利用狱[2]。

《彖》曰：颐中有物，曰噬嗑[3]。噬嗑而亨，刚柔分，动而明，雷电合而章[4]。柔得中而上行，虽不当位，利用狱也[5]。

《象》曰：雷电，噬嗑[6]；先王以明罚敕法[7]。

初九　屦校灭趾，无咎[8]。

《象》曰："屦校灭趾"，不行也[9]。

六二　噬肤灭鼻，无咎[10]。

《象》曰："噬肤灭鼻"，乘刚也[11]。

六三　噬腊肉，遇毒；小吝，无咎[12]。

《象》曰："遇毒"，位不当也[13]。

九四　噬干胏，得金矢；利艰贞，吉[14]。

《象》曰："利艰贞，吉"，未光也[15]。

六五　噬干肉，得黄金；贞厉，无咎[16]。

《象》曰："贞厉，无咎"，得当也[17]。

上九　何校灭耳，凶[18]。

《象》曰："何校灭耳"，聪不明[19]也。

【注释】

①噬嗑：卦名，下震上离。噬嗑，读作 shì hé，意为咬合、契合、啮合。噬，即啃咬、噬咬。嗑，同“合”。《序卦传》曰：“可观而后有所合，故受之以‘噬嗑’；嗑者，合也。”噬嗑卦的精神在于一切事物的发展衍化都要与天道的客观规律相契合，具体的手段要与整体的目的相契合。

②亨；利用狱：噬嗑卦揭示出的哲学精神通达万物，具有普遍性，故曰“亨”。噬嗑卦的精神有利于在刑讯调查的领域发挥其作用。狱，《说文》曰：“确也，从㹜从言。二犬，所以守也。”《尔雅·释名》曰：“狱，确也，确实人之情伪也。”故“狱”之古义非指牢狱，而是指刑律、法律。

③颐中有物，曰噬嗑：嘴里有东西需要通过咀嚼来下咽，就叫作“噬嗑”。颐，本义指两颊、两颌，引申为口腔、嘴里。

④噬嗑而亨，刚柔分，动而明，雷电合而章：不同事物之间构成啮合、契合的关系就能亨通于天道，如同一件事物被区分为刚、柔是两种不同侧面属性，两者在发展过程中交互运动，才能完整呈现出这个事物的本体样貌，正如雷声与闪电共同从听觉和视觉两个方面展现出来，才构成我们认识到的雷电。分，犹言通过区分、分辨来认识事物。刚柔分，即从事物的刚、柔两个方面加以区分，来认知其完整形态。动，指不同侧面、不同属性之间的交互运动和作用。明，明白、光明；“明”由日、月合并构成，在中国古典哲学中，日、月又譬喻阴与阳、动与静等辩证关系，因此“明”又有“完整”之意，《老子》第十六章曰“知常曰明”，即属此意。雷电，指雷声和闪电，二者相合才构成雷电这个完整事物。章，同“彰”，彰显、昭彰之意。

⑤柔得中而上行，虽不当位，利用狱也：刑狱审讯原本属于

刚猛暴烈之事，然而噬嗑卦却是象征“柔”的阴爻居上下卦的中正之位，故曰“不当位”；虽然如此，但从全卦来看，各爻的逻辑精神遵循了从初爻到上爻的基本法则，阴爻被象征刚健的阳爻包围，构成了噬嗑卦的全局精神，仍然是有利于在刑狱审讯当中应用的。

⑥**雷电，噬嗑：**雷电交加呈现出来的形象，就是噬嗑卦的象征。噬嗑卦下卦为震；上卦为离，离卦有附丽之义，正如闪电附丽于天空，故以雷电象征噬嗑。

⑦**先王以明罚敕法：**引领社会发展、推动历史进步的先辈圣贤们，以噬嗑卦的哲学精神严明刑罚、制定法律。

⑧**屦校灭趾，无咎：**脚上戴着脚镣，用来限制双脚的行动，不会造成过度危害。屦，本义指草鞋，引申为脚上穿着鞋。校，古代刑具，戴在脚上的枷锁，《说文》段注：“木囚也。木囚者，以木羁之也。”灭，息止、禁绝之意，《说文》曰“息也”，《尔雅·释诂》曰：“绝也。”趾，古义足、脚也，非特指脚趾。

⑨**“屦校灭趾”，不行也：**以双脚穿戴镣铐来限制其行动，象征着初九为噬嗑卦初始阶段，刑狱审讯应当首先以刚健的强制手段及时限制非法行为的发展。

⑩**噬肤灭鼻，无咎：**施加刑罚使其受到皮肉伤，因疼痛而难以正常呼吸，不会造成过度的危害。噬，本义噬咬；肤，指身体表面。噬肤，犹言用鞭打等方式伤其皮肉而不伤及体内脏器，可以产生类似受到噬咬导致的剧烈疼痛，达到威吓的作用，而又不会致命。鼻，本义鼻子，用于呼吸的器官。灭鼻，引申为使人难以呼吸、呼吸困难。

⑪**“噬肤灭鼻”，乘刚也：**初九为刚，六二延续初九的刑讯手段，在其上更进一步，用更加刚健激烈的手段施加惩罚，故曰“乘刚”。

⑫噬腊肉，遇毒；小吝，无咎：噬咬小块的干肉遇到了发霉变质的情况，略有遗憾，但没有什么实际危害。本爻象征在审讯调查过程中小遇挫折，虽然值得遗憾，但不会对整体造成太大危害。腊，读作 xī，《广雅·释器》曰“腊，脯也”，古时用风干的方式制作的小块干肉。毒，泛指对健康有害的物质，因“小吝，无咎”，代表没有造成太大危害，因此引申为发霉变质，而非剧烈的毒药、毒物。本爻所言干肉为小块，虽已发霉变质，但因吃下去的量不大，因此虽然令人不快，但从根本上来说尚不至于带来无法挽回的危害，故曰“小吝，无咎”。

⑬“遇毒”，位不当也：六三属柔，却没有延续六二的发展形势，又位于上下卦转换之际，遭遇象征刚健的九四，如同噬咬干硬的腊肉，以柔击刚，自然无法得到有利结果，故而谓之“位不当”。

⑭噬干胏（zǐ），得金矢；利艰贞，吉：噬咬带骨干肉，咬到了金属般坚硬、箭矢般竖直的骨头。九四的精神有利于在艰难的条件下，保持正固坚定的信念来战胜困难，因此吉祥美好。九四刚健，以“噬干胏”譬喻对那些原本难以深入的事物和情况进行探查，以“得金矢”譬喻经历艰难终于得到事物的内在真相、核心内容。干胏，即带骨干肉。胏，《玉篇》曰“脯有骨也”，《说文》曰“食所遗也”，即吃掉肉而遗弃骨头。金，指金属、金属制品。金矢，即金属制成的箭矢，即“干胏”中的骨头，其坚硬如金属而无法食用，故曰“金”。“干胏”可能为肋排或四肢所制，故而骨头竖直，像箭矢一样。

⑮“利艰贞，吉”，未光也：九四象征在审讯调查的过程中，啃下了一块难啃的硬骨头，解决了关键性的问题，但真相尚未完全调查清楚，故而虽“吉”，却“未光”。

⑯噬干肉，得黄金；贞厉，无咎：噬咬整块干肉，譬喻审讯

调查已经来到了总体、全局阶段，终于得到了全部的事实真相。以坚定而严肃的态度从事，因此不会产生危害与过错。干肉，包含了“腊肉”和“干胏”的泛指，故而引申为整体和全局。黄，即黄色，象征本爻合德于坤卦“六五，黄裳，元吉”的中正平和之德。金，即金属，象征审讯调查的结果如金属般真实可靠。贞厉，犹言六五行事需要保持坚定并且严肃、严厉的思想态度。

⑰**“贞厉，无咎”，得当也**：因为六五保持坚定严肃的思想态度来进行全局性的审讯调查，得到的结果必然公正准确，不会带来危害，因此谓之“得当”。

⑱**何校灭耳，凶**：负荷着沉重的刑具，失去了听觉乃至昏死过去，情况凶险。上九已达噬嗑全卦之极，在六五已经达成审讯目的，得到了事实真相的情况下依然对审讯对象施加重刑，说明上九刚健之性以达到过分亢进的程度，必然凶险。何，同“荷”，负荷之意。何校，犹言以刑具和刑讯手段重压于被审讯对象的身上。耳，本义指听觉器官，耳朵，引申为对外界的感知能力。灭耳，犹言失去了包括听觉在内的感官功能，被重刑压垮而昏迷休克。

⑲**聪不明**：即失去听力。聪，《广韵》曰：“闻也，明也，通也，听也。”本义为听觉，泛指人的感官知觉。

第二十二卦　贲

【原文】

贲[1]　亨，小利有攸往[2]。

《彖》曰：贲，亨。柔来而文刚，故亨[3]；分刚上而文柔，故小利有攸往[4]——天文也[5]；文明以止，人文也[6]。观乎天文，以察时变[7]；观乎人文，以化成天下[8]。

《象》曰：山下有火，贲[9]；君子以明庶政，无敢折狱[10]。

初九　贲其趾，舍车而徒[11]。

《象》曰："舍车而徒"，义弗乘也[12]。

六二　贲其须[13]。

《象》曰："贲其须"，与上兴[14]也。

九三　贲如，濡如；永贞，吉[15]。

《象》曰：永贞之吉，终莫之陵也[16]。

六四　贲如，皤如，白马翰如；匪寇，婚媾[17]。

《象》曰：六四当位，疑也[18]；匪寇婚媾，终无尤也[19]。

六五　贲于丘园，束帛戋戋；吝，终吉[20]。

《象》曰：六五之吉，有喜也[21]。

上九　白贲，无咎[22]。

《象》曰："白贲无咎"，上得志也[23]。

【注释】

①贲：卦名，下离上艮。贲，读作bì，文饰、修饰、美化之意。《说文》曰“贲，饰也”，《广雅》曰“贲，美也”。贲卦的精神在于通过文饰、装饰的手段将事物加以美化，使其更加光彩艳丽，益于更好地发展。

②亨，小利有攸往：贲卦揭示的哲学精神通达万事万物，具有普遍性，故谓之“亨”。对事物加以文饰、修饰，往往可以使事物更加光彩艳丽，更加有利于事物的积极发展，故谓之“有攸往”；但文饰、修饰毕竟只是一种具体的手段，一旦过度就可能喧宾夺主，造成物极必反的结果，因此虽有“利”，但也仅仅只能是“小利”。《论语·雍也》曰：“质胜文则野，文胜质则史，文质彬彬，然后君子。”其哲学深意正与贲卦的思想形成呼应。

③柔来而文刚，故亨：以柔美、柔和的气质装饰刚健，原本刚健的事物也可以变得温雅平易，因此贲卦可称之以“亨”。文，即文饰之意。

④分刚上而文柔，故小利有攸往：区分出刚健、积极向上的部分，对柔和、柔弱的事物加以文饰补充，就能更好地促进其发展，这就是“小利有攸往”的含义。分，分别、分辨之意。刚上，指刚健精神的积极向上的部分。上，与“下”相对，代表着事物的高下好坏之分。刚健处下，则会体现为强硬顽固、蛮横粗暴。贲卦的精神在于以文饰推动事物的积极发展，使其“有攸往”，因此以刚饰柔就必须要采用刚健的积极向上的部分。

⑤天文也：上述两句《彖辞》对《卦辞》的解释体现出了天道的文明和真理。天，即天道。文，非文饰、文采，而是文理、文明之意，是指人通过仰观天道总结出的哲学真理。

⑥文明以止，人文也：人类通过运用天道的哲学真理来划定

文明和社会发展运行的合理方向和范围，以天道的哲学精神来决定自身的行止，这是人类开化与文明的体现。止，犹言行进与停止。所谓“文明以止”，即以文明开化为行，以野蛮蒙昧为止。《老子》第三十二章曰：“始制有名，名亦既有，夫亦将知止，知止可以不殆。”即属此义。

⑦观乎天文，以察时变：通过观察自然天象揭示出的天道真理，可以察知历史的发展方向和时代的发展衍变。

⑧观乎人文，以化成天下：通过观察人类文明和社会的发展轨迹和客观规律，可以化育天下，成就更加美好的未来。

⑨山下有火，贲：贲卦上艮象山，下离象火，取其意象即“山下有火”。

⑩君子以明庶政，无敢折狱：君子应当发扬贲卦的精神，通过文饰宣传等技术手段使得日常行政治理的效果显明光大，但绝不可以用文饰来干扰讼狱和法律，应当秉持公正客观的原则。庶，普通的、大众的。庶政，即日常的社会行政治理。折，断也。折狱，即断案、审断讼狱官司。

⑪贲其趾，舍车而徒：美化双脚的作用和步行的好处，使人自愿舍弃车辆而步行。趾，本意足趾，引申为双脚。徒，指徒步、步行。

⑫义弗乘也：初九位于贲卦起始阶段，事物处在这一阶段应当脚踏实地，而非片面追求乘车带来的轻松与效率。义，犹言初九的思想含义。

⑬贲其须：修饰美化人的须发。须，指人的毛发。

⑭与上兴：六二应当修饰自己的须发，塑造良好的个人形象，才能在接下来的发展中与居上的九三构成兴盛、兴旺的协调关系。

⑮贲如，濡如；永贞，吉：运用文饰美化的外在手段，还要

兼顾从思想内部加以浸润，如此处理自身与外界的关系，才能永葆坚定稳固的状态，这种内外兼顾的方式方法积极美好。如，语助词。濡，浸润、感染之意。

⑯**永贞之吉，终莫之陵也**：九三达成“永贞之吉”的积极效果，是因为本爻倡导的内外兼顾的方式稳妥可靠，不会使接受对象感到被一味的文饰美化所欺凌、欺骗。陵，同“凌”，欺凌、凌辱、欺骗之意。

⑰**贲如，皤如，白马翰如；匪寇，婚媾**：周身有华美的马具装饰，本身的毛色却素雅纯白，好一匹英俊锦绣的白马；骑马而来的不是心怀歹意之人，而是前来求取婚配之人。皤，读作 pó，《博雅》曰“白也”，《玉篇》曰“素也”，犹言骏马的皮毛素白而整洁。翰，本义指羽毛艳丽的锦鸡，或修长笔挺的羽毛。白马翰如，形容骏马的身姿英俊挺拔。

⑱**六四当位，疑也**：六四位居上卦之初，刚刚由下卦过渡而至，又尚未来到上卦居中之位，无法马上看清未来的前景趋势，仅能看清远方一匹骏马行来，而无法判断骑马之人的来意，因此有所疑心。

⑲**匪寇婚媾，终无尤也**：六四的后半阶段终于认清了骑马之人并非歹意，而是前来求取婚配，说明六四初始虽会令人产生疑心，但最终却不会有什么消极的问题产生。

⑳**贲于丘园，束帛戋戋；吝，终吉**：装饰美化广阔的山丘田园，却只有少量的丝帛可以使用，这种情况令人感到失望遗憾，但最终的结果却依然是积极美好的。束，用于布匹、布帛的量词，《子夏易传》曰：“五匹为束。”戋戋，读作 jiān jiān，形容数量少，少量之意。

㉑**六五之吉，有喜也**：六五虽然“束帛戋戋”，显得物质不够丰富，令人遗憾，但称之为“吉”，是因为六五居于上卦正中

之位，代表有喜事发生，因此要装饰山丘田园来进行庆祝。

㉒**白贲，无咎**：用素白淡雅的颜色来作为装饰、文饰，不会有什么过错。

㉓**“白贲无咎”，上得志也**：用白色来装饰而不会带来过错，这是因为上九已达全卦之极，贲卦的精神已经发挥到极致，原本花哨巧饰的方式已经失去了意义。贲卦之“志”在于帮助事物更好地发展和作用，上九代表着事物已经达到了淳朴自然、大象无形的最高境界，因此哪怕用白色来作为文饰也同样能够发挥其作用，而不会有任何问题。

第二十三卦　剥

【原文】

剥　不利有攸往[1]。

《彖》曰：剥，剥也，柔变刚也[2]。不利有攸往，小人长也[3]。顺而止之，观象也[4]；君子尚消息盈虚，天行也[5]。

《象》曰：山附于地，剥[6]；上以厚下安宅[7]。

初六　剥床以足，蔑[8]；贞凶。

《象》曰：剥床以足，以灭下也。

六二　剥床以辨[9]，蔑；贞凶。

《象》曰：剥床以辨，未有舆也[10]。

六三　剥，无咎[11]。

《象》曰：剥之无咎，失上下也[12]。

六四　剥床以肤[13]，凶[14]。

《象》曰：剥床以肤，切近灾也[15]。

六五　贯鱼[16]，以宫人宠[17]，无不利。

《象》曰：以宫人宠，终无尤[18]也。

上九　硕果不食，君子得舆，小人剥庐[19]。

《象》曰：君子得舆，民所载[20]也；小人剥庐，终不可用[21]也。

【注释】

①剥　不利有攸往：剥卦下坤上艮，象征着剥离、割裂，属于人为性质的主观行为，不利于事物有所发展前进。剥，《说文》曰“裂也”，《玉篇》曰“削也”，《广韵》曰“落也，割也，伤害也”，《增韵》曰：“褫也，脱也。”古义皆表明“剥”不是一种自然现象，而是带有强烈的人为性质。

②剥，剥也，柔变刚也：剥卦就是取剥字本义，非形容或引申义，是《周易》描述事物从柔逐渐发展到刚的一种哲学概念上的转变。

③不利有攸往，小人长也：剥卦初一至六五皆是阴爻，下卦为坤，上卦为艮，寓意顺其自然、适可而止之。小人道长，君子道消，事物的发展之路被小人之道充塞，偏离了正确的方向，故而不利于继续健康发展。

④顺而止之，观象也：小人之道已经形成潮流，君子顺其自然，在情况发展到合适的时机采取行动停止和改变这种状况，这是剥卦阐述的观点和揭示的现象。

⑤君子尚消息盈虚，天行也：君子崇尚天道，消亡与生长、盈满与空虚，这种哲学角度的辩证转换，正是天道主宰之下，事物呈现出的运动规律。息，《说文》段注：“舒曰息，引申为生长之称。”

⑥山附于地，剥：上卦为艮象山，下卦为坤象地，两卦相合构成高山依附于大地的形象，即为剥卦。

⑦上以厚下安宅：有了坚实厚重的下层基础，才能安全稳定地承载上层事物。宅，承托、承载，《说文》曰“宅，所托也”，段注曰“凡物所安皆曰宅”。

⑧剥床以足，蔑：破折支撑床具的床足，（破坏完整的事物，

削弱、剥离支持事物整体的基础部分）是昏昧的小人行径。床，古代床属坐具，《说文》段注："床之制略同几而庳于几，可坐，故曰安身之几坐。床制同几，故有足有桄。"桄，音 guàng，家具上的横木。蔑，《说文》曰："劳目无精也，人劳则蔑然。"本卦《象》曰："小人长也。"故引申为小人之昏昧。又前辈学者据本爻之《象》训"蔑"同"灭"，黄寿祺、张善文在《周易译注》中写道："蔑通灭，谓'蚀灭'，《释文》削也，楚俗有'削灭'之言，又引荀爽本作'灭'。这两句说明初六以阴处《剥》下，居坤之始，犹如大床剥落灭坏，先始于足。"《周易集说》："阴之消阳，自下而进。初在下，故为剥床而先以床足灭于下之象。"此说可从。

⑨**剥床以辨**：破拆床具的结构框架。辨，《程传》曰"牀之干也"；又同"徧（遍）"，《广韵》曰"徧，周也，俗作遍"，意为床具的主体结构框架。

⑩**未有舆也**：没有了结构框架，床具失去了承载和供人坐卧的功能。未有，即没有，《玉篇》曰："未犹不也，未有不，即有也。"舆，《说文》曰"车舆也"，段注曰"轼较軨轵轛，皆舆事也"，引申为车的结构框架。今本作"与"（與），其义与全文不通，故推断为传世过程中出现的讹误。"未有舆"与爻辞"剥床以辨"的思想内涵相通，又与上九"君子得舆"对文，故本文据此改之。

⑪**剥，无咎**：六三之剥虽然同样属于主观人为的破坏行为，但无须加以怪罪，因其合于中道之德，天道会从客观角度补偿其罪过和引起的灾祸。从《大象》所谓"观象"的角度来看，剥卦初一至六五都是阴爻，六三居于正中，合乎于中正光大之德，故而可得天道庇佑，自然扶正其剥产生的危害，故无咎。

⑫**剥之无咎，失上下也**：六三仅言剥之，未明言剥之何物，

与另外上下相邻的三爻所言“剥床”，及上九“剥庐”有明显的区别，故曰“失上下也”，居中德而使剥的行为没有殃及上下，故而无咎。

⑬**剥床以肤**：破折床具的表面或床面。肤，古字作“膚”，《玉篇》曰“皮也”，《广韵》曰“皮膚”，《释名》曰：“膚，布也，布在表也。”

⑭**凶**：六四破折了床面，床具彻底毁坏，已成定局无可挽回，故直言“凶”。上六与六二，其时床具尚未完全毁坏，仍有停止破折进行修复补救的可能，故言“贞凶”。贞，可同“正”，又有“卜问”之意，坤卦六三“含章可贞”即有此义。本卦上六与六二“贞凶”犹言剥床以足及辨，尚可向天道卜问以求止损挽救。

⑮**切近灾也**：床具经历了从床足到床架到饰面的破折，已彻底毁坏，情势非常急迫，最终的毁灭性灾祸已经临近。

⑯**贯鱼**：剥卦从初六到六五的前五爻都是阴爻，呈现一以贯之的发展方式。阴爻占据绝对的数量优势，象征着社会当中广泛存在着未能认识到天道真理的普通人，即《彖辞》所谓“小人长也”，盲目跟随自身的主观想法来行动，并且成为社会主流，如同水塘中的游鱼聚集盲动。

⑰**以宫人宠**：对于主观盲动的社会大众，掌握了天道客观发展规律的君子，应当像旧时封建王朝的皇家对后宫各级妃嫔进行管理一样，加以引导和约束，使社会大众“得宠”于天道而获得秩序和发展。宫人，本义指封建社会皇室后宫中的后、妃、嫔等不同等级的皇帝的妻妾，在此用于形容初六到六五的一众阴爻。众阴爻以上九代表的天道为尊，而可“得宠”。

⑱**终无尤**：放任未能认识天道真理的社会大众无序发展下去，必然对文明和社会造成巨大的损失，但只要加以正确的引

导和管理，并建立合乎天道的社会秩序，最终就能避免负面结果而获得积极的前景。尤，《说文》曰“异也”，又有甚、过之意，引申为事物发展超过合理程度而走向负面。

⑲**硕果不食，君子得舆，小人剥庐**：剥卦经历了初六到六五“小人道长”的持续发展，已经形成了庞大的社会气候。不妄加利用，而加以正确引导，使之成为社会发展的积极助力，即可称为君子。如果利用这种社会思潮来满足自己的私心私利，就是小人行径，最终会导致文明和社会全面崩溃。硕果，犹言社会动态形成的巨大潮流。剥庐，本义指拆毁遮风挡雨的屋棚，引申为彻底毁掉寄身之所。庐，原意指农业生产时临近田地的用以临时居住的草棚，《说文》曰：“寄也。秋冬去，春夏居。”春夏从事农业生产时临时居住，以便就近照看庄稼，秋冬收获粮食后离开。

⑳**民所载**：君子以积极正面的方式为社会和广大人民谋取幸福，合乎天道的积极发展规律和价值观，自然会得到民众的拥戴。载，承载、承托，《坤·象》曰：“君子以厚德载物。”引申为受到拥护、拥戴。

㉑**终不可用**：小人利用社会潮流来满足自身的私利私欲，虽然可能一时得逞，但最终必然被天道所抛弃而走向消亡，所以小人之道虽然会带来短期利益，但从长期和全局来看，终究不能施用。

第二十四卦　复

【原文】

复[①]　亨[②]。出入无疾，朋来无咎[③]；反复其道，七日来复[④]。利有攸往[⑤]。

《彖》曰：复，亨。刚反，动而以顺行[⑥]，是以“出入无疾，朋来无咎”。“反复其道，七日来复”，天行[⑦]也。“利有攸往”，刚长[⑧]也。复，其见天地之心乎[⑨]？

《象》曰：雷在地中，复[⑩]；先王以至日闭关，商旅不行，后不省方[⑪]。

初九　不远复，无祇悔，元吉[⑫]。

《象》曰：“不远之复”，以修身也。

六二　休复，吉[⑬]。

《象》曰：“休复之吉”，以下仁[⑭]也。

六三　频复，厉，无咎[⑮]。

《象》曰：“频复之厉”，义无咎[⑯]也。

六四　中行独复[⑰]。

《象》曰：“中行独复”，以从道[⑱]也。

六五　敦复，无悔[⑲]。

《象》曰："敦复无悔"，中以自考[20]也。

上六　迷复，凶，有灾眚[21]。用行师，终有大败；以其国君，凶，至十年不克征[22]。

《象》曰："迷复之凶"，反君道也[23]。

【注释】

①**复**：卦名，下震上坤。复，古字作"復"。《说文》曰："复，行故道也；復，往来也。"复卦的精神在于揭示出天道的客观规律的运动方式是循环往复的。

②**亨**：复卦揭示的哲学精神通达万事万物，具有普遍性，故而曰"亨"。

③**出入无疾，朋来无咎**：天道的客观规律表现出的运动方式和具体现象不是机械僵硬的，而是生动灵活的，不会带来什么疾患和问题。天道的客观规律对于具有相同性质的事物有着同样的作用，不会造成什么危害或过错。出入，譬喻天道辩证统一的特点，《素问·六微旨大论》曰："出入废，则神机化灭。"即以"出入"代指人的呼吸；又譬喻天道的具体运动方式变化不定、难以把握，与人们的寻常认知有所出入。朋，犹言同类、同质。

④**反复其道，七日来复**：事物在天道客观规律的作用下，既有折返向后回复的情况，又有再次折返重新回复向前的情况，这就是天道的运动方式。这种循环往复的现象必然会发生，即使短期内没有发生，但在一定的合理周期内也必然发生。反复，犹言将"复"、复回、复返的状态再次反转，同样是表达天道是生动灵活的，而非单一或机械的。七日，犹言多日、一定的周期。来，犹指到来、展现出来。

⑤**利有攸往**：复卦表现出天道通过其生动的客观规律作用于

万事万物，其“利”可以推动和促进万事万物在动态碰撞中有所发展生息。

⑥**刚反，动而以顺行**：复卦打破了刚健之德寻常表现出的稳固不移的性质，来到了相反的动态性质，但仍然顺应着天道的客观规律发展前行。

⑦**天行**：犹言天道的运行方式和法则。

⑧**刚长**：复卦初九代表着天道的刚健之德，是全卦的起始和基础，故曰“长”。万物生息化育皆要以天道为纲为长，天道促进和推动着万物发展，因此“利有攸往”。长（zhǎng），领袖、领导者之意。《老子》曰：“朴散则为器，圣人用之，则为官长，故大制不割。”

⑨**复，其见天地之心乎**：神妙的复卦啊，你看到它展现出通达、贯彻于天地之间的大道真理了吗？见，同“现”，表现、展现之意。天地，可喻为乾坤、阴阳等哲学概念。心，犹指思想、精神、意志。天地之心，犹言天道的至大真理。

⑩**雷在地中，复**：复卦下为震、上为坤，犹如惊雷往复于大地之中。

⑪**先王以至日闭关，商旅不行，后不省方**：古代先辈圣贤们响应复卦的精神，在冬至、夏至来临时关闭城阙，商旅们停止贸易活动，君王诸侯也不在这一天巡行四方。先王，犹言先辈圣贤。至日，即冬至、夏至两个节气。夏至是一年当中白昼最长的一天，此后白昼渐短、黑夜渐长；冬至与夏至相反，是一年当中黑夜最长的一天，此后白昼渐长、黑夜渐短。夏至与冬至在古人的观念中象征着阴阳转换的含义，因此在古代农业社会，这一天暂停各类日常社会活动，而专门祭祀天地和祖先。商旅，即从事贸易活动的商贾、客商。后，古义指古代帝王、君主、诸侯等封建统治者。省，读作 xǐng，《说文》曰“省，视也”；《尔雅》曰：

"省，察也。"省方，犹言巡查四方。

⑫**不远复，无抵悔，元吉**：不要等事物发展到长远之极才复回，这样就不会使事物发展到令人悔恨的地步，这是因为初九位于全卦初始阶段，合德于乾卦而称为"元"，象征天道庇佑，因而吉祥美好。远，犹言长远，超出合理范畴。抵，抵达、到达之意。"抵"字在唐石经、敦煌唐写本和其他传本作"祇""衹""禔"等，前辈学者训为"灾患"或"盛大之状"等，皆与文义不通。此字当为传世过程中出现的错讹。通过对帛书本字形辨认及与先秦简牍进行字形对比，此字当作"抵"。于豪亮《马王堆帛书〈周易〉释文校注》作"提"，古音读作dī，与"抵"读音近似，帛书本字形与先秦简牍相同，故而应当作"抵"，文义方可与爻辞全句相通。本书据此改之。

⑬**休复，吉**：对待"复"报以积极正面的良好心态，吉祥美好。休，犹言休美，《尚书·周官》曰："作德心逸日休。"

⑭**以下仁**：此为《象传》作者从儒家思想出发的附会之辞。本卦各爻皆在讨论不同阶段对"复"的不同看法和认识，并非以"仁"的观念为评价标准。

⑮**频复，厉，无咎**：对待"复"报以犹疑、不满的态度，这种情况是有一定危险的，但也没什么过错。六三位于下卦向上卦过渡之际，犹如"复"的前一阶段尚未完结，下一阶段尚未到来，进退失据，故而对于"复"产生了犹疑和不满，这种情况严峻而危险，但也属于正常现象，在下一阶段到来后自然会消失，因此不会产生什么实际上的过失。频，同"颦"，颦蹙、皱眉头。

⑯**义无咎**：六三表达的态度虽然存在一定危险隐患，但也属于正常现象，其本义仍然在于继续向上卦发展前进，因此没有咎害。

⑰**中行独复**：六四居五个阴爻正中而发展顺行，对于"复"抱持着专一的态度。六四居五阴爻正中，故曰"中"；由下卦发

展而来，处于上卦之处，仍须向上顺行，故曰“行”。独，犹言独一、专一。

⑱**以从道**：犹言以“中行独复”的态度和方式顺从天道的客观规律。

⑲**敦复，无悔**：对待“复”报以真诚、淳朴的态度，不会使人悔恨。

⑳**中以自考**：六五位居上卦正中，象征以中正、中和的积极态度比照自身与“复”的哲学精神，检点自身，指导自身更好地发展进步。考，《广雅》曰“问也”，稽考、考问之意。

㉑**迷复，凶，有灾眚**：对“复”所代表的天道客观规律感到迷惑，这种情况十分凶险，会有灾祸降临。迷，犹言迷惑、迷愚。上六已达复卦之极，象征对“复”的认知走入了物极必反的状况，无法正确认识天道的客观规律，前途发展就会面临凶险的境况，引起灾祸。

㉒**用行师，终有大败；以其国君，凶，至十年不克征**：用这种“迷复”的错误认知去引领大众的发展，最终必然发生重大失败。把这种“迷复”的错误认知当作指导发展的战略国策，境况必然凶险，在很长一段时间无法完成合理的发展。行师，非指行军打仗，而是指带领大众、行使大众的共同意志。以，用也。其，代指“迷复”的错误认知和观念。国君，犹言指导国家发展前进的战略、国策，非指一般意义上的国家的君王、君主。君，主宰、统治之意，《诗经·大雅·公刘》曰：“君之宗之。”引申为居于首要地位战略方针。十年，泛指很久、很多年。克，完成、达成目标。征，本义远行、长途跋涉，引申为长期持续发展的目标。

㉓**“迷复之凶”，反君道也**：因为“迷复”而造成的凶险灾祸，原因在于其违背了设置国家战略方针的根本目的。

第二十五卦　无妄

【原文】

无妄[1]　元、亨、利、贞[2]；其匪正，有眚，不利有攸往[3]。

《彖》曰：无妄，刚自外来而为主于内[4]，动而健，刚中而应[5]；大亨以正，天之命也[6]。其匪正，有眚，不利有攸往；无妄之往，何之矣？天命不佑行矣哉[7]！

《象》曰：天下雷行，物与无妄[8]；先王以茂对时、育万物[9]。

初九　无妄，往吉[10]。

《象》曰：无妄之往，得志也[11]。

六二　不耕获，不菑畬，利有攸往[12]。

《象》曰：“不耕获”，未富[13]也。

六三　无妄之灾；或系之牛，行人之得，邑人之灾[14]。

《象》曰：行人得牛，邑人灾也[15]。

九四　可贞，无咎[16]。

《象》曰：“可贞，无咎”，固有之也[17]。

九五　无妄之疾，勿药有喜[18]。

《象》曰：无妄之药，不可试也[19]。

上九　无妄，行有眚，无攸利[20]。

《象》曰：无妄之行，穷之灾也[21]。

【注释】

①无妄：卦名，下震上乾。妄，有狂妄、肆意妄为之意，《说文》曰“妄，乱也”；又有虚妄、荒诞之意，《增韵》曰：“诞也，罔也。”无妄，犹言不可违背天道的客观规律而主观妄为。

②元、亨、利、贞：天道规范着人的行为准则，使人懂得“无妄”，故曰“元”；天道的客观规律和“无妄”的真理性通达万事万物，故曰“亨”；运用“无妄”的思想可以促进人的发展进步，故曰“利”；“无妄”的真理性源自天道的价值观而不可人为转移，故曰“贞”。

③其匪正，有眚，不利有攸往：不能以“无妄”的精神思想匡正自身，就会产生祸患，不利于人的发展进步。其，代指“无妄”的精神思想。匪，同“非”，犹言不能够、不可以。正，匡正、纠正之意。眚，犹言问题、祸患。

④刚自外来而为主于内：刚健之德来自外部，却主宰着内在的品质。构成各卦的上卦又称外卦、下卦称为内卦，无妄卦的上卦为乾，也即外卦，象征刚健的天道，故曰“刚自外来”。上卦乾代表的天道主宰着下卦震，象征天道的真理主宰着人的精神使人感到震撼，故曰“为主于内”。

⑤动而健，刚中而应：无妄卦下震象“动”，上乾象“健”，代表着天下万物依据天道的真理而生息运动，占据全卦核心位置的九五象征天道的真理匹应万物。

⑥大亨以正，天之命也：无妄卦的哲学精神包罗广大、通达无限，可以匡正天下万物，这是天道具有真理性的必然使命。

⑦无妄之往，何之矣？天命不佑行矣哉：这就是说要以“无妄”的精神来指导发展，不然会如何呢？会导致天道的客观规律不再辅佑人的发展进步。本句用以解释和阐发“其匪正，有眚，不利有攸往”的含义。如果不能做到“无妄之往”，就是“其匪正”，就会导致“天命不佑行”，而造成“有眚，不利有攸往”的结果。往，犹言继续发展下去。何之矣，犹言又会如何，又怎么样。天命，犹言天道的哲学真理和客观规律。行，前进、发展之意。

⑧天下雷行，物与无妄：无妄卦象征天空下轰雷奔行，万物受到天道的震动都追随“无妄”的真理和精神。物，泛指天下万物。与，追随、跟随之意。

⑨先王以茂对时、育万物：现代圣贤取法“无妄”的哲学精神，以勤勉的精神配合天时，来化育万物。茂，同“懋”，犹言勤勉。对，匹配、配合之意。时，犹言天时、合适的时机。

⑩无妄，往吉：不虚妄、不狂妄，持续发展的前景吉祥美好。往，本义指发展，引申为长期持续、持续发展下去。

⑪无妄之往，得志也：初九为乾，象征积极进步的天道，爻辞的含义与本卦主旨呼应一致，故曰“得志”。志，犹言中心思想、核心的精神意志。

⑫不耕获，不菑畬，利有攸往：不事耕种和收割，不去开垦和维护土地，利于以后有所持续发展。获，古字作“穫”，特指收割庄稼。菑，读作zī，《说文》段注“才耕田也”，即首次开垦种植的田地。畬，读作yú，《说文》段注“二岁治田也”，即开垦后的第二年对田地进行维护。菑畬，犹言农业生产中对土地进行首次开垦与后期日常维护。古训“菑畬”为一岁之田与三岁之田，可备一说。六二居下卦中位，象征顺从天道；初九立“无妄”之志，后续尚未显明天道，因此六二要顺应这一发展趋势，

在天道尚未彰显之时不可妄为，保留一块未耕之地，也就保留了从各个空间和方向上继续发展的无限可能性，等待全卦发展至上卦乾代表的天时来临再做打算，故曰“利有攸往”。

⑬**未富**：六二采取“不耕获，不菑畬”的态度，尚未富备、充足，因此就有未来无限的空间和可能性。这种思想与后来《老子》倡导的“虚”“谷”的思想异曲同工。

⑭**无妄之灾；或系之牛，行人之得，邑人之灾**：并非由于主观妄为而出现的灾祸；比如，某处拴着一头牛，有路过之人顺手牵走，对于这个路人来说是一种获得，但对于本地百姓是灾祸和麻烦。或，假设、假定之意。系，古字作“繫”，捆绑、拴系之意。行人，犹言偶然路过之人。邑人，犹言本地人。

⑮**行人得牛，邑人灾也**：路人得到了牛，但本地人因为丢了这头牛，生产生活难免受到不利影响，故称“灾”。

⑯**可贞，无咎**：九四为上卦也即外卦之初，象征天道终于开始降临显现，“刚自外来而为主于内”，因此可以帮助人对于“无妄”的思想认识更加坚定贞固，不会产生任何咎害。

⑰**固有之也**：九四帮助人进一步坚固了初九建立起的“无妄”的思想意志。固，坚固、坚定、稳固之意。有之，代指已经存在的、已经初步建立起来的“无妄”的精神，其始于初九，故曰“有之”。

⑱**无妄之疾，勿药有喜**：并非因主观妄为而导致的疾患，不可以随意用药，反而会得到积极喜悦的结果。疾，《说文》段注：“病也，一曰急也。析言之则病为疾加，混言之则疾亦病也。”因此，可以理解为来得快去得也快的、程度较轻微的疾病。这样的疾病是人的身体机能和外界因素共同决定和导致的，非因主观人为而致，因此保守静养即可自行痊愈；随意使用药品或不恰当地过度治疗，可能适得其反。药，即药物，又泛指治疗。

⑲无妄之药，不可试也：没有根据的药物和治疗手段，不可以轻易尝试。无妄之药，这里的“无妄”取其虚妄、荒诞之意，引申为不可靠的、没根据的、非必要的。

⑳无妄，行有眚，无攸利：虽然没有主观妄为，但因为上九已达全卦之极，事物已经发展到穷途末路，这样的前提下行为行动仍然会产生祸患，而不会有什么切实利益。攸，犹言“所”。《诗》曰“伐木所所”，古义象征斧子一下下砍在木头上形成劈砍的痕迹，因此有切实、真切、实在之意。无攸利，即“无所利”，没有什么切实利益和实在价值。

㉑无妄之行，穷之灾也：上九描述的没有主观妄为，却也没有切实利益的行动和行为，是因为事物发展到穷竭之境而产生的灾祸。一切事物的发展自有其客观规律来决定结果，哪怕人为因素并没有起到负面作用，也仍然会自然发展到尽头。因此，上九不仅要求人要“无妄”，还要更进一步，即进入“无为”的哲学精神范畴。

第二十六卦　大畜

【原文】

大畜[1]　利，贞[2]；不家食，吉，利涉大川[3]。

《彖》曰：大畜，刚健笃实[4]；辉光日新其德[5]，刚上而尚贤[6]，能止健，大正也[7]。“不家食，吉”，养贤也[8]。“利涉大川”，应乎天也[9]。

《象》曰：天在山中，大畜[10]；君子以多识前言往行，以畜其德[11]。

初九　有厉，利已[12]。

《象》曰：“有厉，利已”，不犯灾也[13]。

九二　舆说輹[14]。

《象》曰：“舆说輹”，中无尤也[15]。

九三　良马逐，利艰贞；曰闲舆卫，利有攸往[16]。

《象》曰：利有攸往，上合志也[17]。

六四　童牛之牿，元吉[18]。

《象》曰：六四，元吉，有喜也[19]。

六五　豮豕之牙，吉[20]。

《象》曰：六五之吉，有庆也[21]。

上九　何天之衢，亨[22]。

《象》曰："何天之衢"，道大行也[23]。

【注释】

①**大畜**：卦名，下乾上艮。畜，同"蓄"，积聚、汇聚之意。大畜，犹言形成大规模的、盛大的团结汇聚。

②**利，贞**：大畜象征各方面积极有利的人才和物质形成汇聚，有利于团结一致发展进步，故曰"利"。大畜代表的团结汇聚因天道的客观发展之势而形成，不为任何主观意志所转移，坚定正固，故曰"贞"。

③**不家食，吉，利涉大川**：各方汇聚合一、团结一致，而不是各自分散于自家、各吃各的，因此吉祥美好，利于涉越河川艰险、向远方前进发展。不家食，犹言不在自己家吃独食，而是汇聚分享。

④**大畜，刚健笃实**："大畜"由下乾上艮构成，乾卦象征天道刚健之德，艮卦象征山岳般真实笃定。笃实，笃定、实在之意。笃，《说文》曰"马行顿迟"，即马匹奔跑行进时四蹄有节奏地、切实地踩踏地面。

⑤**辉光日新其德**：犹言下卦乾象征"大畜"的思想放射出灿烂的光芒，并且不断进步，刷新自身的精神品德。日新，犹言日复一日地刷新、更新。《系辞·上》曰："富有之谓大业，日新之谓盛德"，大畜卦的精神能量并非恒定不变的，而是不断进步发展的，不断地积蓄使自身的精神更加盛大、博大。

⑥**刚上而尚贤**：犹言上卦艮以刚健的阳爻居上，依托于下方两个阴爻，象征领袖者崇尚贤良的品德。

⑦**能止健，大正也**：犹言"大畜"上卦艮可以帮助下卦乾健

精神得到合理止息，避免其亢进躁动。由于艮与乾构成了辩证统一的和谐关系，“大畜”的哲学精神才能如此至大至正。止，艮之德，《艮·彖》曰：“艮，止也。时止则止，时行则行；动静不失其时，其道光明。艮其止，止其所也。”

⑧“不家食，吉”，养贤也：各方贤能汇聚一堂，而非各自分散、自养自食，这样吉祥美好的局面说明了“大畜”具有蓄养贤能之德。食，应作“养”（養），疑为古代文本传世过程中因字形接近而产生的讹误。《老子》第二十章曰：“我独异于人，而贵食母。”即为类似情况，拙作《老子新读》改作“贵養母”，并进行了考据分析，可备一说。

⑨“利涉大川”，应乎天也：“大畜”利于涉越河川、长远进步，是因为其精神匹应天道的客观发展规律和价值观。

⑩天在山中，大畜：取象于“大畜”下乾象天、上艮象山，如同高耸的山峰突破天际，天空横亘在群山之间。

⑪君子以多识前言往行，以畜其德：君子以“大畜”的精神，多方地认知和学习前辈先贤们流传下来的优良言行，用来不断充蓄强化自身的思想道德。识，学习和认知，《说文》曰：“识，知也。”《诗经·大雅·瞻卬》曰：“君子是识。”前言往行，犹言从前的言论和以往的行为。

⑫有厉，利已：初九为全卦初始阶段，象征“大畜”的进程刚刚起始，这一阶段的发展形势严峻而猛烈，利于暂停休止、承前启后。已，本义停止、终止，又有而后、然后之意。《说文》曰：“已，巳也。四月，阳气巳出，阴气巳藏，万物见，成文章。”故而有阴阳更替、产生质变，承前启后之意。初九居“大畜”之初，事物由原来的性质开始发生质变，这一过程必然严峻激烈，因此要适时适度、把握节奏，以利后续发展。

⑬不犯灾也：初九所言“有厉，利已”是事物发生质变的临

界状态，因此要遵循其发展的客观规律，就能避免因主观人为导致招灾惹祸。

⑭**舆说輹**：大车下方连接车轴的构件脱落了。“舆说輹”与《小畜》“舆说辐”不同，“辐”为轮辐，一旦脱落就会使车辆完全失去行动能力；輹，《广韵》曰“车伏兔也”，《集韵》曰“车轴缚也”，《说文》段注曰：“车下缚也，谓以革或丝之类缠束于轴，以固轴也。”可知“輹”虽是古代车辆的一个构件，但其脱落并不会如“舆说辐”一样导致车辆出现重大故障，因此《象》曰：“无尤。”

⑮**“舆说輹”，中无尤也**：大车的“輹”发生脱落，因其位于车辆居中位置，如同本爻九二居下卦正中之位，端正于下卦乾象征的天道，得天道庇佑，因而没有什么重大问题。无尤，犹言没有过失、没有问题。

⑯**良马逐，利艰贞；曰闲舆卫，利有攸往**：追逐驯服品质优良的马匹，有利于在艰难的情况下保持坚定；将这些优良的马匹驯服并安置在马厩中，用于在战事中牵引战车保家卫国，利于满足切实的未来发展需求。逐，本义追逐、追求，《说文》曰：“追也。徐锴曰，豚走而豕追之。”徐锴解释为小猪奔跑，其父母在后面追赶，因此是一种有具体目的的追赶、追逐。良马逐，犹言追逐良马，采用了倒装句式的文学修辞手法。良马奔跑的速度和耐力俱佳，追赶驯服十分困难，可以磨炼追逐者的恒心和毅力，故曰“利艰贞”。曰，古文用于句首发语，无意义，《诗经·小雅·采薇》曰：“曰归曰归，岁亦莫止。”即属此例。闲，古字作“閑”，《说文》曰：“阑也，从门，中有木。徐锴曰，閑，犹阑也，以木歫门也。”栏杆、栅栏之意。《韵会》曰：“閑，马阑也。”马圈、马厩之意。舆卫，犹言以马拉战车用于军事防卫。先秦时期尚未发明马镫，因此马匹在军事行动中仅用于拉动战

车，而非后来的骑兵那样直接骑乘作战。

⑰利有攸往，上合志也：追逐驯服良马，并将其用于军事防卫，有利于未来有所长期发展，是因为这样的思想和行动契合于天道的哲学精神。天道的真理至高无上，万物皆要取法并契合于天道，故曰“上合”。志，本义指思想意志，代指天道的哲学精神和客观发展规律。九三位于下卦之极，下卦为乾，象征天道，因此本爻所表达的思想契合天道之志，利于后续长远发展。

⑱童牛之牿，元吉：给初生牛犊的犄角上戴上横木，防止其抵撞而伤人，这样可以从根本上、初始阶段即获得吉祥美好。童牛，犹言尚未成年的小牛，其脾性警惕好动，尚未形成温顺驯服的性格，因此容易伤人。牿，读作gù，绑在牛角上使其不能伤人的横木。童牛之牿，合于《彖》辞“能止健”之德。六四为上卦之初，“童牛”为初生之牛，故曰“元”；在初生牛犊和下卦乾健变得亢进和过于兴奋之初就采取预防措施，故可“吉”。

⑲有喜也：六四采取了及时措施，“能止健”，避免了可能造成的伤害，因此值得欣喜。

⑳豮豕之牙，吉：对脾性激烈的猪进行阉割去势，猪虽然仍有尖锐獠牙，但已不再对人造成威胁，情形吉祥美好。豮，读作fén，去势、阉割之意。豕，读作shǐ，《玉篇》曰“猪豨之总名”，泛指家猪与野猪。牙，指猪的獠牙，古代家猪由野猪捕获驯养，尚未像今天的家猪一样退化掉尖利的獠牙。古代对猪进行阉割就能很大程度上抑制其暴躁的脾性，避免被其尖利的獠牙所伤，合于《彖》辞“能止健”之义。《程传》曰：“豕，刚躁之物，而牙为猛利。若强制其牙，则用力劳而不能止其躁猛，虽絷之维之，不能使之变也。如豮去其势，则牙虽存而刚躁自止。启用如此，所以吉也。”

㉑六五之吉，有庆也：六五可以获得吉祥美好，是因为针对

刚躁的豕采取了合理的措施手段，因此值得庆幸。

㉒**何天之衢，亨：**承蒙万方通达的天道庇佑，亨通无阻。何，同“荷”，本义承担、负荷，引申为承蒙、得益于。衢，《说文》曰“四达谓之衢”，通达四方的大路。天之衢，即形容天道的哲学精神无远弗届、通达万方。

㉓**“何天之衢”，道大行也：**上九已达“大畜”之极，象征各种积极正面的因素汇聚壮盛，达到“大畜”的最高境界，得益于天道的推动，因此所行所往通达无阻。

第二十七卦　颐

【原文】

颐[1]　贞吉[2]。观颐，自求口实[3]。

《彖》曰[4]：“颐，贞吉”，养正则吉也。“观颐”，观其所养也；“自求口实”，观其自养也。天地养万物，圣人养贤以及万民。颐之时大矣哉！

《象》曰：山下有雷，颐[5]；君子以慎言语，节饮食[6]。

初九　舍尔灵龟，观我朵颐，凶[7]。

《象》曰：“观我朵颐”，亦不足贵也[8]。

六二　颠颐；拂经于丘颐，征凶[9]。

《象》曰：六二征凶，行失类也[10]。

六三　拂颐，贞凶；十年勿用，无攸利[11]。

《象》曰：“十年勿用”，道大悖也[12]。

六四　颠颐，吉[13]；虎视眈眈，其欲逐逐，无咎[14]。

《象》曰：颠颐之吉，上施光也[15]。

六五　拂经，居贞吉，不可涉大川[16]。

《象》曰：居贞之吉，顺以从上也[17]。

上九　由颐，厉，吉，利涉大川[18]。

《象》曰："由颐，厉，吉"，大有庆也[19]。

【注释】

①颐：卦名，下震上艮。颐，《尔雅·释名》曰："或曰辅车，或曰牙车，或曰颊车。"《方言》曰"颔也"，因此"颐"的本义即指构成面颊的上下颌、上颚与下巴。人的上颚与头骨是一体的，通过关节连接着下巴或下颌，无论说话还是进食，嘴巴张合都是以下颌做动作、上颚相对保持静态。因此，颐卦的哲学精神就在于使人认识到主动与被动、主观与客观、动态与静态等辩证统一的关系，并用之指导自身思想行为。古训"颐"为"养"，以"颐"象嘴，饮水进食以保养身体，并引申开来解释颐卦；然而结合全卦之旨来看，颐卦的精神并非如此，本文试论之。

②贞吉：颐卦的精神源自天道的客观规律，是恒定、固定的，不以任何人的意志为转移，故曰"贞"。这种辩证统一的关系合乎天道的哲学真理，因此吉祥美好。

③观颐，自求口实：仔细观察和学习颐卦所蕴含的天道真理，自身要在吃饭说话等具体实践当中主动加以落实。观，《说文》曰："谛视也。谛，审也。"是审视、仔细观察之意。自求口实，犹言自己主动在"口"中加以实践、落实。自求，犹言自我要求、主动要求。口，犹指与"颐"有关的吃饭、说话等动嘴的具体行为。实，实在、实际，引申为实践、落实。

④《彖》曰：自古读、释《周易》的主流皆以《易传》为指导，《序卦传》曰"颐者，养也"，就为颐卦定下了"养""颐养"的基本释义。《彖传》作者同样以"养"为出发点来解释"颐"的思想含义。本书不认同这样的思路，并试着对"颐"和颐卦重新作出更加合适、合理的解释，故不再对本卦《彖》辞进行详细

注释。

⑤**山下有雷，颐**：颐卦下震为“雷”，上艮为“山”，组合起来如同山下有轰雷激荡，这就是颐卦的形象。

⑥**君子以慎言语，节饮食**：君子以颐卦的精神慎重对待自身的讲话发言，节制对饮食欲望的不当追求。“颐”本义指上下颌，具体来说就是指嘴巴，其基本功能就是说话与吃喝，因此，君子学习颐卦的精神首先要从这两个方面入手实践。

⑦**舍尔灵龟，观我朵颐，凶**：舍弃灵龟代表的天道客观规律，仅从主观角度观察面颊和嘴巴开合的动作，凶险。尔，本义指第二人称——你、彼，引申为客观、客体。灵龟，中国古代文化中的神兽，因此古代用龟甲进行占卜。本爻以“灵龟”譬喻客观唯物的天道真理。我，与“尔”相对，犹言自我的、主观的。朵颐，犹言嘴巴张开与闭合。朵，《说文》曰：“树木垂朵朵也。”即树枝随风上下摇荡之貌。嘴巴开合皆由下颌进行上下活动，故采用“朵”这个动词。初九居下卦之初，下卦又称“主卦”，带有主观、主动的含义；又本爻为阳爻，象征刚健之德，因此《周易》作者在颐卦初始阶段即强调不可刚愎自用、主观片面，而忽略了“颐”的根本，即天道的客观真理，否则必遭凶险。

⑧**亦不足贵也**：犹言“观我朵颐”是舍本逐末、主观片面的，因此这种思想不值得尊重。

⑨**颠颐；拂经于丘颐，征凶**：颠倒了上下颌的位置关系，以主制客；违背了上颌相对固定不动、下颌进行灵活动作的人体基本规律，长期发展下去必遭凶险。颠，颠覆、颠倒之意，《诗经·齐风·东方未明》曰“颠之倒之”，即属此意。拂，《正韵》曰“矫也，逆也”，拂违、违背之意。经，《广雅》曰“常也”，常理、常规之意。丘颐，人的嘴巴和面颊上下颌的代称。丘，《说文》曰：“土之高也，非人所为也。从北，从一。一，地也，

人居在丘南，故从北。中邦之居，在昆仑东南。一曰四方高，中央下为丘。”可见“丘”字古文写作“北”，于豪亮《马王堆帛书〈周易〉释文校注》即作“北颐”，应该就是“北颐”，因此“丘”（北）除了有土丘之意，在中国古典文化中还表示以中华人文始祖圣山昆仑山为参照的南北方位。“丘”（北）所代指的方位关系是客观不变的常识和常理。人的嘴巴和面颊，即“颐”，由上下颌共同构成，上颌与下颌，即“丘”（北）所代指的南北方位，上颌与下颌的位置关系也是常理，是不可人为改变的，也就是爻辞所谓的“经”。因此，六二所谓“颠颐”，具体来说就是人为颠倒了上下颌合理的位置关系，以主观制约客观，也就是以主观想法希图改变客观的事物，长此以往如何不“凶”？

⑩**六二征凶，行失类也**：六二颠倒了上下颌的正常位置关系，如同违背了客观常理中的上下、南北所标示的位置关系，这种发展情形后续凶险，是因为这两种行为方式是犯了同类的毛病。行失，犹言行为失据、失当。类，《玉篇》曰“种类也”，《说文》曰“种类相似”，爻辞所言“丘”与“颐”就是同类的概念和含义。

⑪**拂颐，贞凶；十年勿用，无攸利**：违逆了颐卦的精神和天道的客观规律，固执不变必然凶险。这样再过十年八年也还是无法发挥其应有的功用和意义，无法带来切实利益。拂，拂逆、悖逆之意。十年，泛指长期、很长一段时间。

⑫**“十年勿用”，道大悖也**：过了十年八年也无法发挥功用，是因为“拂颐”是对天道客观规律的严重悖逆。道，犹指天道、颐卦揭示的天道客观规律。大，重大、严重之意。

⑬**颠颐，吉**：颠倒了颐卦的上下、主客的关系位置。《易》以下为主、以上为客，象征主观与客观。“颐”之上颌不动，下颌活动。六四颠颐，则将下颌对应到客卦、上颌对应到主卦，就

形成了阴与阳、动态与静态辩证协调的全新关系，因此获得吉祥美好之意。

⑭**虎视眈眈，其欲逐逐，无咎**：欲望使人像发现猎物的猛虎一样眼光狰狞、蠢蠢欲动，但由于“六四颠颐”带来的辩证协调的哲学关系使人的主观欲望受到制约，因此不会造成实际危害。眈眈，犹言凝神注视，猛虎眼中锁定了目标猎物。其欲逐逐，犹言猛虎随时准备发动攻击追逐猎物的样子。

⑮**颠颐之吉，上施光也**：六四颠颐可以获得吉祥，是因为至高无上的天道客观规律对人的主观欲望施加了真理的光辉。上，犹指至高无上的天道真理和法则。

⑯**拂经，居贞吉，不可涉大川**：即便有所违背常理，但及时停止这种错误的思想，回归于天道的真理，并且加以保持不再继续发展，就可获得吉祥。决不能运用这种违背常理的思想去尝试涉越河川、冒险投机。居，《说文》曰：“蹲也，从尸、古者，居从古。踞，俗居，从足。郑铉等曰，居从古者，言法古也。”因此居本意即蹲、踞，引申为停下，停在原地。又有“法古”之意，犹言师法古之天道，《老子》曰：“执古之道，以御今之有。”即属此意。贞，贞固、坚固，引申为坚定保持。涉大川，本意涉越广阔的河川，战胜困难与艰险，在本爻引申为盲目涉险。

⑰**居贞之吉，顺以从上也**：六五停止前进并坚定保持就可以获得吉祥，是因为六五位居上卦正中之位，合于坤卦顺从天道之德，与上九构成了阴阳辩证统一的协调关系。

⑱**由颐，厉，吉，利涉大川**：上九发展到全卦至极，颐卦经历了从下至上六个阶段，其中蕴含着风险与危机，但全局本质吉祥美好，至上九阶段“颐”已经达成了天道倡导的辩证协调的和谐关系，有利于涉越河川，战胜一切艰难险阻。由，犹言经过、经历，《论语》曰：“观其所由。”注曰：“经也，言所

经从。”

⑲**大有庆也**：颐卦上九总结了全卦发展虽厉而吉，是因为天道的真理至大。颐卦的精神极致上合于天道，因此值得欢庆。大，代指至广至大的天道。

第二十八卦　大过

【原文】

大过[①]　栋桡[②]；利有攸往，亨[③]。

《彖》曰：“大过”，大者过也[④]；“栋桡”，本末弱也[⑤]。刚过而中，巽而说行，利有攸往，乃亨[⑥]。“大过”之时大矣哉！

《象》曰：泽灭木，大过[⑦]；君子以独立不惧，遁世无闷[⑧]。

初六　藉用白茅，无咎[⑨]。

《象》曰：“藉用白茅”，柔在下也[⑩]。

九二　枯杨生稊，老夫得其女妻，无不利[⑪]。

《象》曰：“老夫女妻”，过以相与[⑫]也。

九三　栋桡，凶[⑬]。

《象》曰：栋桡之凶，不可以有辅也[⑭]。

九四　栋隆，吉；有它，吝[⑮]。

《象》曰：“栋隆之吉”，不桡乎下也[⑯]。

九五　枯杨生华，老妇得其士夫，无咎无誉[⑰]。

《象》曰：“枯杨生华”，何可久也[⑱]？“老妇士夫”，亦可丑也[⑲]。

上六　过涉灭顶，凶，无咎[⑳]。

《象》曰：过涉之凶，不可咎也[21]。

【注释】

①大过：卦名，下巽上兑。大，犹“甚”。过，《说文》曰“度也”，《正韵》曰：“超也。”大过，犹言事物的积累和发展一旦超越了客观规律允许的合理程度，就会变得过度，而不再合理、合适。

②栋(náo)桡：房屋的脊檩弯曲。卦辞以脊檩为喻，指出一切事物都有其合理尺度，受到天道客观规律的限制，房屋的脊檩在建筑时必须保证其尺寸规格等技术指标处在合理的范围之内，超越了这个合理范围，盲目加大其尺寸，脊檩的强度不足以支撑房屋的结构，就会导致房屋出现“栋桡”式的结构性质量问题。栋，房屋的脊檩、屋顶大梁，《说文》曰：“栋，极也。屋内至中至高之处，亦曰阿。俗谓之正梁。”桡，《说文》曰“曲木也”，弯曲的木头。

③利有攸往，亨：学习和运用大过卦揭示的哲学精神，利于有所长远发展，其精神通达于万事万物。

④大者过也：一味强调和追求“大”，事物就会过度、过头。

⑤“栋桡”，本末弱也：本卦所谓“栋桡”，就是形容两头柔弱而中间强健，如同全卦以初爻和上爻为象征柔弱的阴爻，而中间各爻皆为象征强健的阳爻。

⑥刚过而中，巽而说行，利有攸往，乃亨：大过卦的各个刚健阳爻过多于阴爻，却位居全卦中段；构成全卦的下巽上兑，象征大过卦乘着和顺之风、抱着喜悦的态度发展前行，因此大过卦的哲学精神利于人的发展进步，所以称之为亨通。巽，即构成大过卦的下卦。说，同“悦”，即“兑”，犹指构成大过卦的上卦，

即兑卦。

⑦**泽灭木，大过**：大过卦上卦为兑，象征水、泽；下卦为巽，象征“木”。全卦的形象如同水淹没草木。灭，即灭顶，淹没头顶。

⑧**君子以独立不惧，遁世无闷**：君子取法大过卦的哲学精神，使得自身能够在社会生活中建立起独立自主的人格，哪怕寂寂无名、没有取得世俗价值观追求的显赫成就也不会因此而忧愁烦闷。

⑨**藉(jiè)用白茅，无咎**：将柔软的白茅草用于底部衬垫，不会有过错。藉，衬垫之意。白茅，即野外常见的白茅草，可用于编成草席。

⑩**“藉用白茅”，柔在下也**：初六为阴爻，属柔软、柔弱，就像柔软的白茅草可以用来衬垫一样，初六衬垫于全卦之下，形成合适的基础。

⑪**枯杨生稊(tí)，老夫得其女妻，无不利**：枯槁的杨树的种子生发出了嫩芽，七旬老翁娶了年轻的妻子，无所消极不利。枯杨，枯槁的杨树。枯，《说文》曰“槁木也”，缺乏生命活力的树木。老夫，犹言七十岁上下的老年男性。老，《说文》曰“七十曰老”，《礼记·曲礼》曰：“七十以上曰老。”得其女妻，犹言得到年轻的女子成为他的妻子。女，本意指女性，又代指尚未婚嫁的女性，与“妇”相对，《左传》曰“女而不妇”，即属此意。七旬老翁虽然年事已高，但生理客观规律决定了只要他的生殖机能尚在健康状况，就能与尚处生育年龄的女性孕育后代，就像杨树虽然已经枯萎，但它结出的种子依然可以生长为新的树木，因此这种老夫少妻的结合，对于生育后代这个目的本身来说并没有什么不利的地方。

⑫**过以相与**：虽然有些过度、过甚，但仍然能够相互结合达

成原本目的。

⑬**栋桡，凶**：九三为下卦之极，下卦以二阳压一阴，头重脚轻，如同房屋的脊檩发生弯曲，出现结构问题，境况凶险。

⑭**栋桡之凶，不可以有辅也**：栋桡带来的凶险，是因为二阳一阴的结构打破了原本由初六与九二构成的阴阳平衡，说明在原本的平衡状态下不可以再主观人为增加辅助结构，否则就会变成画蛇添足。辅，《正韵》曰："车辅，两旁夹车木也。"本义指古代车辆两侧的木制构件，辅助车轮提升车辆的运载能力。在本爻引申为房屋脊檩上额外增加的辅助构件，看似可以加固脊檩，其实由于自身重量打破了原有结构平衡，反而带来了危害。

⑮**栋隆，吉；有它，吝**：房屋的脊檩结构使房顶中央高高隆起，吉祥美好。脊檩应当平直粗壮，如果出现像蛇形一样的弯曲不平，就是不合适的、值得遗憾的。隆，犹言房顶的屋脊隆起、突出，《玉篇》曰："中央高也。"有它，犹言存在或出现蛇形弯曲、不够正直的现象。它，《玉篇》曰："古文'佗'字。佗，蛇也。"古义指蛇，引申为蛇形弯曲。

⑯**"栋隆之吉"，不桡乎下也**：犹言"栋隆"之所以吉祥美好，是因为它形容的样貌和代表的精神不像下面的九三一样，脊檩被压弯而不稳固。

⑰**枯杨生华，老妇得其士夫，无咎无誉**：枯槁的杨树绽放出新鲜的花朵，七旬老妇嫁给了正值壮年的丈夫，这没什么过错，但也不值得夸耀。华，同"花"，又有华丽、光彩的意思。枯杨生华，譬喻垂暮之人的生命重新焕发出光彩。士夫，犹言正值壮年的丈夫，年盛力强可以为士，故称"士夫"。与男性不同，在自然规律的作用下，七旬老妇已经丧失了生育能力，因此这种年龄状态与壮年男性相结合，虽然老妇的精神面貌因喜悦而光彩美好，就像枯槁的杨树开放了新鲜的花朵，但终究无法延续后代，

这种结合在本质上只能是以“无咎无誉”来评价。

⑱何可久也：枯槁的杨树虽然开放出新鲜的花朵，但这种状态却受限于客观的花期，怎么可能长久保持和发展。

⑲“老妇士夫”，亦可丑也：年龄太大已无法生育的老妇与壮年丈夫的结合，同样与“枯杨生华”一样，可以被认为是丑陋羞耻的。丑，本义丑陋，使人嫌恶；可同“羞”，羞耻、羞愧。相比于爻辞“无咎无誉”的评价，《象传》作者用了情绪更加激烈的、更有攻击性的“可丑”，其实是对爻辞原义不恰当的、过度的解释，这点需要我们注意。

⑳过涉灭顶，凶，无咎：过于深入水中尝试涉越，水的深度已经淹没头顶，凶险，这种状况完全由自身导致，没有其他对象可以怪罪。过，犹指过度、过分。涉，犹言徒步涉水，用走的方式通过水流。灭顶，犹言水淹没头顶。无咎，在本爻当理解作“咎无可咎”，原因在于自身，没法怪罪他人。

㉑过涉之凶，不可咎也：轻易尝试下水涉越而遭遇凶险完全是自身主观原因所导致，不可以怪罪他人，给自己找客观理由。

第二十九卦　坎

【原文】

习坎[1]　有孚维心，亨[2]。行有尚[3]。

《彖》曰："习坎"，重险也，水流而不盈，行险而不失其信[4]。"维心，亨"，乃以刚中[5]也；"行有尚"，往有功也。天险不可升[6]也，地险山川丘陵也，王公设险以守其国，险之时用大矣哉[7]！

《象》曰：水洊至，习坎[8]；君子以常德行，习教事[9]。

初六　习坎，入于坎窞，凶[10]。

《象》曰："习坎入坎"，失道凶也。

九二　坎有险，求小得[11]。

《象》曰："求小得"，未出中[12]也。

六三　来之坎坎，险，且枕[13]；入于坎窞，勿用[14]。

《象》曰："来之坎坎"，终无功也。

六四　樽酒，簋贰，用缶，纳约自牖，终无咎[15]。

《象》曰："樽酒簋贰"，刚柔际[16]也。

九五　坎不盈，祇既平[17]，无咎。

《象》曰："坎不盈"，中未大也[18]。

上六　系用徽纆，寘于丛棘，三岁不得，凶[19]。

《象》曰：上六失道，凶三岁也[20]。

【注释】

①习坎：通过不断尝试与探索，来认识困难、战胜困难，乃至最终利用原本困难的事情来产生积极正面的价值。习，不断探索与尝试，《说文》曰："数飞也（数，读作 shuò，屡次、频频之意）。"原意指飞鸟通过不断的尝试最终学会飞翔。坎，困难、危险，《说文》曰"陷也"。另有一义认为坎卦呈现一阳爻夹陷于二阴爻之中，又据《彖》《象》之义训"习坎"为"重险"，可备一说。

②有孚维心，亨：以天道的真理维系于自身的心念精神，就能排除障碍通达无阻。孚，《说文》曰："卵孚也，从爪从子。一曰信也。徐锴曰，鸟之孚卵，皆如其期，不失信也。鸟裒，恒以爪反覆其卵也。"因此，"孚"的意思就是说禽类产卵孵化皆有其固定周期，这是一种自然界的客观规律，不以任何人的主观意志为转移，无可质疑，故而曰"信"（此信非诚信、信誉之意，而是肯定、确信之意，《老子》第二十一章曰："道之为物……其中有信"即属此意）。维心，坚定思想意志。维，维系之意，《管子》曰"国有四维，礼义廉耻"；心，心思、信念，引申为人的思想和意志。例，《老子》曰："不见可欲，使民心不乱。"

③行有尚：承接上句文义，以这样的思想态度来指导自身的行为实践，就会获得积极美好的结果。行，指具体的行为实践。尚，积极美好之意。

④水流而不盈，行险而不失其信：水只要可以向下流动就不会盈满乃至于漫过堤岸造成灾祸，虽然人认为湍急的水流具

有一定危险性，但事实上水的运动方式永远不会违背客观的自然规律。

⑤“维心，亨”，乃以刚中：坎卦一阳陷于两阴之中，故而谓之“以刚中”。居中的阳爻代表客观的“天道”，上下两阴爻代表“重险”的表象，人的思想认识到客观规律的存在，就必然不会被危险的表象所动摇，故而谓之“维心，亨”。刚，即“乾”德、天道的代称，《乾·文言》曰：“大哉乾乎，刚健中正。”

⑥天险不可升：天的“险”在于人类无法在不借助外力的情况下，凭借自身之力飞上天空。

⑦险之时用大矣哉：对前句“天险”“地险”“王公设险”的赞叹。不同性质的危险与困难，无论是人为还是自然形成，从辩证的角度来看都有不同的利用价值。时，原意指时间、时刻，引申为事物随着时间的发展变化产生的各种辩证关系的运动转换。

⑧水洊至，习坎：形容水根据客观的自然规律不断地流淌运动，因此人可以观察、认识乃至利用这种客观自然规律。洊读作jiàn，犹言荒漫，《广韵》曰“水荒曰洊”，形容水顺着地势自然扩散流动。

⑨常德行，习教事：君子应当知晓以水为代表的一切事物表现出的客观规律，提炼出可以提高自身修养的品格并时时践行，以之作为战胜各种实际困难的具体方法。德，非从主观唯心角度出发提出的“道德”，而是对客观规律的提炼和总结得出的思想观念，是一种客观唯物主义的价值观体系，拙作《老子新读》对“孔，德之容，惟道是从”所作注解即是此意。习教事，非“熟习政教之事”，而当解释为以坎卦为代表的《周易》的价值观体系为指导思想来解决实践中遇到的各种具体的困难之事。习，即“习坎”，以坎卦为代表的《周易》哲学思想的代称。教，读作jiào，指令、指导之意。

⑩习坎，入于坎窞，凶：尝试解决和战胜困难，但却陷入更深重的困难当中。初六为坎卦初爻，属阴，代表已逐渐进入险境，尚未得到九二阳爻代表的“刚健之德”提供思想意志的助力，必然凶险，故而本爻《象》曰：“失道，凶也。”窞（dàn），位居初爻，在众坎最下，故而《说文》段注：“坎中之坎也。”

⑪求小得：从细小、细微之处入手来逐步解决困难，就可以得到积极结果。《老子》曰：“图难于其易，为大于其细。”即是此意。

⑫未出中：因为没有离开中和、中正的指导思想。中，指本爻位于坎卦（主卦）正中，属阳爻，代表了乾卦“刚健中正”之德。《老子》曰：“多言数穷，不如守中。”

⑬来之坎坎，险，且枕：前进的路上困难重重不断累加，危险，所以要及时停止行动。事物的发展经过初六、九二，当前发展到本爻六三，故谓“来之坎坎”。且，姑且、暂且。枕，原意指躺下并用东西支撑头部，《说文》曰“卧所荐首也”，引申为停止行动。例，《老子》曰：“立天子，置三公，虽有拱璧以先驷马，不如坐进此道。”“坐”即引申为停止原来的行为、行动之意。

⑭入陷坎窞，勿用：已经陷入了更深重的困难或危险当中，不要凭借主观想法盲目行动。勿用，犹言不要使自身发挥作用，而应当等待天道的自然发展带来合适的时机。乾卦初九“潜龙，勿用”，即属此例。

⑮樽酒，簋(guǐ)贰，用缶，纳约自牖(yǒu)，终无咎：樽中倒入水酒，簋中盛入谷物，都要使用缶这个工具。樽与簋容纳酒水和谷物而不洒出来，是因为合理的引导和控制，做到这一点，最终就能顺利完成而不会有所咎害。樽，古作“尊”，本义为酒杯、酒器，在本爻中作动词，“樽酒”意为将酒注入容器中。

簋，古时盛装谷物使用的竹编容器。贰，《说文》曰："副也，益也。"《说文》段注曰："副，判也。《诗》曰：'不坼不副'；副之，则一物成二。"犹有数字增长的含义。益，《广韵》曰"增也"，《集韵》曰"加也"，同样有增长、增加的含义，又引申为盈满、满溢的意思。故本爻所谓"贰"，即增加、盈满之意；所谓"簋贰"，即向簋中装入谷物使之不断增多直至盈满。缶，古时所使用的瓦器，器型较大的可当作缸、盆，器型较小的可以当作舀水、酒或颗粒状谷物的瓢、勺来使用。"用缶"，这里的"缶"指器型较小的工具，犹言以手持缶舀取水酒和谷物盛装于容器之中。纳，犹言接纳、盛纳，如杯子可以盛纳水酒，簋可以盛纳谷物。约，犹言受到约束、受到控制。自，犹言来自、源自。牖，《说文》段注："牖所以通明，故假为'诱'。《召南》'吉士诱之'，《大雅》'天之牖民'，传皆训曰'道也'；'道'即'导（導）'；导，引也。从寸，引之必以法度。"故"牖"有以适当法度引导之意。"纳约自牖"，犹言容器盛纳水酒谷物需要以合理的法度、方法进行引导和控制。

⑯**刚柔际**：犹言刚柔之际，刚与柔这组辩证关系的客观界限，也即解决困难和危险的突破口。樽、簋、缶都属刚性，内部容纳的水酒谷物都属柔性，人需要掌握合理的方法、遵循客观的法度来使用工具完成这些动作，使相关事物的刚与柔性质达成协调，才能使事物的发展变化受到控制而避免泼洒流失。

⑰**坎不盈，祇既平**：困难与危险就像本爻所处的位置（九五、阳爻）一样，因乾健中正而没有盈满溢出，处在一个可以接受的程度。因此，君子认识到了"坎不盈"的哲学思想，所以对待他人也要不卑不亢，采取恰当平和的态度，保持尊重但不卑躬屈膝或逞强倨傲。祇，态度恭敬之意，《说文》曰"敬也"，例，《尚书·大禹谟》曰"祇承于帝"，引申为君子应当秉持的待人接物

的态度。既，已经之意。平，中正平和之意，《说文》曰："语平舒也。"

⑱**中未大也**：保持中正平和的思想和程度，而没有越过合理界限走向极端，与本卦九二《象》所谓"求小得，未出中也"形成辩证呼应关系。大，像一个人身体完全展开，充满全部空间，因此可与"盈"对应，故曰："坎不盈，中未大也。"

⑲**系用徽纆，寘于丛棘，三岁不得，凶**：面临的困难如同被盘绕纠缠的绳索捆绑羁绊，置身在丛生的重重荆棘当中，长久无法得到解脱，前途凶险。徽纆（mò），古时绳索的代称，《说文解字注》曰："刘表曰，三股曰徽，两股曰纆。"寘（zhì），"置"之古字。三岁，三年、多年之意，代指很长一段时间。

⑳**上六失道，凶三岁也**：九五合德于天道，其代表的哲学精神是解决一切困难和危险的合理方法与途径；上六突破了九五所在的合理位置，超越了天道的合理界限，故曰"失道"，必然长久陷入困难与危险当中不可自拔。

第三十卦　离

【原文】

离[1]　利，贞，亨；畜牝牛[2]，吉。

《彖》曰：离，丽也[3]。日月丽乎天，百谷草木丽乎土[4]。重明以丽乎正，乃化成天下[5]；柔丽乎中正[6]，故亨，是以畜牝牛吉也。

《象》曰：明两作，离[7]；大人以继明照于四方[8]。

初九　履错然，敬之，无咎[9]。

《象》曰：履错之敬，以辟咎也[10]。

六二　黄离，元吉[11]。

《象》曰：黄离元吉，得中道也[12]。

九三　日昃之离，不鼓缶而歌，则大耋之嗟，凶[13]。

《象》曰：日昃之离，何可久也[14]。

九四　突如其来如，焚如，死如，弃如[15]。

《象》曰：突如其来如，无所容也[16]。

六五　出涕沱若，戚嗟若，吉[17]。

《象》曰：六五之吉，离王公也[18]。

上九　王用出征，有嘉折首，获匪其丑，无咎[19]。

《象》曰：王用出征，以正邦也[20]。

【注释】

①离：卦名。由两个三爻离卦重叠组成。离，古字作“離”，《韵会》曰：“明也，丽也。”离卦代表天道的光明普照四方万物。按帛书本，离卦作“羅”，即“罗网”之意，天道如同一张无远弗届的罗网覆盖一切。《老子》同样形容天道曰：“天网恢恢，疏而不失。”与离卦的精神是相通的。

②畜牝牛：天道的客观规律养育并辅佑自然界的万物生息。畜，同“蓄”，包容、容纳之意，《老子新读·六十一章》曰：“大邦不过欲兼畜人，小邦不过欲入事人。”牝牛，原意指母牛，代指自然界的一切生命形式。离卦（三爻）两阳爻中间一阴爻，阴爻即以“牝牛”为喻，与坤卦所谓“牝马之贞”合德，包含在上下两阳爻之间，故谓“蓄”。

③离，丽也：《彖传》作者用“丽”来譬喻“离”，“丽”（原始字形即如此，“麗”为后世衍变）可同“两”（古字“㒳”），《说卦》曰“参天两地”，下文《象》曰“明两作，离”，有对偶、相对应之意。又前辈学者多训“丽”有依附、附丽之意，可备一说。

④日月丽乎天，百谷草木丽乎土：日月星辰全都附丽于天空，花草树木全都附丽生长在大地上。《彖传》作者将“离”理解为“附丽”，与本书对离卦的认识不同，请读者自行辨析。

⑤重明以丽乎正，乃化成天下：《周易》离卦为两个三爻离卦上下相叠而成，故谓“重”；离卦所代表的天道光明重重连绵而不可阻断分隔，故谓“重明”。离卦的光明附丽于天道真理正途，所以能够化育和成就天下万物。正，《说文》曰：“是也。从

一，一以止。一者，惟初太始，道立于一，造分天地，化成万物。”在本句彖辞中理解为天道真理正大、端正的精神品格。

⑥**柔丽乎中正**：事物发展变化过程中表现出的各种形态都保持在自然规律的合理范围内，这种客观的自然规律与天道的“中正”之德相对应。柔，《说文》曰“木曲直也”，指事物在发展过程中根据天道的客观真理呈现出或曲或直的动态变化的情状，非片面的柔弱之意。

⑦**明两作，离**：象征着天道光明的两个三爻之“离”重叠起来合二为一，构建为《周易》离卦，用来揭示和阐述其哲学思想。作，《说文》曰“起也”，意指事物的发展、衍化和运动，《老子》曰：“万物并作，吾以观复。”

⑧**大人以继明照于四方**：拥有完善的精神思想和价值观的人应当合德于离卦揭示出的天道的客观规律，使自身在生活实践中不断发展进步，普惠天下。大人，即拥有完善的思想和价值观的、人格健康完整的人。继明，持续以离卦之德为代表的《周易》哲学思想来武装自己的思想。继，继续、持续之意，《说文》曰“续也”，《系辞》曰：“继之者，善也。”

⑨**履错然，敬之，无咎**：走入错综复杂的困难当中煎熬难耐，只要保持谨慎、警惕的态度来处置，就没有祸患。履，走进、进入之意，《坤》曰：“履霜，坚冰至。”错，杂乱、复杂之意，《玉篇》曰“杂也”，《系辞》曰：“错综其数。”然，古义燃烧，引申为使人煎熬的困难。敬，谨慎、严肃、警惕之貌，《说文》曰“肃也”，《释名》曰“警也”，《坤》曰：“君子敬以直内，义以方外。”

⑩**履错之敬，以辟咎也**：因为陷入困难而产生警慎态度，就能够避开祸患。辟，同“避”，避免、回避之意。

⑪**黄离，元吉**：离卦六二阴爻合于坤卦之德，居中依附于

上下两阳爻代表的天道，呈现出畜牝牛、得中正的形态，故谓“元吉”。黄，地之色，代表坤卦之德，《坤》曰：“六五，黄裳，元吉。”

⑫得中道也：犹言六二位居下卦正中之位，得到了天道中正、中和之德的辅佑。

⑬日昃之离，不鼓缶而歌，则大耋之嗟，凶：太阳偏西即将落山，没有采取鼓缶而歌的积极态度，而是意志消沉如迟暮老者一样消极叹息，这种状态会带来凶险的结果。九三位于下卦之末，虽为阳爻，但其已发展到下卦尽头，故称“日昃之离”。缶，瓦器，古人常击缶为节来伴奏歌唱。大耋，形容人垂垂老矣，即将面临死亡，如同黄昏即将进入黑夜一样，《说文》曰：“年八十曰耋。”

⑭何可久也：如何能够长久。

⑮突如其来如，焚如，死如，弃如：清晨的朝霞突然出现，呈现一片烈焰般的灿烂光辉，然后逐渐流逝，最终完全消散，如同被遗弃、遗忘，从未出现过一般。焚，原意焚烧，《玉篇》：“烧也。”《集韵》：“火灼物也。”焚如，用以形容朝霞映满天空的景象。死如，形容朝霞逐渐消散的过程。《说文》曰：“死，澌也，人所离也。澌者，水索也；索者，尽也。人所离，形体与魂魄相离。”弃如，《周易》作者认为，太阳附丽于天空，与天空形成相对应的关系，但朝霞却是由太阳的光芒衍生出的、短暂存在的，无凭无依，故而短暂辉煌过后就会消散而被忘却，故曰“弃如”。《说文》曰：“弃，从𠫓（‘突’古字），逆子也。”《尔雅·释言》曰：“忘也。”

⑯无所容也：九四以朝霞为喻，形容事物短暂出现、转瞬消亡的过程。朝霞是无依无凭的、不可持续存在的，因此称之“无所容也”。

⑰**出涕沱若，戚嗟若，吉**：涕泪横流，忧心感叹，却蕴含着积极的发展趋势。戚，同“感”，古汉语有忧、恼、哀、愤的含义。

⑱**六五之吉，离王公也**：《象传》作者认为六五象征臣子与王侯之间的“离”的对应关系。六五为阴爻，象征臣子；臣子怀着忧国忧民之心辅佐王侯，故而“吉”。与卦辞“畜牝牛，吉”呼应。

⑲**王用出征，有嘉折首，获匪其丑，无咎**：上九已达全卦之极，象征天道光明至高至盛，此时人类社会和文明顺应天道的客观规律持续不断地成长发展，在获得嘉美繁荣的同时中断了与天道的联系，但也不会就此落入消极丑恶的局面（因为天道真理之光永远笼罩万事万物，不以人的主观意志为转移），因此无所咎害。人类文明并不总是主动崇奉天道真理，尤其在取得一定的功绩和成果时，往往更容易将之归功于自身，或认为是由主观唯心思想所创造出的神对人施加了恩赐；但天道真理是客观运行的，是无弃于人的，因此人类的一些错误观念对于天道真理来说，也不像一些宗教或封建迷信思想宣扬的那样是一种“罪恶”。对于天道真理来说，人类的这种错误观念是在文明和社会发展的过程中必然出现的，天道真理依然会从其客观唯物的地位出发辅佑人类的发展进步，因此这种错误观念并不会造成不可挽回的咎害。王，犹指人类文明与社会，非指君王、帝王。出、征，犹言成长发展并长远持续。出，《说文》曰：“进也。象草木益滋，上出达也。”成长、进步之意。征，犹言长远、长期地前进。嘉，美也，善也。有嘉，呈现出美善积极的情形。折，折断、断开之意，《说文》曰“断也”。首，《说卦传》曰“乾为首”，犹指天道。折首，在本句爻辞指中断对天道的主动联系，不再崇奉天道真理。获，获得、得到。匪，同“非”。丑，古作“醜”，《说文》

曰“醜，可恶也”，在本爻指因为不再崇奉天道真理而导致的恶果、消极后果。

⑳**王用出征，以正邦也**：社会大众顺应天道真理发展进步，这是以天道真理来端正邦国天下。邦，在本爻当理解为广义的天下，也即人类社会和文明。有学者将本句象辞理解为“君王派遣军队出征，是以军事行动匡正国家”，与本书认识相异，请读者自行辨析。

第三十一卦　咸

【原文】

咸[1]　亨，利，贞[2]；取女，吉[3]。

《彖》曰：咸，感也；柔上而刚下，二气感应以相与[4]。止而说，男下女，是以亨、利、贞；取女，吉也[5]。天地感而万物化生[6]，圣人感人心而天下和平[7]。观其所感，而天地万物之情可见矣[8]。

《象》曰：山上有泽，咸[9]；君子以虚受人[10]。

初六　咸其拇[11]。

《象》曰："咸其拇"，志在外[12]也。

六二　咸其腓，凶；居吉[13]。

《象》曰：虽凶，居吉，顺不害也[14]。

九三　咸其股，执其随，往吝[15]。

《象》曰："咸其股"，亦不处也[16]；志在随人，所执下也[17]。

九四　贞吉，悔亡[18]；憧憧往来，朋从尔思[19]。

《象》曰："贞吉悔亡"，未感害也[20]。"憧憧往来"，未光大也[21]。

九五　咸其脢，无悔[22]。

《象》曰："咸其脢"，志末也[23]。

上六　咸其辅颊舌[24]。

《象》曰："咸其辅颊舌"，滕口说也[25]。

【注释】

①咸：卦名，下艮上兑。咸，同"感"，喻为感受、感知。感，《说文》曰："动人心也。"《增韵》曰："格也，触也。"古人训咸为"交感"，就是说咸卦象征着人通过与事物建立联系，形成对事物基本的感觉认知，这种联系又反馈给人以不同的精神感受。

②亨，利，贞：咸卦代表着人与万事万物建立交感，故曰"亨"；这种交感使人建立对客观世界的正确认识，故曰"利"；咸卦的精神是天道的真理，不以任何主观意志为转移，故曰"贞"。

③取女，吉：咸卦倡导的人与外界交感的精神，如同男性迎娶了女性，建立婚姻和家庭，达成了阴阳辩证统一的和谐关系，吉祥美好。取，同"娶"，《诗经·豳风·伐柯》曰"取妻如何，匪媒不得"，即属此例。女，代指辩证关系中的另一方面，与"男"相对。男女通过婚姻结为家庭，譬喻个人取法咸卦的精神建立起与外界辩证统一的完整关系。

④柔上而刚下，二气感应以相与：以二阴一阳构成的下卦艮代表着"柔"，以二阳一阴构成的上卦兑代表"刚"；下艮上行、上兑下行，二者的精神气质相互感应联系并结合，共同构成咸卦。上、下，非指居上和居下，而是指向上和向下运动。气，犹指精神气质，而非"炁"这种带有神话色彩的观念。《老子》曰："专气致柔，能如婴儿乎？"本义即是以"气"来代指人的精神思想。二气感应以相与，就是指艮卦与兑卦形成感应联系，因此二者相向而行共同构成咸卦。

⑤止而说，男下女，是以亨、利、贞；取女，吉也：艮卦

与兑卦的结合，就像男性下聘礼迎娶女性，构成阴阳交感的和谐统一的家庭整体，因此咸卦亨通、有利、贞固。也就是卦辞所谓“取女，吉”的原因。

⑥**天地感而万物化生**：天地之间发生联系交感，统一于天道的哲学真理，因此万物才得以诞生和发展。

⑦**圣人感人心而天下和平**：扮演社会和文明领袖角色的圣人使自己的思想与天下万民的思想发生交感，万民拥戴圣人领袖，圣人带领万民朝着民心所向的目标进发，这种美好的关系使得天下和谐平顺。

⑧**观其所感，而天地万物之情可见矣**：通过观察这种建立起交感的有机关系，就能从思想和哲学层面总结出天地万物的情貌和精神。

⑨**山上有泽，咸**：咸卦下艮为山，上兑为泽，故谓“山上有泽”。

⑩**君子以虚受人**：君子取法咸卦的精神，以深邃开阔的胸怀接纳他人。虚，《尔雅》曰“空也”，犹言虚怀若谷的品德。受人，犹言接纳、容纳他人。

⑪**咸其拇**：感受大脚趾的动作。拇，足之大指。古人以心为掌管精神思想的中枢，脚距离心最远；人直立时脚又在身体最下端，如同初六所在的位置。脚趾活动又受心念驱动，顺从于心；又大指相对于其他四指能够独立活动，故而用“拇”不用“趾”。

⑫**志在外**：感受大脚趾的动作，其实是要感知脚趾接触到的地面的感觉，而非脚趾本身的感觉，故曰“在外”。

⑬**咸其腓，凶；居吉**：感受小腿的动作，有明显的感觉，境况凶险。马上停止动作，就能获得吉祥美好。腓，即小腿肚子的肌肉，腓肠肌。我们日常生活中是不会直接感受到小腿有什么感觉的，只有在小腿肌肉疲劳发酸，甚至抽筋痉挛的情况下才会有

所感觉。因此，“咸其腓”即说明小腿正在运动当中，并且已经出现了疲劳痉挛的不良感觉，故曰“凶”。这时要马上停止当前的动作，或蹲或坐使小腿肌肉放松得到休息，之前的不良感觉就会逐渐减轻乃至消失。居，《说文》曰“蹲也”，又《论语·阳货》曰“居，吾语女”，即坐下的意思。故“居”有停止活动，蹲坐休息之意。

⑭**虽凶，居吉，顺不害也**：虽然小腿传来凶险的不良感觉，但蹲坐休息就会恢复正常而获吉祥，这是因为顺应了小腿传达出的需要休息的感觉，因此不会形成危害。

⑮**咸其股，执其随，往吝**：感受大腿的运动，控制住跟随大腿而动的小腿和脚的动作，放任下肢自由活动就会令人遗憾。股，犹指大腿。执，犹言掌握、把握。其，代指大腿本身。随，犹言随大腿动作而动作的小腿和脚，即初六和六二。人的下肢活动行走皆要由大腿带动小腿和脚的动作，故而以象征刚健的九三阳爻喻“股”，以象征柔顺的两个阴爻譬喻位居从动地位的小腿和脚。

⑯**“咸其股”，亦不处也**：能够感受到大腿的活动，说明大腿当前的状态也（如同“拇”和“腓”一样）没有处在静止状态。处，《玉篇》曰“居也”，《广韵》曰“留也，息也，定也”，犹言停止、静止的状态。

⑰**志在随人，所执下也**：犹言“咸其股”的目的在于使大腿的运动跟随于人的意志和指令，并准确控制处于大腿之下的小腿和脚。志，犹言目的、意义。人，犹指人的想法、人的意志精神。所，有准确、确切之意，本义指用斧子伐木时，斧子一下下准确地、切实地劈砍在木头上，《诗经·小雅·伐木》曰：“伐木所所。”

⑱**贞吉，悔亡**：咸卦六爻以人的身体当中的几个部分设喻，下卦三爻皆为下肢，上卦即过渡到躯干和头颅。九四虽未言明，但依据其他几爻对应的身体部位，可以理解为“腰”“腹”，已

经属于人体结构的核心部分，其他肢体皆要依附于核心。因此，九四坚定保持自身的状态即可获吉祥美好。腰腹受到人体运动客观规律的制约而不会做出那些可能带来消极后果的肢体动作，因此那些使人悔恨的可能性也就消失了。

⑲**憧憧往来，朋从尔思**：虽然躯干以外的肢体动作仍在往来活动，使人心神不定，但最终还是要从属于“心”，从属于人体运动的客观规律。憧憧，犹言心神不定的样子。往来，犹言来来回回，不停不宁。朋，即其他肢体部位，四肢、头颅与躯干皆是身体的组成部门，是同类性质，故称“朋”。从，遵从、顺从之意。尔思，即你的想法意志。

⑳**“贞吉悔亡”，未感害也**：咸卦九四能够得到这样的积极境况，是因为这一阶段代表的肢体感受不会造成危害。

㉑**“憧憧往来”，未光大也**：其他肢体那些使人忧心不定的动作仍在来回不断，是因为九四尚未发展到人的思想意志核心，咸卦的精神还没能完全发扬光大。

㉒**咸其脢，无悔**：感受位于后背的脊梁，这里是整个人体的支柱，虽然脊柱不会像其他部位一样活动自如，但却支撑着位于人体核心的躯干，这样的至高至大的作用和意义使人得以感受其无怨无悔的精神内涵。脢，读作 méi，古义训为“背脊之肉”，犹指人的脊梁。

㉓**“咸其脢”，志末也**：感受到脊梁的意义，这里也是“心”所在的位置，因此是人的思想意志的核心末端。

㉔**咸其辅颊舌**：感受面部双颊与口舌的活动。

㉕**“咸其辅颊舌”，滕口说也**：感受两颊与口舌的活动，譬喻口舌之动。滕，本义沸腾，《说文》曰：“水超涌也。”《诗经·小雅·十月之交》曰：“百川沸腾。”滕口说，即鼓动唇舌开口说话。

第三十二卦　恒

【原文】

恒[1]　亨，无咎[2]；利，贞[3]；利有攸往[4]。

《彖》曰：恒，久也[5]。刚上而柔下，雷风相与[6]，巽而动，刚柔皆应，恒[7]。“恒，亨，无咎；利，贞”，久于其道[8]也。天地之道，恒久而不已也[9]；“利有攸往”，终则有始也[10]。日月得天而能久照，四时变化而能久成，圣人久于其道而天下化成[11]。观其所恒[12]，而天地万物之情可见矣！

《象》曰：雷风，恒[13]；君子以立不易方[14]。

初六　浚恒，贞凶，无攸利[15]。

《象》曰：“浚恒”之凶，始求深也[16]。

九二　悔亡[17]。

《象》曰：九二“悔亡”，能久中[18]也。

九三　不恒其德，或承之羞，贞吝[19]。

《象》曰：“不恒其德”，无所容也[20]。

九四　田无禽[21]。

《象》曰：久非其位，安得禽也[22]？

六五　恒其德，贞；妇人吉，夫子凶[23]。

《象》曰：妇人贞吉，从一而终也；夫子制义，从妇凶也[24]。

上六　振恒，凶[25]。

《象》振恒在上，大无功也[26]。

【注释】

①恒：卦名，下巽上震。恒，《说文》曰："常也。从心从舟，在二之间上下。心以舟施，恒也。古文恒从月，《诗》曰，如月之恒。"因此，"恒"之古义并非永久、永恒，而是恒常、常态之意。恒卦的精神，在于长久保持对天道真理的信仰。

②亨，无咎：恒卦的精神通达贯彻，故曰"亨"。践行恒卦的精神就是践行天道的客观发展规律和价值观，不会带来咎害过失，故曰"无咎"。

③利，贞：恒卦的精神积极，有利于事物的发展进步，故曰"利"；恒卦发源于天道的真理，客观坚定而不以任何主观意志为转移，故曰"贞"。

④利有攸往：恒卦的精神利于一切人和事物有所发展前进。

⑤恒，久也：恒卦的意义就是恒久、长久地保持对天道的实践和尊奉。久，本义长久，与"暂"意思相对。结合后句"久于其道"的意思，当理解为恒守、恒久保持。

⑥刚上而柔下，雷风相与：恒卦上震为刚，象"雷"；下巽为柔，象"风"。恒卦是雷与风两种哲学元素相互结合构成的。与，《说文》曰"党与也"，结合、合并之意。

⑦巽而动，刚柔皆应，恒：恒卦由位于主卦的象征风的巽卦牵引带动居上的刚健震卦，使得下柔上刚都能够匹应天道，保持在天道的恒常的动态客观规律当中。

⑧久于其道：恒卦的卦辞在于说明其哲学精神长久地保持在

天道的客观规律当中。

⑨**天地之道，恒久而不已也**：天地万物的客观发展规律，恒久运行而不停息。已，犹言停息、停止。

⑩**“利有攸往”，终则有始也**：恒卦的精神利于事物有所发展，就是说明事物的终末也是其他事物的肇始开端。终，本义指终结、终末，《说文》段注：“广韵曰，终，极也、穷也、竟也，其义皆当作‘冬’。冬者，四时尽也。”因此“终”取“冬”义，冬季是一年四季的终末，但又是新的一年的起始，四时循环无尽，因此“终”在本句当理解为天道的常态化循环生息，故而“有始”。

⑪**日月得天而能久照，四时变化而能久成，圣人久于其道而天下化成**：日月得以依附天空，所以能够长久保持光明照耀，一年四季随着天道的客观规律变化发展，所以能够长久保持循环更替，圣人长久保持对天道真理的学习和实践，所以可以引领天下大众获得文明化育和发展。

⑫**观其所恒**：犹言观察日月、四时合圣人所恒守的天道真理。

⑬**雷风，恒**：恒卦下卦巽风与上卦震雷相结合，“雷风相与”，构成了恒卦。

⑭**君子以立不易方**：君子取法于恒卦的哲学精神，树立自身对天道的精神信仰而不会改变方向。易，犹言改变、变易。方，方向之意。

⑮**浚恒，贞凶，无攸利**：从主观片面的角度去深掘“恒”的概念，固执这种态度会有凶险，不会有真正的价值和意义。浚，《说文》段注：“抒也。抒，挹也。取诸水中也。浚之则深，故《小弁》传曰：浚，深也。”因此“浚”有水深之意，又有取诸于深水之意。初六尚在恒卦起始阶段，此时采取“浚”的态度，

就是在对“恒”的意义知其然，不知其所以然，盲目地采取主观态度和行动，如果不及时认识到这种错误就必有凶险。用这种态度和行动去追求“恒”的精神，只能与“恒”的真理背道而驰，不会有任何正面价值和意义。

⑯“浚恒”之凶，始求深也：所谓“浚恒”的凶险和负面性质，是因为在起始初级的阶段就一味追求深入。

⑰悔亡：恒卦发展到九二所在的阶段，居于下卦正中之位，合德于刚健的天道，得益于“恒”的“亨，无咎，利，贞，利有攸往”的积极进步的精神，一切会使人悔恨的负面因素都会消失。

⑱能久中：恒卦九二象征着能够长久保持在“中”的位置上，长久得到天道的庇佑，因此得以“悔亡”。

⑲不恒其德，或承之羞，贞吝：不能长久保持对恒卦精神的尊奉实践，就要承担这种状况可能带来的耻辱结果，固执于这种状况必然会导致憾惜。恒，犹言恒久保持。其德，即恒卦之德，恒卦的哲学精神。

⑳“不恒其德”，无所容也：不能恒久尊奉实践恒卦的精神，在世上就没有容身之处（而必致羞辱）。

㉑田无禽：农事生产没有收获。与师卦“六五，田有禽”相对。《王注》曰：“恒于非位，虽劳无获也。”九四象征刚健天道，却没有像九二一样处在中位，只能处在两阴爻之下，恒卦的精神长期不能完全地发挥出来，因此虽生产而不得收获，徒劳无功。

㉒久非其位，安得禽也：九四长期处在一个不合适的位置上，恒卦的实际作用无法得到充分发挥，如何能够得以收获呢？

㉓恒其德，贞；妇人吉，夫子凶：长久保持恒卦的精神，能够坚固居正。顺应天道的客观规律就能获得吉祥，抱持刚愎僵化的态度就会面临凶险。妇人、夫子，犹言阴与阳、柔顺与刚强。

“恒其德，贞”固然合乎天理，但对于具体问题，仍然需要以辩证的眼光去看待，以实事求是的态度去解决实际问题，而非以主观片面僵硬的思维方式去理解“恒”的哲学精神，使其变成一种教条。

㉔妇人贞吉，从一而终也；夫子制义，从妇凶也：对待特定事物如果采取“柔”的态度和方式就能获得良好结果，就要始终追随天道的客观发展规律。但如何看待事物，取决于“义”的标准，如果面对不义之事仍然采取“柔”的顺从姿态，就会带来凶险。一，在中国古典哲学中往往代指天道，“从一而终”即遵从天道的真理直到完结。制，《说文》曰“裁也”，制裁、裁定之意。制义，即制于义，犹言以“义”为裁制和评判标准。

㉕振恒，凶：对恒卦的精神报以亢奋盲动，凶险。振，《说文》曰“举救也。一曰奋也”，《广韵》曰“裂也，又动也”，在本爻取亢奋不安之意。上六属阴，本应取“顺”与“柔”之德，但却因为本爻位于全卦之极，而变得“振奋”、亢奋，呈现南辕北辙之状，故而凶险。

㉖振恒在上，大无功也：上六位于全卦最上之位，“振”所表达情绪的亢奋盛大，但因其“义”与所在位置背道而驰，因此虽大却没有实际意义，大而无当、大而无功。

第三十三卦　遁

【原文】

遁[1]　亨，小利，贞[2]。

《彖》曰："遁，亨"，遁而亨也[3]；刚当位而应，与时行也[4]。"小利，贞"，浸而长[5]也。遁之时义大矣哉！

《象》曰：天下有山，遁[6]；君子以远小人，不恶而严[7]。

初六　遁尾，厉；勿用，有攸往[8]。

《象》曰："遁尾"之厉，不往何灾也[9]。

六二　执之用黄牛之革，莫之胜说[10]。

《象》曰：执用黄牛，固志也[11]。

九三　系遁，有疾，厉[12]；畜臣妾，吉[13]。

《象》曰："系遁"之厉，有疾惫也[14]；"畜臣妾，吉"，不可大事[15]也。

九四　好遁，君子吉，小人否[16]。

《象》曰：君子好遁，小人否也[17]。

九五　嘉遁，贞吉[18]。

《象》曰："嘉遁贞吉"，以正志也[19]。

上九　肥遁，无不利[20]。

《象》曰："肥遁，无不利"，无所疑也[21]。

【注释】

①遁：卦名，下艮上乾。《说文》曰"迁也"，《广韵》曰"隐也，去也"，有隐遁、退避之意。遁卦所代表的隐遁、退避的策略在于因势利导，以天道的客观规律和事物的客观状况为行动依据，是一种积极主动的思想和行动，而不能落于主观人为的片面性质。

②亨，小利，贞：遁卦的精神通达于天道而非主观人为，故曰"亨"；遁卦是一种战术性的策略，通过回避的方式来绕过矛盾与冲突，故而虽"利"却"小"；遁卦虽然意在隐遁与退避，但其精神合乎客观天道坚定不可转移的性质，故曰"贞"。

③遁而亨也：以"遁"的哲学精神合理地隐遁、退避，反而可以避免不必要的矛盾与冲突，获得通达顺遂。

④刚当位而应，与时行也：遁卦的四个阳爻皆在阴爻之上，阴与阳的位置关系恰当，匹应天地的自然关系；乾卦居于上卦客观之位，象征"遁"的精神与天道四时偕同运行，能够顺应时机、时势而行动。

⑤浸而长：遁卦"小利"而后"贞"，说明其精神是逐渐浸润而后繁盛成长，是一个循序渐进的过程。

⑥天下有山，遁：遁卦上卦为乾象"天"，下卦为艮象"山"，故而形成"天下有山"的象征。

⑦君子以远小人，不恶而严：君子取法遁卦的精神，远远避开那些无道小人，不与凶恶之辈同流而能保持自身郑重庄严。恶，《广韵》曰："不善也。"不恶，犹言不与不善之人同流合污。严，犹言自身的操守德行庄重严肃。

⑧**遁尾，厉；勿用，有攸往：**逃遁到末尾，情势严峻；不这样做，顺应于天道的客观规律就能有所发展。尾，犹言末尾、末位、最后一位。初六是遁卦的起始阶段，此时情势尚未明晰，贸然采取逃遁、退避的方式将自己置身于末尾，是主观片面的。遁卦的精神在于顺应天道的客观规律，而非取决于自身主观想法。初六阴爻代表顺应天道，而"遁尾"恰恰悖逆而行，故"厉"。

⑨**"遁尾"之厉，不往何灾也：**由于"遁尾"而造成了严峻情势，如果不往这个方向发展怎么会有灾祸呢？

⑩**执之用黄牛之革，莫之胜说：**用黄牛皮制作的皮革来加以把持，没有办法能够解脱。犹言运用天道的客观规律对事物的发展变革加以约束，没有任何力量可以退避逃脱。执，犹言把持、把握。黄牛，喻为大地的哲理，坤卦之德顺从天道的哲学精神。黄，代指地，天玄而地黄，《说文》曰："黄，地之色也。""地"犹"坤"，故"黄"代指坤卦顺应天道之德。牛，《说文》曰："大牲也。牛，件也。件，事理也。"段注曰："事也，理也。事也者，谓能事其事也，牛任耕；理也者，谓其文理可分析也。庖丁解牛，依乎天理。"因此"牛"引申为事物、事件，并且通过事物和事件总结分析出道理。革，本义指皮革，又有革新、变革之意，即后文革卦的哲学精神。故而"黄牛之革"引申为事物受到天道客观规律的合理约束的同时，进行变革与革新。胜，犹言超过、超越。说，同"脱"，脱离、逃脱之意，是"遁"的另一个角度。

⑪**执用黄牛，固志也：**运用"黄牛"所代表的哲学精神，可以坚固思想意志。

⑫**系遁，有疾，厉：**牵恋于退避之策，这种状况带来了疾患与问题，情势严峻。系，于豪亮《马王堆帛书〈周易〉释文校注》作"係"，《说文》曰"絜束也"，《广雅》曰"连也"，犹言

思想被牵恋，与其他因素相联系而形成束缚。九三为全卦诸阳爻之始，象征天道明朗，应当及时采取行动；而“系遁”犹言对于隐遁退避有所犹豫，首鼠两端不能做出合理决定，故而“有疾，厉”。疾，犹言疾患、问题。

⑬**畜臣妾，吉**：蓄养臣下与妾侍，吉祥美好。犹言聚蓄初六的顺应天道而往的精神，和六二的“固志”之德，帮助自身摆脱“系遁”之疾，就能依据天道的客观规律决定是否隐遁退避，而获得吉祥。臣妾，帛书本作“仆妾”，犹指九三之下的初六与六二；阳爻为君、主，阴爻为臣、辅，故以“臣”“妾”为喻。

⑭**“系遁”之厉，有疾惫也**：之所以“系遁”情势严峻，是因为这种首鼠两端的思想状况带来的问题和麻烦使人疲惫困顿。

⑮**不可大事**：不可以大而化之、盲目从事。遁卦的精神在于遵循天道的客观规律，深入考察具体情况来决定是否采取隐遁退避的策略，即《象》所谓“浸而长”。九三踌躇迟疑，因此需要回溯到前面的阶段，“畜臣妾”凝聚初六和六二的精神来帮助自身做出合理判断。阴爻喻为“小”，阳爻喻为“大”。九三虽“大”却“有疾，厉”，聚蓄“小”可获吉祥，故而不能以“大”从事。

⑯**好遁，君子吉，小人否**：良好恰当地采取“遁”的策略，君子获得吉祥，小人被否闭在外。好，犹言良好，恰当，合理。

⑰**君子好遁，小人否也**：君子恰当采取“遁”的策略，得以成功退避自守，小人就会被否闭在外而无法欺近君子。

⑱**嘉遁，贞吉**：以嘉美良好的方式运用“遁”的策略，这种境况坚定稳固而吉祥美好。

⑲**“嘉遁贞吉”，以正志也**：采取“嘉遁”可获“贞吉”，因为九五位居上卦正中之位，“刚当位而应，与时行”，代表着人的心志端正。

⑳肥遁，无不利：犹言“遁”的精神壮盛至极，可以自如运用而无往不利。肥，《博雅》曰“盛也”，《说文》曰：“多肉也，从肉，从卩。徐铉等曰，肉不可过多，故从卩。”故而“肥”形容壮盛却不过度，不过无不及。

㉑无所疑也：上九位于全卦之极，代表着“遁”的精神发扬光大到极致，匹应天道因此“肥”而不过，无可置疑。

第三十四卦　大壮

【原文】

大壮[1]　利，贞[2]。

《彖》曰：大壮，大者壮也[3]。刚以动，故壮[4]。“大壮，利、贞”，大者正[5]也。正大而天地之情可见矣！

《象》曰：雷在天上，大壮[6]；君子以非礼弗履[7]。

初九　壮于趾，征凶[8]；有孚[9]。

《象》曰：“壮于趾”，其孚穷也[10]。

九二　贞吉[11]。

《象》曰：“九二贞吉”，以中也。

九三　小人用壮，君子用罔，贞厉[12]；羝羊触藩，羸其角[13]。

《象》曰：小人用壮，君子罔也[14]。

九四　贞吉，悔亡[15]，藩决不羸[16]；壮于大舆之輹[17]。

《象》曰：“藩决不羸”，尚往也[18]。

六五　丧羊于易，无悔[19]。

《象》曰：“丧羊于易”，位不当[20]也。

上六　羝羊触藩，不能退，不能遂，无攸利[21]；艰则吉[22]。

《象》曰：“不能退，不能遂”，不详[23]也；“艰则吉”，咎不长也[24]。

【注释】

①**大壮**：卦名，下乾上震。大壮，犹言大为强盛。壮，《说文》曰“大也”，段注曰“大士也，凡人之大谓之壮”，本义指盛大、强大，又指达到壮年的年龄阶段。

②**利，贞**：大壮卦的精神有利于事物的发展进步，故曰“利”；“大壮”源于天道的客观规律，不以任何主观意志为转移，故曰“贞”。

③**大者壮也**：事物发展到“大”的状态就会强盛、壮盛。

④**刚以动，故壮**：大壮卦下卦为乾，象征着刚健的天道；下卦为主导全卦的核心，象征天道客观规律主导着事物的发展运动，因此才能“壮”。

⑤**大者正**：大壮卦的精神源于“大”的状态能够合德于天道的真理，保持正直、端正。

⑥**雷在天上，大壮**：大壮卦由下卦乾和上卦震构成，乾象“天”，震象“雷”，故曰“雷在天上”。

⑦**君子以非礼弗履**：君子取法于“大壮”的哲学精神，不合乎礼制的事物不去接触和践行。礼，犹言古代的礼法制度，尤其在儒家学说中占据重要地位。古人倡导一切行动都要合乎礼制，才能使得社会稳定、政治昌明。弗，即“不”，否定、拒绝之意。履，《说文》曰“足所依也”，段注曰“引申之训践”，犹言践行、实践；又有涉足、接触之意，《坤》曰：“履霜，坚冰至。”

⑧**壮于趾，征凶**：本爻乃全卦初始，故以“趾”为喻。下卦为乾，初九之“壮”有悖于乾卦“潜龙勿用”的精神，是盲目从事、主观躁动，因此任由这种情况长期发展下去必然凶险。

⑨**有孚**：犹言自有天道的客观规律主导着事物的发展。“大壮”非主观人为，而是在天道客观规律的作用下自然达成“壮”

的状态，故而初九强调“有孚”来抑止“壮于趾”的错误观念和状态。

⑩“壮于趾”，其孚穷也：落入“壮于趾”的错误观念中，是因为对“大壮”主观片面的认识，导致其走到了天道客观规律划定的合理边界的尽头。

⑪贞吉：九二位居下卦乾之中位；下卦为“大壮”主卦，“刚以动”，主导着全卦，故九二是“大壮”哲学精神的核心，坚定固守可获吉祥。

⑫小人用壮，君子用罔，贞厉：小人片面地滥用“壮”的方式行为做事，君子就要用天道的客观规律和无情的法律对不道之事加以制止，要以坚定严肃的态度对待。小人用壮，犹言无道之人扭曲了“壮”的本义，而是片面采取强硬、暴力的态度和手段。罔，同“网”，犹言天网、法网，《系辞下》曰：“（庖牺氏）作结绳而为罔罟。”即创立《易》的先圣创造了结绳记事的方式，并发展制造出渔猎工具，来组织社会生产生活。结绳、罔罟，皆以天道的自然规律为据，故“君子用罔”，即君子使用天网、法网来建立社会秩序，遏制和惩罚不道之人。

⑬羝（dī）羊触藩，羸其角：成年公羊用犄角顶撞篱笆围栏，盘绕的围网纠缠限制了它的犄角。羝羊，犹言成年公羊，《广雅》曰：“吴羊牡三岁曰羝。”成年公羊强壮有力而富有攻击性，是对“大壮”的譬喻。所谓“小人用壮”就是以成年的公羊借由蛮力试图顶撞脱离羊圈为喻，故称“羝羊触藩”。此时有道君子就要用围网和篱笆来缠束其强壮尖利的犄角，弱化其蛮横之力。触，《说文》曰“牴也”，即牛羊用犄角顶撞。藩，本意指藩篱，羊圈的篱笆围栏，引申为领域和界限，《庄子·大宗师》曰：“吾愿游于其藩。”故“羝羊触藩”又有“小人用壮”触犯和超越了合理界限的含义。羸，本意指羸弱、软弱，又同“累”，《周易

正义》曰："拘累缠绕也。"

⑭**小人用壮，君子罔也**：对于"小人用壮"的情形，君子应当用"网"来加以限制。

⑮**贞吉，悔亡**：犹言九四已经度过了九三"小人用壮"的消极情形，发展到了上卦阶段，保持坚定稳固可以吉祥美好，之前那些令人悔恨的消极因素都已经消失。

⑯**藩决不羸**：藩篱带来的束缚和阻塞消失破除，而不再缠绕羊角、限制羊的活动。决，《说文》段注"下流也"，犹言水道疏通，水向地势倾下处流动，引申为破除阻塞。

⑰**壮于大舆之輹**：犹言九四之"壮"，如同一辆大车的轮輹结构坚固而强力。輹，即连接车体与车轴的木制构件，九四位于全卦中段，联动下卦与上卦，故以"车輹"为喻。大舆之輹坚固强力，可使大车结构完整可靠；九四"壮于大舆之輹"，故而使得"大壮"全卦结构完整而合乎天道真理。

⑱**"藩决不羸"，尚往也**：藩篱障碍清除，不再造成纠缠限制，是因为九四是九三向上的延续发展。尚，犹"上"也。

⑲**丧羊于易，无悔**：在阴阳转变之际失去了羊，但也没什么值得悔恨懊恼的。丧，《说文》曰"亡也"；于豪亮《马王堆帛书〈周易〉释文校注》即作"亡羊于易"，犹言失去、丧失。易，犹言变化、转变，在中国古典哲学中，特指阴阳转变。本爻六五与九四正好构成阴阳转变的关系，故用"易"字。有前辈学者训为"埸"，意为田畔、田野边上，可备一说。

⑳**位不当**：犹言六五乃象征柔弱的阴爻，却居于上卦正中，与"大壮"的精神不合，其位置与全卦的关系是不恰当的，因此导致了"丧羊"的情形。

㉑**羝羊触藩，不能退，不能遂，无攸利**：上六如同强壮的成年大羊顶撞藩篱而被缠束其角，无法后退也无法前进，这种局面

情形毫无实际意义。上六为全卦之极，象征“大壮”的情绪高亢难抑，故而又呈现出“羝羊触藩”的局面；但天道的客观规律不会因主观情绪而转移，藩篱的限制是客观存在的，因此被缠束的大羊只能陷于进退两难的境地，这就说明这种亢进的情绪是“大壮”哲学精神的片面表现，是主观唯心的，因此无所利益，没有价值和意义。遂，犹言遂行，按照本来的想法进行，与“退”相对。

㉒艰则吉：置身艰难困顿之中却可以获得吉祥美好的结局。

㉓不详：即“不祥”，上六大羊进退两难是过于主观亢进造成的消极局面，有悖于天道的客观真理，故而不祥。

㉔“艰则吉”，咎不长也：身处艰困而可获吉祥，说明上六虽然遭遇一时的困难，但“大壮”的精神有助于战胜艰困，上六原本的过失和问题不会长久持续。

第三十五卦　晋

【原文】

晋[1]　康侯用锡马蕃庶，昼日三接[2]。

《彖》曰：晋，进也，明出地上[3]。顺而丽乎大明[4]，柔进而上行[5]，是以“康侯用锡马蕃庶，昼日三接”也。

《象》曰：明出地上，晋；君子以自昭明德[6]。

初六　晋如摧如，贞吉[7]；有孚，裕，无咎[8]。

《象》曰：“晋如摧如”，独行正也[9]；“裕，无咎”，未受命也[10]。

六二　晋如愁如，贞吉[11]；受兹介福，于其王母[12]。

《象》曰：“受兹介福”，以中正也[13]。

六三　众允，悔亡[14]。

《象》曰：“众允”之志，上行也[15]。

九四　晋如鼫如，贞厉[16]。

《象》曰：“晋如鼫如”，位不当也[17]。

六五　悔亡，失得勿恤，往吉，无不利[18]。

《象》曰：“失得勿恤”，往有庆也[19]。

上九　晋其角，维用伐邑，厉，吉，无咎[20]；贞吝[21]。

《象》曰："维用伐邑"，道未光也[22]。

【注释】

①晋：卦名，下坤上离。晋，犹言递进、提晋、晋升，《说文》曰："进也。日出万物进，从日从臸。徐铉等注：臸，到也，会意。"故有发展、进步之意。又表示一种等级关系的递进，即晋升，《周礼·夏官司马》曰："凡田，王提马而走，诸侯晋，大夫驰。"就是说在周代君王主持的田猎仪式活动中，君王提挈着缰绳控制马缓步前进，诸侯骑马前进的速度应当略快于君王，大夫则应当纵马奔驰。晋卦的精神在于顺应天道的客观规律和价值观，来正确认识和看待自身获得的提晋。

②康侯用锡马蕃庶，昼日三接：以嘉奖的方式安定诸侯，应当采用赏赐其众多良马，一天之内多次接见的方式。康，本义指安康、安乐，又有嘉奖、嘉勉之意，引申为通过嘉奖使其安定康乐。侯，即诸侯。本句卦辞显然是谋士（古时以《周易》占筮吉凶来辅佐君主的巫师，也可算作是谋士的前身）向君主建言治理诸侯的策略。天子、王皆君主，故曰"康侯"而非"康王侯"。锡，同"赐"，赐予、赏赐。马，《说文》曰："怒也，武也。"《玉篇》曰："黄帝臣相乘马。马，武兽也，怒也。"古时分封诸侯的作用在于使其代替君主镇守一方，响应君王的号令进行军事征伐，马匹是重要的军事资源和工具，故君王以"马"而非牛羊赏赐诸侯。蕃，同"繁"，犹指繁多、繁茂。庶，众多之意。故"蕃庶"即繁众、大量之意。昼日，犹言一整天，一整个白天。三，犹言多次、数次。接，本意指接触、连接，又有接见、接待之意，《说文》曰"交也"，《广韵》曰"会也，合也"，犹言君王通过频繁接见诸侯来建立起相互之间紧密的联系和关系。

③**晋，进也，明出地上**：晋卦的含义在于进步、提晋，就像太阳的光明在其从地平线升起的同时放射出来。按：晋卦下为坤，象“地”；上为离，象“明”，故取象为“明出地上”。

④**顺而丽乎大明**：犹言晋卦顺应天道，附丽于天道而正大光明。顺为坤德，丽为离卦之德。

⑤**柔进而上行**：犹言晋卦有柔顺之德，顺应天道向上积极发展进步。

⑥**君子以自昭明德**：犹言君子取法晋卦的精神，使自身昭显出天道光明之德。

⑦**晋如摧如，贞吉**：在获得提晋和遭遇挫折的可能性之间摇摆，保持坚定正固的思想态度可获吉祥。初六为晋卦起始阶段，发展的前途命运尚未明朗，可能获得机遇，也可能遭遇挫折，故而应当采取初六阴爻代表的坤卦之德，端正对天道客观发展规律的思想态度就能获得吉祥美好的结果。摧，犹言挫折、打击，《增韵》曰：“挫也，抑也。”如，语助词，用于“晋如摧如”之类，则有在兼而有之的状态下呈现摇摆的语义，《屯》曰“屯如邅如”，同属此例。

⑧**有孚，裕，无咎**：犹言主宰事物发展形势的天道自有其真理性，因此报以宽和从容的心态，就不会造成咎害。按：“有孚”二字，虞翻、王弼等本皆作“罔孚”；《说文》许慎引孟喜《易》作“有孚裕无咎”；于豪亮《马王堆帛书〈周易〉释文校注》作“悔亡復（孚）浴（裕）无咎”。本书认为该句当采用孟氏《易》文本，则该句文义与初六爻及全卦更为恰当一致。裕，《说文》曰：“衣物饶也，从衣，谷声。易曰，有孚裕无咎。”故“裕”字本意为物质丰饶、宽裕，引申为从容、宽和的心态。

⑨**独行正也**：在“晋如摧如”的两难犹疑之际，要保持独立的精神，使自身前进的方向保持端正。独，本义指单独、独一，

引申为思想独立而不为外界左右的精神，《老子》第二十章曰："俗人昭昭，我独昏昏；俗人察察，我独闷闷。"

⑩**"裕，无咎"，未受命也**：采取从容宽和的心态就不会有过失，是因为初六为晋卦初始阶段，尚未得受"天命"给出明确的发展前途。命，在《周易》哲学中代指"天命"，即事物在天道真理下的客观发展方向和结局。受命，犹言接受天命，接受天道客观规律的驱使推动而发展出后续的确切结果。"晋如摧如"尚在两种可能性之间摇摆，故曰"未受命"。

⑪**晋如愁如，贞吉**：获得提晋之时，喜悦和忧愁的情绪兼而有之、左右摇摆，保持坚定正固的思想态度可获吉祥。本爻之"晋"，当理解为"提晋之喜"，与"愁"相对，是获得提晋自然产生的喜悦。获得进步和提晋，既是机遇又是挑战，故而亦喜亦愁。

⑫**受兹介福，于其王母**：得以受到如此洪福庇佑，是因为其得到了"王母"，也即天道地德的促进和推动。兹，犹言这个、这样的，《尔雅·释诂》曰"此也"。介，《尔雅·释诂》曰"善也"。介福，即美善之福、洪福。福，即福佑、福祉。经历了初六的起始阶段，六二象征"晋"已正式开始；又位于下卦正中之位，合于坤德，故喻六二之"晋"为"介福"。王母，犹言天道地德。王，古有天地人"三才"贯通之义；人之"晋"由天道所主导，六二位居坤卦正中，象征提晋之人顺应天道之德，如此"三才"具备故谓之"王"。晋卦下卦为坤，坤为阴，故以"母"喻之。

⑬**"受兹介福"，以中正也**：得受如此洪福，是因为六二所处的位置象征着中正之德。

⑭**众允，悔亡**：获得了众人的允赞和认可，先前的悔吝情绪尽皆消亡。允，《说文》曰"信也"，《增韵》曰"肯也"，信任、

肯定之意。悔，犹指初六与六二阶段在对“晋”抱有期待和喜悦之情的同时表现出的负面情绪。六三之“晋”终于得到了外界众人的客观认可，故而自身原来那些主观负面的犹疑和忧虑自然得以消除。

⑮“众允”之志，上行也：获得大众的允赞和认可，是客观的大众意志，说明事物向上积极发展。

⑯晋如鼫（shí）如，贞厉：得以获得提晋，自身却名不副实、德不配位，保守自持于这种状况就会有所危机。鼫，鼠类的一种，《说文》曰：“五技鼠也。能飞，不能过屋；能缘，不能穷木；能游，不能渡谷；能穴，不能掩身；能走，不能先人。”鼫如，即是说像鼫鼠一样在实际能力方面博而不精、实质空乏。以鼫鼠喻于提晋之人，就是说其缺乏专长而无法胜任其事。

⑰“晋如鼫如”，位不当也：获得提晋却难以胜任其事，是因为其力不能及、尸位素餐，地位与能力不恰当所致。

⑱悔亡，失得勿恤，往吉，无不利：晋卦发展到六五阶段，合德于离卦昭明的精神，因此先前使人消极悔吝的情绪和因素尽皆消亡。这时对于利害得失无须忧虑，只要长期发展下去必能获得吉祥美好，无所不利。

⑲往有庆也：长期发展下去必然有值得欢庆的结果。

⑳晋其角，维用伐邑，厉，吉，无咎：晋卦发展到全卦顶点阶段，犹如提晋已经到了最顶端的犄角上。这时派遣其外出征战、攻城略地，有危机和风险存在，但本质吉祥美好，不会有实际危害。角，《说文》曰“兽角也”，上九为全卦顶点，如兽角位于兽的身体顶点，故以“角”为喻。兽角具有攻击性，故而“晋其角”可以借助上九阳刚勇武之德，用之攻伐城邑。上九又有亢进、激进之象，故“厉”；但其仍然合乎“晋”的总体精神，故而“吉，无咎”。维，同“唯”，用于句首发语。于豪亮《马

王堆帛书〈周易〉释文校注》即作“唯用伐邑”。

㉑**贞吝**：犹言上九虽然“晋其角，吉，无咎”，但终究已经发展到了全卦尽头，在《周易》哲学中，其后续必然盛极而衰。因此在上九阶段故步自封、保守自持，必然造成令人憾惜的消极结果。

㉒**“维用伐邑”，道未光也**：犹言“维用伐邑”只具有战术性的、策略性的意义，并未真正发扬天道的真理和晋卦的根本精神。

第三十六卦　明夷

【原文】

明夷[1]　利艰贞[2]。

《彖》曰：明入地中，明夷[3]。内文明而外柔顺，以蒙大难，文王以之[4]。“利艰贞”，晦其明也[5]。内难而能正其志，箕子以之[6]。

《象》曰：明入地中，明夷；君子以莅众，用晦而明[7]。

初九　明夷于飞，垂其翼[8]；君子于行，三日不食[9]。有攸往，主人有言[10]。

《象》曰：“君子于行”，义不食也[11]。

六二　明夷，夷于左股，用拯马壮，吉[12]。

《象》曰：六二之吉，顺以则也[13]。

九三　明夷于南狩，得其大首[14]；不可疾，贞[15]。

《象》曰：南狩之志，乃大得也[16]。

六四　入于左腹，获明夷之心，于出门庭[17]。

《象》曰：“入于左腹”，获心意也[18]。

六五　箕子之明夷，利、贞[19]。

《象》曰：箕子之贞，明不可息也[20]。

上六　不明晦[21]；初登于天，后入于地[22]。

《象》曰："初登于天"，照四国也[23]；"后入于地"，失则也[24]。

【注释】

①**明夷**：卦名，下离上坤。明，犹指下卦离，"明两作，离"。夷，本意指平坦、辽阔的大地，犹指上卦坤，坤为地。故"明夷"犹言太阳西沉于地平线之下，光明潜隐。太阳西落引起的光明消隐是自然界的客观规律，《周易》作者正是以这种现象和其自然规律来譬喻一切事物的消长沉浮。

②**利艰贞**：犹言"明夷"的精神利于在遭遇逆境和低谷时战胜艰难、磨砺自身，使自身保持坚定正固的精神意志。

③**明入地中，明夷**：犹言"明夷"卦中象征"明"的离卦位于象征"地"的坤卦之下，如同光明潜隐于大地当中，这就是"明夷"的象征含义。

④**内文明而外柔顺，以蒙大难，文王以之**：犹言"明夷"内卦（下卦）离象征"文明"，外卦（上卦）坤象征"柔顺"，在蒙受巨大的困难时就应当运用"明夷"内外卦的双重精神，周文王就是如此运用，才战胜了商纣王施加的困难，最终建立了周朝。以之，犹"用之"。

⑤**"利艰贞"，晦其明也**：犹言"明夷"之所以有利于在艰难困苦的局面中保持坚定正固的意志，是因为晦暗暂时取代了光明。政治局面与时代局势如同太阳的升落一样，是天道的客观规律决定的，不以任何人的主观意志为转移。因此在遭遇黑暗时，要端正态度，从积极的方面寻求突破、磨砺自身，而不应采取消极悲观的态度。

⑥**内难而能正其志，箕子以之**：在陷入复杂的内部困难时仍

然能够端正思想心志，箕子就是运用“明夷”的这种精神度过了险恶的政治冲击，得以保全自身并开创另一番事业。按：箕子相传为商王帝乙的弟弟，纣王之兄。其在纣王执政时期辅政，见证了商朝的没落与覆灭。在遭遇纣王昏庸无道的暴政打击时，箕子披发装疯，被纣王贬为奴隶，从而避免了同为“殷末三贤”的微子与比干遭遇的杀身之祸，最终在周武王灭殷商后东行，建立了传说为“君子之国”的箕子朝鲜。

⑦**君子以莅众，用晦而明**：犹言君子当以“明夷”的精神站在大众面前引领大众发展，运用“明夷”的精神在晦暗中探索和追求光明。

⑧**明夷于飞，垂其翼**：在光明潜隐时飞翔在天空中，要低垂两翼，避免飞得过高过快。垂其翼，犹言缩小翅膀上下扇动的幅度，保持较为缓慢的速度逐渐下落接近地面。初九为全卦起始，象征“明夷”，也即太阳隐没于地平线的过程已经开始，此时仍然振翅高飞就可能导致太阳完全落山、黑夜降临后无法安全降落到地面上，带来危险。

⑨**君子于行，三日不食**：君子在“明夷”开始时要抓紧行动完成紧要之事，哪怕在一段时间内连吃饭休息都顾不上。三日，犹言多日、很长一段时间。三日不食，说明了君子行动的紧迫感，一定要在黑夜完全降临前完成必要之事。

⑩**有攸往，主人有言**：犹言“明夷”有所发展，太阳在不断下降，占据主导地位的领袖之人要有明确的言语命令来提醒和督促其他人，赶紧完成尚未完成的事情。主人，犹言主事之人，领导者。言，《说文》曰：“直言曰言，论难曰语。”犹指直截了当的言辞和命令。

⑪**“君子于行”，义不食也**：君子在面临“明夷”时的行动，要优先考虑“大义”、更大的价值和意义，而不能把吃饭休息置

于其上。

⑫**明夷，夷于左股，用拯马壮，吉**：光明潜隐，如同人的左侧大腿受伤无法行动，托举他上马，安身于马背上，可获吉祥。夷于左股，此“夷”字代指“明夷”这个抽象的概念造成的具体问题，类似“某人身上存在问题，问题在于……”的句式。左股，《增韵》曰：“左右定位。左，右之对；人道尚右，以右为尊；手足便右，以左为僻。”相对于一般情况下更加有力和惯常使用的右腿，左腿受伤尚且不至于完全丧失运动能力，仍可在他人扶助下以右腿发力登上马背，故爻辞特意强调“夷于左股”。用拯马壮，于豪亮《马王堆帛书〈周易〉释文校注》作“用拯马牀”。又“拯”，《释文》曰：“子夏作‘抍’。”《说文》“抍”字下引文曰“用抍马壮”。抍，《说文》曰：“上举也。”《广韵》曰：“救也，助也。”牀，即“床”古字，《说文》曰：“安身之座也。徐锴曰，从爿，象人衺身有所倚著。”《广雅》曰：“栖谓之牀。”故“牀”不仅有“床”之本意，又有安身、栖身、倚靠之意。故“用拯马壮”当作“用抍马牀”，左股受伤不能行动，受人帮扶而栖身于马背得以倚靠安身，乘马而返可获救治，故而吉祥。

⑬**六二之吉，顺以则也**：六二左腿受伤后仍可获得吉祥，是因为顺应了天道的客观法则。左腿既然已经受伤就不能再勉强行动，而要顺势借助他人的帮扶和马的承载，才能回返而获救助，这就是顺应天道客观法则的表现。

⑭**明夷于南狩，得其大首**：在光明潜隐的时候向南方巡狩进发，仍然能够得到天道的真理。南狩，引申为追寻天道。在中国古典哲学中，南方为太阳的方向，《前汉·律历志》曰：“太阳者，南方。南，任也，阳气任养物，于时为夏。”《说文》徐锴曰：“南方主化育。”因此“南”代表太阳，也即光明的天道。九三为阳爻，虽然明夷卦代表光明潜隐，但天道仍然周流不息、

独行不改，故而“明夷于南狩”仍然可以“得其大首”。按，狩，可同“守”，帛书本亦作“守”，《孟子》曰：“天子适诸侯曰巡狩，巡狩者巡所守也。”故“南狩”又有向南方进发以获得天道真理守护的含义。大首，有天人合一、人获得天道真理庇佑之意。大，《说文》曰：“天大，地大，人亦大，故大象人形。”段注曰：“按天之文从一、大，则先造大字也。人、儿之文但象臂胫，大文则首手足皆具，而可以参天地，是为大。”首，《说卦传》曰“乾为首”，九三为乾爻，故以“首”喻之。

⑮**不可疾，贞**：在向南巡狩追寻天道真理的时候不能操之过急，而要坚定稳重地行动。疾，犹言快速、疾速。贞，与“疾”相对。

⑯**南狩之志，乃大得也**：向南方巡狩进发的志向和目的，在于获得“大”所代表的天道真理。

⑰**入于左腹，获明夷之心，于出门庭**：找准目标位置深入挖掘探索，找到光明潜隐的核心本质原因，将其大白于天下。腹，犹言胸腹，人体的躯干，非特指腹部；又《说卦传》曰“坤为腹”，六四已发展至“明夷”上卦，故用“腹”。按：心脏位于人体胸腹左侧，要“获明夷之心”，故而先要“入于左腹”。明夷之心，犹言“明夷”的根本原因。心，犹言本质、核心，《复卦》曰“复，其见天地之心乎”，即属此意。于，犹言使之、将之。出，与“入”相对，《正韵》曰：“自中而外也。”门庭，譬喻原本封闭的空间与外界的边际。六四之义，在于提醒有道君子要想解决“明夷”的问题，就要“进得去，出得来”，深入问题内部获得其本质核心，再从其中出来回归到实际当中才能真正彻底解决问题。

⑱**“入于左腹”，获心意也**：进入左腹当中，意义在于获得中心本意。

⑲**箕子之明夷，利、贞**：箕子的生平经历合乎“明夷”的精神，他的事迹说明“明夷”有积极的方面，还可以使人保持坚贞。箕子生逢纣王暴政导致殷商覆灭的时代，可称“明夷”；这样的大时代促成他最终建立了自己的国家，故曰“利”；严苛的暴政也是锻炼和磨砺，使其能够始终保守坚定的思想意志，故曰“贞”。

⑳**箕子之贞，明不可息也**：箕子能够保持坚贞，是因为他坚定地认为天道的光明不可因为一时的“明夷”而止息。

㉑**不明晦**：犹言“明夷”发展到上六阶段，已经到了全卦终末，光明完全消隐，进入了黑夜。胡炳文曰：“下三爻以‘明夷’为句首，四、五爻‘明夷’之辞在句中，上六不曰‘明夷’而曰‘不明晦’，盖惟上六不明而晦，所以五爻之明皆为其所夷也。”（《周易本义通释》）此说玩味六爻措辞之意，于理有合。

㉒**初登于天，后入于地**：犹言“明夷”象征的太阳光明在初始阶段上升至天空当中，而后随着时间推移逐渐西沉最终隐没于地平线之下。由此句爻辞可知，古人认识到“明夷”是自然界的客观规律，《周易》以此卦所代表的太阳的运行规律，揭示出了一切事物必然经历如此高峰与低谷，来劝导学《易》之人。

㉓**“初登于天”，照四国也**：太阳上升到天空当中，光明可以照耀四方万国。

㉔**“后入于地”，失则也**：后来西沉于地平线之下，是因为失离了正确的法则。按：《象传》此说似乎陷入了主观唯心思想当中，而罔顾了《周易》强调的天道客观规律。日升日落正是“则”的具象表现，包括太阳运动在内的一切事物的发展运动都必然经历波峰波谷。将事物因客观规律发展到低潮波谷说成是“失则”，无疑是不恰当的，从根本上悖离了《周易》的核心精神，这里我们要注意辨析。

第三十七卦　家人

【原文】

家人[1]　利，女贞[2]。

《彖》曰：家人，女正位乎内，男正位乎外[3]；男女正，天地之大义也[4]。家人有严君焉，父母之谓也[5]。父父子子、兄兄弟弟、夫夫妇妇，而家道正[6]。正家而天下定矣[7]。

《象》曰：风自火出，家人[8]；君子以言有物而行有恒[9]。

初九　闲有家，悔亡[10]。

《象》曰：“闲有家”，志未变也[11]。

六二　无攸遂，在中馈，贞吉[12]。

《象》曰：六二之吉，顺以巽也[13]。

九三　家人嗃嗃，悔、厉，吉[14]；妇子嘻嘻，终吝[15]。

《象》曰：“家人嗃嗃”，未失也[16]；“妇子嘻嘻”，失家节也[17]。

六四　富家，大吉[18]。

《象》曰：“富家，大吉”，顺在位也[19]。

九五　王遐有家，勿恤，吉[20]。

《象》曰：“王假有家”，交相爱也[21]。

上九　有孚威如，终吉[22]。

《象》曰："威如之吉"，反身之谓也[23]。

【注释】

①家人：卦名，下离上巽。家人，本义指家庭成员。家人卦的精神在于探讨如何积极地建设家庭、亲爱家人。按：中华文明自古以来就把家、家庭摆在十分显要的地位，儒家学说倡导修身、齐家、治国、平天下，《墨子》曰"治天下之国若治一家"，《周易·师》曰"大君有命，开国承家"。因此，建立美满和睦的家庭是一个人安身立命、开创更大事业的重要基础，故《易》专门设此一卦。

②利，女贞：家人卦的精神在于构建美好和睦的家庭，为人生更大的进取打下良好基础，故曰"利"；在古代社会，往往由男性主导家庭与外界的社会联系，而女性发挥着维系家庭的主导作用。因此，彖辞强调家庭当中的女性首先要保持对"家人"精神的坚贞自守，故曰"女贞"。

③家人，女正位乎内，男正位乎外：在家庭分工当中，女性要在家庭内部保持正当之位，担当其维系家庭的职责；男性要在家庭外部的社会中保持正当之位，使家庭参与到社会生产生活当中。正位，犹言扮演合适正当的角色，站在合适正当的位置。

④男女正，天地之大义也：家庭中的男性与女性都应当做到"正"，这是合乎天地之义，也即社会伦理公义的。男女，在中国古典哲学中代表着构成阴阳辩证统一的关系，《博雅》曰："人之阳曰男，阴曰女。"

⑤家人有严君焉，父母之谓也：家庭成员当中应当有德高望重的领导者角色，也就是父母。严，《尔雅·释诂》曰"敬也"，

《玉篇》曰“威也”，《广韵》曰“毅也”，故“严”兼有德高可敬、享有威信、心志坚定等含义。君，犹言家庭中的领袖、领导者。

⑥**父父子子、兄兄弟弟、夫夫妇妇，而家道正**：父亲有当父亲的样子、儿子有当儿子的样子，兄长有兄长的样子、弟弟有弟弟的样子，丈夫有丈夫的样子、妻子有妻子的样子，（家庭成员各自做好自己的事情，扮演好自己的家庭角色）就能使家庭的发展方向保持端正。

⑦**正家而天下定矣**：一旦普天下都能端正各自家庭的家风家道，整个社会自然变得安定祥和。

⑧**风自火出，家人**：家人卦下卦为离，象“火”；上卦为巽，象“风”。二者相叠，如同烈火熊熊燃烧，产生了阵阵疾风，这就是“家人”的卦象。

⑨**君子以言有物而行有恒**：君子应当取法“家人”的精神，使自身说话有所根据，行为持之以恒。按：君子首先应当在家庭成员中起到表率作用，以日常的言谈举止来潜移默化地影响家庭成员，树立良好家风。在家庭内部的宽松环境中能够严格律己，才能在社会当中保持这种良好的德行。

⑩**闲有家，悔亡**：关闭家门以区别于外界，树立起良好的家庭风尚来构建和维系家庭关系，令人悔恨的事情就会消亡。按：闲，《说文》曰：“阑也，从门中有木。”即门栏、门扇之意，引申为外部社会与家庭的界限，《尔雅》曰：“户牖之间谓之扆，其内谓之家。”《诗经·周南·桃夭》曰：“之子于归，宜其室家。”注曰：“家谓一门之内。”又《论语》曰“大德不逾闲”，是伦理规范的界限，因此“闲”有树立起良好家风的含义。有家，犹言称之为家庭、构建起家庭。

⑪**志未变也**：犹言构建和维系家庭美好关系的心志没有改

变，因此消极的、令人悔恨的事情就会消亡。

⑫**无攸遂，在中馈，贞吉**：未必达成志向或取得成就，也要奉养家中老幼，坚定如此可获吉祥。遂，犹言达成、成就。在中，六二位于下卦正中之位，又有在家里的意思。馈，犹言“馈食”，以食物奉养。

⑬**六二之吉，顺以巽也**：犹言六二之所以能够收获吉祥，是因为像“巽风”一样顺应了天道的精神和价值观。奉养家庭是一个家庭成员必须做到的事情，而不能以是否取得成功、达成心志为前提，这是天道的价值观。因此即使没有获得成功，也仍然回归家庭、奉养家人，这正是顺应了天道价值观的良好行为，故曰“顺以巽也”。

⑭**家人嗃（hè）嗃，悔、厉，吉**：家庭成员们都抱持庄重端正的精神态度，看似使人感到懊恼不快、精神紧张，但这种情形却吉祥美好。嗃嗃，《说文》曰“严酷貌”，《玉篇》曰“严之大声也”，形容庄重端正的态度。悔，本义悔恨、恨惜，引申为严肃的气氛带来的压抑感觉。厉，本义危险、严厉，引申为使人感到紧张。

⑮**妇子嘻嘻，终吝**：家里的女眷与孩子们轻浮嬉闹，看似活泼有生趣，但最终将导致令人恨惜的后果。

⑯**“家人嗃嗃”，未失也**：家人们都庄重端正，代表家庭的风气没有失去合理节制。

⑰**“妇子嘻嘻”，失家节也**：家里的女眷与孩子们嬉闹不止，代表家庭风气失去了应有的节制。

⑱**富家，大吉**：所谓“富家”，犹言富以其家，使家庭变得富足、富裕。六四为上卦“巽”之初，象征和顺、和睦；与九三、九五构成一阴爻居于两阳爻之间，象征家庭得天道庇佑，故而可以富足、富裕，故曰“大吉”。

⑲**“富家，大吉”，顺在位也**：六四之所以能够“富家”，是因为六四为巽卦之初，有“顺”的含义，并且处在合理的位置。

⑳**王遐有家，勿恤，吉**：人类文明和社会长久发展下去，但“家庭”这一社会生活单位永远有存在和延续的必要，不用感到忧虑，这是吉祥美好的。王，犹指人类文明和社会。遐，传世本作“假”，于豪亮《马王堆帛书〈周易〉释文校注》作“叚”，可同“遐”；“假”与“叚”可能是古代文本传世过程中因字形或字音相近而产生的讹误。遐，长远、长久之意，《诗经·小雅·天保》曰：“降尔遐福，维日不足。”王遐，犹言人类文明和社会源远流长，将会长久持续地发展下去。

㉑**“王假有家”，交相爱也**：本句《象》辞中，作者仍按照“假”来理解并阐释爻辞之义，与本书对爻辞的校注结果不同，请读者自行辨析。

㉒**有孚威如，终吉**：以天道的真理和价值观威严震慑家庭，使得家风端正，永远可保吉祥美好。有孚，犹言存在着天道客观真理。有孚威如，与《小畜》“有孚挛如”句式相同。

㉓**“威如之吉”，反身之谓也**：犹言能够威严震慑家庭家风，是自身首先学习并取法天道真理，再反身应用于家庭管理的意思。

第三十八卦　睽

【原文】

睽[1]　小事吉[2]。

《彖》曰：睽，火动而上，泽动而下[3]；二女同居，其志不同行[4]。说而丽乎明，柔进而上行，得中而应乎刚，是以小事吉[5]。天地睽而其事同也，男女睽而其志通也，万物睽而其事类也，睽之时用大矣哉[6]！

《象》曰：上火下泽，睽；君子以同而异[7]。

初九　悔亡[8]；丧马，勿逐自复[9]；见恶人，无咎[10]。

《象》曰："见恶人"，以辟咎也[11]。

九二　遇主于巷，无咎[12]。

《象》曰："遇主于巷"，未失道也[13]。

六三　见舆曳，其牛掣；其人天且劓[14]。无初有终[15]。

《象》曰："见舆曳"，位不当也[16]；"无初有终"，遇刚也[17]。

九四　睽孤，遇元夫，交孚，厉，无咎[18]。

《象》曰：交孚无咎，志行也[19]。

六五　悔亡[20]，厥宗噬肤，往何咎[21]？

《象》曰："厥宗噬肤"，往有庆也[22]。

上九　睽孤，见豕负涂，载鬼一车，先张之弧，后说之弧[23]；匪寇，婚媾[24]；往遇雨则吉[25]。

《象》曰："遇雨之吉"，群疑亡也[26]。

【注释】

①睽（kuí）：卦名，下兑上离。睽，犹指矛盾分歧导致的睽违、背离，《说文》段注曰："目不相听也。听，犹顺也。二女志不同行，犹二目不同视也，故卦曰'睽'。"又《广韵》曰："异也。"睽卦的精神在于探讨矛盾，探讨如何在面对矛盾时区别同异。

②小事吉：从细节入手来分析矛盾和分歧，将之分解归类，以寻求解决之道，可获吉祥。小事，犹言"以小从事"。小，《说文》段注曰："物之微也。从八，丨见而分之。八，别也，象分别之形，故解从八为分之；丨才见而辄分之，会意也。凡椢物分之则小。"故而"小事"，有运用辩证思想将事物解构归纳，从不同方面和角度审视矛盾和分歧的成因，才能真正地认识矛盾本身，以帮助人切中要害从而彻底解决矛盾。

③睽，火动而上，泽动而下：犹言睽卦上离象"火"，火焰在燃烧时呈现向上升腾的样子；下兑象"泽"，水泽在流淌时总是向地势更低的地方运动。火与泽分别呈现出向上和向下的运动方式，说明任何事物的运动都有其特有的客观规律支配；"水火不相射"，又构成了辩证统一的矛盾体，因此在看待矛盾的时候，同样要分析其内在的辩证性结构，认识其产生和发展的客观规律，才能真正的认识矛盾，进而化解矛盾和分歧。

④二女同居，其志不同行：犹言两个在哲学角度同为阴性的事物被结合起来，自然无法达成《周易》哲学倡导和追求的辩证统一的和谐关系。女，在中国古典哲学的阴阳辩证观念中代指阴

性。居，犹言“居处”。“二女同居”理解为两个阴性的事物并列同处，二者的关系失去了辩证性质，也就无法形成统一，这就导致了矛盾的产生。

⑤**说而丽乎明，柔进而上行，得中而应乎刚，是以小事吉：**睽卦下兑上离的结构象征着人的欣悦之情附丽或依附于天道的光明之德，其中代表柔顺之德的阴爻是积极向上进步的，并且在六五爻的位置占据了上卦正中之位，但又与九四、上九构成协调匹应的关系，因此这种结构象征着从细节之处看待矛盾和分歧的辩证关系，就能获得吉祥，从而解决问题。

⑥**天地睽而其事同也，男女睽而其志通也，万物睽而其事类也，睽之时用大矣哉：**天与地是一对辩证关系，但其哲学本质是相同的；男性与女性也是一对辩证关系，但二者的存在意义是相通的；自然万物都是一对对矛盾体构成的辩证关系，但在哲学本质上都是同类性质。这就说明，“睽”的哲学精神在任何时代都具有极为重大的积极作用。

⑦**君子以同而异：**犹言君子应当取法“睽”的精神，在矛盾分歧中追求大同、缩小差异。

⑧**悔亡：**犹言初九位于全卦初始阶段，这个阶段矛盾导致的睽违尚未深切，运用睽卦的精神可以趁早消除矛盾，使矛盾造成的悔恨之事自动消亡。

⑨**丧马，勿逐自复：**走失了马匹，不要盲目急于追逐，过一段时间马匹自然会回来。马匹是人类已经驯化的牲畜，在与主人长期共同进行生产生活的过程中已经形成了与主人为伴的本能，所谓“老马识途”即是此意。马匹可能因为受到惊吓，或因为处在发情期的躁动而自行走失，这时就与主人产生了睽违。此时盲目追逐只能适得其反，因此要等待导致其走失的情绪平复后自然回归。初九处在睽卦初始阶段，象征矛盾并未深入，如同马

匹走失一样，情势尚在可控程度，因此要顺其自然等待矛盾自行消解。

⑩**见恶人，无咎**：在睽卦初始阶段，即使接触到了意见和观点相悖之人，矛盾也会自然消解，不会造成实际危害。见，犹言接触、遇见。恶人，犹言意见和观点与自身相悖，受自己敌视憎恶之人，《说文》段注曰："人有过曰恶；无过而人憎之亦曰恶。"

⑪**以辟咎也**：犹言以睽卦初九的精神避免自身与所恶之人的矛盾造成真正的危害。

⑫**遇主于巷，无咎**：在狭窄阡陌的巷道中遇到了指引明路之人，没有任何危害。主，《说文》曰"镫中火主也"，段注曰："镫中火是为主，其形甚微而明照一室。"故有"思想""主意"的意思，在本句爻辞中引申为指明道路之人。巷，《增韵》曰"直曰街，曲曰巷"，睽卦如同人陷入复杂矛盾之中难以找到正确方向，故以"巷"为喻。

⑬**"遇主于巷"，未失道也**：在曲折的巷道中遇到指引明路之人，表示九二没有迷失正道。

⑭**见舆曳，其牛掣；其人天且劓**：陷入矛盾睽违，好像看见一辆牛车晃悠摇摆，被拉车之牛牵制难行；驾车的人额头被刺字，鼻子被削掉。本爻六三位于下卦向上卦转换之际，犹如深陷矛盾的漩涡当中，对于接下来的发展踌躇犹疑，就像看见了自己拉着一辆被倔强的牛牵扯而难以顺行的大车，自己也被矛盾折磨得遍体鳞伤。见，犹言想象、幻觉。曳，有牵引，又有摇摆之意。本爻所言之车舆既有赶车之人牵引向前，又受拉车之牛牵制而左右摇摆，故用"曳"。掣，犹言牵制、阻滞不进。其人，指赶车之人与拉车之牛构成矛盾的双方和睽违的双方。天，犹指古代刑罚。按：本句爻辞之"天"刑，有训为在罪犯额头刺字之说，也有训为剃去罪人头发之说。帛书本"其"与"劓"之间的几个

字已经无法辨认。劓，读作 yì，古代刑罚，割掉罪犯的鼻子。

⑮**无初有终**：犹言六三深陷矛盾当中使人踌躇犹疑，这种矛盾已经难以找到起始的原因，但终归会有结果。

⑯**“见舆曳”，位不当也**：因为深陷矛盾分歧而出现了六三描述的想象与幻觉，是因为六三位于下卦之末、向上卦转换之际，位置不恰当，故而踌躇犹疑。

⑰**“无初有终”，遇刚也**：未有因却必有果，是因为六三的下一个阶段就会遇到象征乾阳刚健之德的九四，一旦下卦向上卦转换完成就必然有所结果。

⑱**睽孤，遇元夫，交孚，厉，无咎**：陷入矛盾分歧而导致自身孤立于人，但是遇到了有德明理之人，以天道的真理进行交流，内心紧张，但实际没有危害。睽孤，犹言因睽而孤，因为与他人的矛盾产生睽违而受到孤立。元，《说文》曰：“徐锴曰，元者，善之长也。”譬喻至善有德。夫，《说文》段注曰：“丈夫也。从一，一以象簪。冠而后簪，人二十而冠，成人也。”故有心志成熟的成年人之意。故“元夫”，当理解为有德明理、可以化解矛盾之人。与有德明理之人应当以天道的真理进行交流，才能化解矛盾、摆脱孤立，故谓“交孚”。在孤立的境地之中忽遇“元夫”，自然心有警惕，不可能马上建立亲密的信任关系，故曰“厉”。

⑲**交孚无咎，志行也**：以天道的真理进行交流，不会产生危害，是因为矛盾得以化解、摆脱了孤立的状态，自身的心志得以继续前行。

⑳**悔亡**：六五处于上卦正中之位，合德于坤之顺应之德，顺于九四、上九两刚健阳爻，故而因矛盾导致的悔恨得以消亡。

㉑**厥宗噬肤，往何咎**：深挖矛盾的根本原因，切入肌理认识矛盾本质，这样发展下去又有什么危害。按：“厥宗噬肤”，于

豪亮《马王堆帛书〈周易〉释文校注》作“登宗噬肤”。楚系简帛“登”与“发（發）”字形相近，疑为古时传抄过程中导致的错讹；《说文》曰“厥，发（發）石也”，故“厥”有发掘之意，故本书认为“厥宗”当理解为“深入挖掘根本原因”的意思。肤，本意指肌肤、皮肤。噬肤，当理解为“牙齿噬咬穿透肌肤”，引申为透过表面、深入肌理。

㉒**“厥宗噬肤”，往有庆也**：以深挖根本、深入肌理的方式来认识矛盾睽违，发展下去可得到令人欢庆的结果。

㉓**睽孤，见豕负涂，载鬼一车，先张之弧，后说之弧**：因矛盾分歧而使自身孤立，恍惚看到野猪身上遍布泥泞，又好像看见一辆大车满载着鬼蜮妖邪，于是张弓欲射，但又意识到是自身的臆想而放下了弓箭。豕，犹指野猪。负涂，犹言身上沾满泥泞。负，犹指背负、身负。涂，《广雅》曰：“泥也。”载鬼一车，形容因内心陷入孤立，情绪烦闷狂躁而导致的幻觉。弧，《说文》曰：“木弓也。”说，同“脱”，松开、松脱之意。

㉔**匪寇，婚媾**：犹言上九阶段，矛盾的彼方并非是像前句形容的幻觉一样来侵扰、打击自身，而是来寻求同和的。

㉕**往遇雨则吉**：继续发展下去，遇到天地之气调和，降下雨露，就会收获吉祥。按：上九位于“睽”全卦之极，爻辞前句已说明“豕”“鬼”皆是自身情绪导致的幻觉，实际上是彼方已经前来寻求同和，矛盾和分歧已经面临全新的转换局面，因此需要自身顺应这种积极的情势发展下去，与矛盾的彼方求大同、存小异，达成协调与同和的局面，自然可以化解矛盾和分歧，结束“睽”的局面。雨，《大戴礼记》曰“天地之气和则雨”，天地犹言阴阳，阴阳调和以降甘露，故“吉”。

㉖**“遇雨之吉”，群疑亡也**：矛盾的双方达成同和的吉祥美好的局面，说明造成矛盾和分歧的各种猜疑消失了。

第三十九卦　蹇

【原文】

蹇[1]　利西南，不利东北[2]；利见大人，贞吉[3]。

《彖》曰：蹇，难也，险在前也[4]。见险而能止，知矣哉[5]。“蹇，利西南”，往得中也；“不利东北”，其道穷也[6]。“利见大人”，往有功也[7]；当位“贞吉”，以正邦也[8]。蹇之时用大矣哉！

《象》曰：山上有水，蹇[9]；君子以反身修德[10]。

初六　往蹇来誉[11]。

《象》曰：“往蹇来誉”，宜待也[12]。

六二　王臣蹇蹇，匪躬之故[13]。

《象》曰：“王臣蹇蹇”，终无尤也[14]。

九三　往蹇来反[15]。

《象》曰：“往蹇来反”，内喜之[16]也。

六四　往蹇来连[17]。

《象》曰：“往蹇来连”，当位实也[18]。

九五　大蹇朋来[19]。

《象》曰：“大蹇朋来”，以中节也[20]。

上六　往蹇来硕，吉，利见大人[21]。

《象》曰："往蹇来硕"，志在内也[22]；"利见大人"，以从贵也[23]。

【注释】

①蹇：卦名，下艮上坎。蹇，读作jiǎn，本义跛足，《说文》曰"跛也"，段注曰："蹇，难也。行难谓之蹇，言难亦谓之蹇。"按：《周易》已有《屯》卦喻"难"，故而《蹇》卦不再仅仅是讨论"难"，而是重点讨论如何解决困顿难行、难以前进的具体情况。结合各爻爻辞来看，蹇卦的精神在于提醒学《易》之人遭遇困难时不可一味强求前进，而可以依据天道的客观规律和价值观，实事求是地认识困难和问题，"以退为进"，同样可以解决问题。

②利西南，不利东北：本句卦辞古今诸家解说各异，没有确切定论。本书认为，本句卦辞与《坤》卦"西南得朋，东北丧朋"一样，当理解为顺应天道和悖逆天道。按：根据《说卦传》所指示的八卦方位，可以得出"文王八卦方位图"，其中西南为坤、东北为艮。王弼注曰："西南，地也；东北，山也。以难之平，则难解；以难之山，则道穷。"《周易正义》曰："西南，顺位，平易之方；东北，险位，阻碍之所。世道多难，率物以适平易，则蹇难可解；若入于险阻，则弥加拥塞。去就之宜，理须如此。"可备一说，供读者自行参考理解。

③利见大人，贞吉：善加运用蹇卦的精神有利于成长为有德之人，坚定笃行可以战胜"蹇难"而获得吉祥美好的结果。

④蹇，难也，险在前也：犹言"蹇"的第一层含义是困难，更深一层的含义是说困难横亘在前方，但身后却是平坦开阔之途。

⑤见险而能止，知矣哉：见到了横亘在前方的实际困难，能够实事求是地认识并及时停止无谓的冒进，这才是真正的智慧。

⑥“利西南”，往得中也；“不利东北”，其道穷也：犹言“利西南”是因为西南象“坤”“地”，向平坦之地进发是适当、适中的；“不利东北”，东北象“艮”“山”，向险峻群山方向的道路已经穷尽。

⑦“利见大人”，往有功也：利于成长为有德之人，说明尊奉蹇卦的精神行动并发展下去可以有所成功。

⑧当位“贞吉”，以正邦也：蹇卦各爻都处在恰当的位置上，故有“贞吉”之德，说明蹇卦不但可以斧正个人的思想行为，推而广之，还能够端正邦国集体的前途命运。

⑨山上有水，蹇：蹇卦下艮象“山”，上卦坎象“水”，故以“山上有水”为象征。

⑩君子以反身修德：君子应当取法蹇卦的哲学精神，学会在适当的情况下转过身去选择更合乎天道客观规律的前进方向，并不断修养自身之德。反身，在本卦中犹言反转自身的方向，也即各句爻辞中所谓“来”的意思，而非“反躬自省”之意。

⑪往蹇来誉：继续前进困顿难行，顺势回返反而能够收获荣誉。按：爻辞所谓“往”“来”，犹言去往和归来，可以理解为继续顶着困难的局面强行前进和顺应事物的客观规律回归顺遂之道。

⑫宜待也：初六为全卦起始阶段，象征刚刚涉及困顿，因此不可盲目行动，适宜等待前方的道路显现出更加明确的情状，而及时回返。

⑬王臣蹇蹇，匪躬之故：领导者与追从者都会面临困难重重、寸步难行的情状，这种情状未必是主观原因造成的。王臣，帛书本作“王仆”，犹言一个集体中的领导者与被领导者、上级

与下级的关系。在社会生活当中，个人会面临“蹇”的情况，集体同样也会面临，并且往往越是庞大的、内部关系复杂的集体，其遇到的问题和矛盾也越是复杂，故曰“王臣蹇蹇”；然而这种情状往往是由事物的客观发展规律所决定的，是社会性的问题，而非集体或集体当中的某些成员主观人为造成的，也同样不是集体或其中某些成员可以从主观上解决的，故曰“匪躬之故”。

⑭**“王臣蹇蹇”，终无尤也**：犹言“王臣蹇蹇”其实是一种普遍的客观现象，尽管这种现象为集体的发展造成了一定的消极影响，但最终仍然是可以合理解决的，不会带来灾难性的过失。

⑮**往蹇来反**：继续前进困顿难行，顺势回返却能得到相反的局面和结果。反，犹言与“蹇”相反，也即顺遂、顺利。

⑯**内喜之**：回归了顺遂之道，生发出欣喜之情。内，与“外”相对，《说文》曰：“入也，从口，自外而入也。”对应爻辞“反”之义。

⑰**往蹇来连**：继续前进困顿难行，顺势回返却能像乘坐车辇一样舒适便捷。连，古同“辇”，《说文》段注曰：“连，负车也。‘连’即古文‘辇’也。‘负车’者，人挽车而行，车在后如负也……联、连者，今义也；连、负车者，古义也。”

⑱**当位实也**：六四位于上下两阳爻之间，如同回返之人乘坐着二人拉动的车辇，故谓之“实”。《说文》曰：“实（實），富也，从宀从贯。贯，货贝也。”车辇为富足之人可乘，故以“实”喻之。

⑲**大蹇朋来**：在陷入巨大的困顿境况时，得遇同道之人前来辅弼。朋，《说文》曰“辅也”。九五为上卦正中之位，与上下两个阴爻组成的结构就像车辆的主体与两侧夹辅一样，故爻辞谓之“朋来”。辅，《正韵》曰：“车辅，两旁夹车木也。”

⑳**“大蹇朋来”，以中节也**：陷入巨大困顿可以得到同道辅

弼，是因为九五居中，并且得到上下两个阴爻的节制，而能够顺应天道，发挥“中”的精神，避免偏向刚强亢进的局面。

㉑**往蹇来硕，吉，利见大人**：继续前进困顿难行，顺势回返却能获得丰硕充实的收获。这种局面吉祥美好，利于运用蹇卦精神之人成长为有德之人。硕，《尔雅·释诂》曰“大也”，《增韵》曰：“充实也。”

㉒**“往蹇来硕”，志在内也**：在困顿难行时顺势回返可收获丰硕，是因为回返之人的精神意志就在于“来”，也即“入内”。

㉓**“利见大人”，以从贵也**：有利于运用蹇卦精神之人成长为有德之人，是因为其追从了蹇卦精神指出的正道，获得了“硕”的结果。贵，《说文》曰：“物不贱也。”收获丰硕必然贵重，故而以“贵”喻之。

第四十卦　解

【原文】

解[1]　利西南[2]；无所往，其来复吉[3]；有攸往，夙吉[4]。

《彖》曰：解，险以动，动而免乎险，解[5]。“解，利西南”，往得众[6]也；“其来复吉”，乃得中也[7]；“有攸往，夙吉”，往有功也[8]。天地解而雷雨作，雷雨作而百果草木皆甲坼[9]。解之时大矣哉！

《象》曰：雷雨作，解[10]；君子以赦过宥罪[11]。

初六　无咎[12]。

《象》曰：刚柔之际，义无咎也[13]。

九二　田获三狐，得黄矢，贞吉[14]。

《象》曰：九二贞吉，得中道也[15]。

六三　负且乘，致寇至，贞吝[16]。

《象》曰：“负且乘”，亦可丑也[17]；自我致寇，又谁咎也[18]。

九四　解而拇，朋至斯孚[19]。

《象》曰：“解而拇”，未当位也[20]。

六五　君子维有解，吉，有孚于小人[21]。

《象》曰：君子有解，小人退也[22]。

上六　公用射隼于高墉之上，获之，无不利[23]。

《象》曰：“公用射隼”，以解悖也[24]。

【注释】

①解：卦名，下坎上震。《序卦传》曰：“解者，缓也”；《广韵》曰：“缓，舒也”；《玉篇》曰：“解，缓也，释也”；《文心雕龙》曰：“解，释也，解释结滞，征事以对也”。故，解卦的精神就在于使原本纠结滞塞的事物得以舒解和开释。

②利西南：犹言利于应用天道的哲学真理来指导“解”的具体实施方法。西南，犹指“天道”，《坤》曰：“西南得朋，东北丧朋。”

③无所往，其来复吉：积极运用“解”的哲学精神去处理矛盾和问题，也许矛盾和问题本身没有进展，但这种积极主动的行为反馈回自身时，仍然是吉祥美好的。无所往，犹言“解”的目标没有实际的进展、发展。其，代指“解”的精神和实践。来复，犹言归来与回复，即积极主动地去解决问题和矛盾的反馈信息。

④有攸往，夙吉：尝试以“解”的精神思想去处理矛盾和问题，取得了积极进展，那么从一开始就吉祥美好。夙，犹言“早”，起初、一开始之意。

⑤解，险以动，动而免乎险，解：《彖传》作者认为，解卦的根本在于以“动”的思想和方法，也就是积极发挥主观能动性来应对危险，只要主观能动、积极面对，就能避免真正落入危险当中，这样就解除、化解了问题和危险。

⑥往得众：《彖传》作者认为“西南”代表“众”，后世学者多承此说，例如《王注》曰：“西南，众也。解难济险，利施

于众。”可备一说，供读者自行辨析。

⑦**“其来复吉”，乃得中也**：未必解决问题但仍得到吉祥美好的反馈，乃是因为“解”的哲学精神合乎天道“中和”的精神。

⑧**“有攸往，夙吉”，往有功也**：应用“解”的精神对于矛盾和问题有积极进展，起始就吉祥美好，那么继续发展下去必然有所成功。

⑨**天地解而雷雨作，雷雨作而百果草木皆甲坼**：犹言天地之间的自然界当中的种种“矛盾”在“解”的哲学精神下得以冰释舒解，达成和谐美好的状态，因此才能形成雷雨。雷雨形成降下甘露，地上的百果草木感受到水分滋养，其种子自动破壳，而生根发芽。甲，犹言植物果实的外壳。坼，读作 chè，《说文》曰：“裂也。”

⑩**雷雨作，解**：解卦下坎象“雨”，上震象“雷”，故以“雷雨”为喻。雷雨降下，如同天地舒解而和谐，故取象为解卦。

⑪**君子以赦过宥罪**：君子应当取法解卦的哲学精神，赦免过失、宽宥罪愆。人们生活中往往由矛盾与问题导致过失与罪愆，刑罚手段当然是必要的，但仅靠刑罚并不能真正解决矛盾与问题，因此，《象传》作者倡导有德君子应当在适当的条件下积极采用“解”的思想和方式，从根本上真正解决矛盾与问题。

⑫**初六　无咎**：初六位于解卦全卦之初，象征问题和矛盾刚刚发生，此时运用“解”的精神介入问题和矛盾，自然能够及时地、最高效地解决问题和矛盾，因此不会产生实际的咎害。

⑬**刚柔之际，义无咎也**：《象传》作者认为初六上接九二，正是柔向刚发生转换之际，是一种阴阳调和的动态和谐，因此可得“无咎”之义。

⑭**田获三狐，得黄矢，贞吉**：通过实践解决了若干隐蔽而使

人疑惑的矛盾和问题，并且从中得到了中和正直的精神，坚定持守可获吉祥。田获三狐，本意指在田猎活动中收获了三只狐狸。本爻以狐狸擅长隐匿和秉性多疑，譬喻问题和矛盾较为隐蔽并且使人疑惑难辨。田，指田猎，引申为以“解”的精神实践于具体的矛盾和问题的实际行动。黄，大地中和之色；矢，本意指箭矢，引申为如箭矢般正直。黄矢，犹言中和正直的品德。

⑮**九二贞吉，得中道也**：九二之所以获得贞吉的前景，是因为爻辞所言的实践行动获得了中正之道的辅佑。

⑯**负且乘，致寇至，贞吝**：犹言六三上负九四、下乘九二，得两阳爻上下辅弼，本应充分发挥“解”的作用，但仍然由于自身原因导致外部侵袭，固执于这种局面而不加以改变就会导致令人憾惜的结果。负，犹言背负；乘，犹言驾乘。

⑰**“负且乘”，亦可丑也**：虽然六三与上下两个阳爻构成了“负且乘”的关系，但自身不能与上下有机联系，同样会招致蒙羞和耻辱。

⑱**自我致寇，又谁咎也**：因为自身主观原因导致外部贼寇侵袭，又能怪罪谁呢？按：九四和九二与本爻六三构成了外部与内部、客观与主观的关系，虽然“负且乘”呈现出外部条件充分，客观原因有利的局面，但自身内部与主观思想仍然具有决定性的作用。一旦由于自身主观原因出现问题，就会演变为“自我致寇”，痛失美好前景而令人憾惜。

⑲**解而拇，朋至斯孚**：以“解”的思想来彻底解决问题，并将结果以大拇指摁定，其他各指也只能以拇指为信（而不能妄动）。拇，本义指拇指，又有摁定之意。如同大拇指摁定一般将结果固定住，其他称为“朋”的各指到了这种局面也只能对既有结果支持和认同。朋，本意指同类，在本爻即代指拇指之外的其余四指。至斯，犹言至此，帛书本即作“至此”。孚，犹指信服。

⑳“解而拇”，未当位也：在“解”后还要以拇指摁定，是因为九四虽有阳刚之德，但并没有处在正中之位，故而要以摁定的动作加强稳固。

㉑君子维有解，吉，有孚于小人：君子拥有并能运用“解”的哲学思想，因此吉祥美好，同时还能将“解”所代表的天道真理推广并作用于蒙昧不道之人。维，语助词，用于句中。君子明白和通晓“解”的哲学思想，故曰“有解”；“解”来源于更加形而上的天道真理，故曰“有孚”。

㉒君子有解，小人退也：君子拥有“解”代表的天道真理，因此在面对无道小人制造的矛盾与问题时，自然占据真理的高地，而无道小人在真理面前也只能退避相让。“解”的真理具有普适性，而非只能用来解决同是君子之间的矛盾和问题，因此当矛盾和问题受到无道小人牵绊时，“解”的真理性质自然会使其退避。

㉓公用射隼于高墉之上，获之，无不利：有德之人站在高高的城墙上射击在高空中飞翔的鹰隼，成功命中，没有任何消极负面的意义。公，犹言德高望重之人。用，犹言运用“解”所代表的天道真理。射隼，本义指射击鹰隼，引申为解决高悬难及的矛盾和问题。高墉之上，本义指高高的城墙之上，上六为全卦之极，下有五爻为基础，故谓“高墉”。立足于“解”的极高、极致之处，故而能够企及如鹰隼高飞般的矛盾和问题。获之，犹言达成目标。

㉔“公用射隼”，以解悖也：有德之人成功射获鹰隼，是运用“解”的哲学真理解决了原本混乱悖逆的矛盾与问题。悖，《说文》曰“乱也”，《玉篇》曰“逆也”。

第四十一卦　损

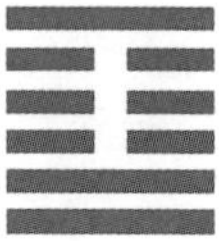

【原文】

损[1]　有孚，元吉，无咎，可贞，利有攸往[2]。曷之用？二簋可用享[3]。

《彖》曰：损，损下益上，其道上行[4]。损而有孚，元吉、无咎、可贞、利有攸往。曷之用？二簋可用享。二簋应有时，损刚益柔有时[5]。损益盈虚，与时偕行[6]。

《象》曰：山下有泽，损[7]；君子以惩忿窒欲[8]。

初九　已事遄往，无咎；酌损之[9]。

《象》曰："已事遄往"，上合志也[10]。

九二　利贞，征凶；弗损益之[11]。

《象》曰：九二利贞，中以为志也[12]。

六三　三人行，则损一人；一人行，则得其友[13]。

《象》曰：一人行，三则疑也[14]。

六四　损其疾，事遄有喜，无咎[15]。

《象》曰："损其疾"，亦可喜也[16]。

六五　或益之十朋之龟，弗克违，元吉[17]。

《象》曰：六五元吉，自上祐也[18]。

上九　弗损益之，无咎，贞吉，利有攸往⑲；得臣无家⑳。

《象》曰："弗损益之"，大得志也㉑。

【注释】

①损：卦名，下兑上艮。损卦本义指减损、减少，《说文》曰"损，减也"，与"益"构成辩证统一的哲学关系。《周易》哲学认为一切事物都在宏观上呈现为一种总量恒定的整体，内部由辩证的两方面构成。损卦的精神就在于减损事物消极的方面，使其在总量不变的情况下，补益其积极方面。

②**有孚，元吉，无咎，可贞，利有攸往**：损卦的精神来源于天道的客观哲学真理，故曰"有孚"；损与益的辩证关系与互动关系源于乾与坤之间的辩证与互动关系，本质是吉祥美好的，故曰"元吉"；减损的思想看似不符合人们趋利避害的寻常认知，但其实这种思想是有益无害的，故曰"无咎"；损卦的精神应当得到端正认识并坚定保持，故曰"可贞"；损卦本质上是有利于人或事物的发展进步的，故曰"利有攸往"。

③**曷之用？二簋可用享**：如何应用损卦的精神？在祭祀活动中仅仅献上二簋微薄之礼表达态度、合乎礼制即可。曷，同"何"，如何、怎样之意。二簋，犹言盛装谷物粮食的祭品各一簋。古代祭祀天地神祇是社会生活当中的重要活动，《左传·成公·成公十三年》即曰"国之大事，在祀与戎"，因此在这样的前提下往往要向祭祀对象献上六畜五谷等大量祭品，投入大量的人力、物力而造成巨大靡费。《周易》作者认为，祭祀的确是重要的社会活动，但没有必要以铺张浪费的方式来进行，因此倡导"二簋可用享"，仅仅献上合乎礼法制度的少量祭品，能够表达对祭祀对象的敬意即可。这正是"损"的思想精神的一种最好的

体现和应用方式。

④**损，损下益上，其道上行**：损卦的意义，就在于减损消极低下的方面，补益积极向上的方面，这是因为损卦展现出的天道法则是积极向上而行的。下与上，是自古以来评价事物的方式与观念，《说文》段注曰："上，高也；下，低也。高、低，相反相对。"因此所谓"下"即消极低下，与"上"意思相对。减损，是遵循着天道的真理，因此积极有利，不是片面的使人或事物的合理利益受到损害，而是减损原本超出合理范围的部分，使人或事物的合理的利益得以更加积极全面，故曰"其道上行"。

⑤**二簋应有时，损刚益柔有时**：以"二簋"的方式减损祭祀活动原本造成的靡费，需要匹应合理的程度和时机；在其他事物上应用损卦的哲学，通过减损刚强来补益柔顺，同样要对应合理的程度和时机。应，犹言对应、匹应。有时，犹言有所时机，践行损卦哲学不能一味以自身主观唯心的想法强行施为，而是要充分考虑事物的各方面因素，使之合乎天道的客观发展规律。

⑥**损益盈虚，与时偕行**：减损与补益、盈满与空虚，都是随着天道的客观规律不断运动与变化的，因此在实践当中要与天道的客观发展规律协调行动。

⑦**山下有泽，损**：损卦下卦兑象"泽"，上卦艮象"山"，构成了损卦的卦象。

⑧**君子以惩忿窒欲**：君子应当践行损卦的哲学精神，戒除忿恨急躁、窒塞贪欲妄想。减损了这些消极的情绪和欲望，才能使自身积极正面的精神得以加强和提高。惩，《玉篇》曰："戒也。"忿，《说文》段注曰："忿，以狷急为义。"欲，《说文》段注曰："贪也。感于物而动，性之欲也。欲而当于理，则为天理；欲而不当于理，则为人欲。"故"欲"在本句《象辞》中指不合乎天道、天理的消极之欲。

⑨已事遄(chuán)往，无咎；酌损之：已经开始的事情，就使其尽快发展下去，不会有什么咎害；但要酌情对其过程中消极不利的因素进行减损。损卦的精神与天道推动事物发展进步的精神是相通的，“损”是为了帮助事物获得更好的发展，而非减损那些有利于事物发展的因素，因此，当事物开始发展就要顺应形势使其积极快速地发展下去，只能在其发展过程当中酌情应用“损”的哲学和方法，而不能使事物本身受“损”。

⑩“已事遄往”，上合志也：已经开始发展的事物，就要使其快速发展下去（而不能损害其发展），因为事物的发展是合德于天道客观规律的至高无上的意志。

⑪利贞，征凶；弗损益之：九二位于下卦正中之位，有阳刚元吉之德，故而利于对“损”的精神保持坚定正固的态度，但长远来看却有凶险。因为其有阳刚元吉之德，因此未必需要减损就能带来补益。按：《周易》哲学强调辩证思想与实事求是的精神，“损”同样如此。即便在损卦当中，当事物处于阳刚元吉的积极情势下，就不能一味盲目教条地追求减损，在现实事物当中，很多情况下未必需要“损”就能获得“益”，此时若再盲目减损，反而是违背了《周易》与损卦的精神本质。

⑫九二利贞，中以为志也：犹言九二有利于坚守正固之志，是因为九二居下卦正中，有阳刚乾健之德，这才是本爻的根本之“志”，而非一味追求减损。

⑬三人行，则损一人；一人行，则得其友：本句爻辞以下卦三爻比作“三人”，下卦两阳一阴，一同行动就会因性质差异无法协调而必然需要减损居少数的六三阴爻；六三独自行动，就会在过渡至上卦的同时遇到六四、六五两个阴爻，即“友”。《说文》曰：“友，同志为友。”六三与其上两爻皆为阴爻，性质相同而可称为“友”。在传统观念中，人们往往会认为人多力量

大，但在某些情况下，众人的志向无法统一，此时就必然要选择减损，也许这样会使自身的实力减弱，陷入孤立无援的境地，但同时及早避免了志向不统一而产生的矛盾。下卦“三人”两阳一阴，六三居“柔”又是少数派，这样的局面下与两阳爻发生矛盾必然无力抗衡而招致更大的灾祸，因此主动选择减损之道，孑然而行才能找到与自己志同道合之“友”。

⑭**一人行，三则疑也**：在有些情况下往往独自一人才能继续行进，与志向不同者同行就会产生猜疑和矛盾。

⑮**损其疾，事遄有喜，无咎**：在事物发展当中有所减损使其不再过于迅猛，事物的发展同样能保持合理的迅速与高效并获得值得欣喜的情势，而不会有什么咎害。疾，《广韵》曰：“急也。”当用“疾速”表现事物发展迅速时，其中就有一种主观的感情。事物的合理发展是天道客观规律推动的结果，因此无须施加主观情感，也就是“损其疾”，事物同样能够继续合理发展。《系辞》曰：“唯神也，故不疾而速。”即属此意。本爻传世本多作“使遄有喜”，于文义难通；帛书本作“事遄有喜”，文义可通，本书据此改之。

⑯**“损其疾”，亦可喜也**：减损了主观人为的情感，事物同样呈现出可喜的发展情状。

⑰**或益之十朋之龟，弗克违，元吉**：犹言六五居上卦正中之位，就好比得到了价值“十朋”的大龟，这是天命所赐无法拒绝，是一种根本性质上的吉祥美好之象。或，好比、犹如之意。益之，犹言得益、得到。朋，古代社会以“贝”作为货币，将十个“贝”串成一串，两串即“一朋”，《诗经·小雅·菁菁者莪》即有“既见君子，锡我百朋”之句。龟，《说文》段注：“旧也。假借为故旧，即‘久’字也。从‘它（蛇）’，龟头与它（蛇）头同。天地之性，广肩无雄；龟鳖之类，以它（蛇）为

雄。”六五为阴爻，故以“龟”为喻。十朋之龟，犹言价值十朋的大龟，形容六五获益之大。

⑱**六五元吉，自上祐也**：六五之所以能得到“元吉”的至高评价，是因为其获益来自天道的恩赐与庇佑。

⑲**弗损益之，无咎，贞吉，利有攸往**：上九位于全卦之极，有天道乾健之德，因此未必需要减损就能获得补益，这样的情况没什么咎害，坚定持守（认识和应用损卦揭示的损益辩证思想）可获吉祥，利于事物有所发展。

⑳**得臣无家**：犹言“损”的精神可以使人得到臣仆追随辅佐，但不能称之为一个家庭，也就是说“损”只是一种具体的策略和手段，而不是本质性的目的。事物的发展进步根本上是为了得到“益”所代表的积极的结果，“损”是为了以辩证的方式带来“益”的结果，因此《周易》作者以“臣”和“家”来譬喻。

㉑**“弗损益之”，大得志也**：上九无须减损就能获益，因为上九上合于天道，最大程度上得到了天道的发展意志的助力。

第四十二卦　益

【原文】

益[1]　利有攸往，利涉大川[2]。

《彖》曰："益"，损上益下，民说无疆[3]；自上下下，其道大光[4]。"利有攸往"，中正有庆[5]；"利涉大川"，木道乃行[6]。益动而巽，日进无疆[7]；天施地生，其益无方[8]。凡益之道，与时偕行[9]。

《象》曰：风雷，益[10]；君子以见善则迁，有过则改[11]。

初九　利用为大作，元吉，无咎[12]。

《象》曰："元吉，无咎"，下不厚事也[13]。

六二　或益之十朋之龟，弗克违，永贞吉[14]；王用享于帝，吉[15]。

《象》曰："或益之"，自外来也[16]。

六三　益之用工事，无咎[17]；有孚中行，告公用圭[18]。

《象》曰："益用凶事"，固有之也[19]。

六四　中行，告公从，利用为家迁国[20]。

《象》曰："告公从"，以益志[21]也。

九五　有孚惠心，勿问，元吉[22]；有孚惠我德[23]。

《象》曰："有孚惠心"，勿问之矣[24]；"惠我德"，大得志[25]也。

上九　莫益之，或击之[26]；立心勿恒，凶[27]。

《象》曰："莫益之"，偏辞也[28]；"或击之"，自外来也[29]。

【注释】

①益：卦名，下震上巽。益，犹言增益、补益，《说文》段注："饶也。食部曰，饶，饱也；凡有余曰饶。"因此，益的精神在于盈满、充足，并能够将"有余"的部分补益给不足之处。《老子》第七十七章曰："天之道，损有余而补不足。"即属此理。至高无上的天道真理，总是通过减损事物多余的部分来补益其不足的部分，使事物的宏观整体永远处于一个动态平衡的和谐状态，因此事物才能不断积极发展前进。

②利有攸往，利涉大川：益卦揭示出天道的哲学真理，有利于事物有所持续发展进步，有利于运用其真理的人能够涉越河川向远方开拓。

③"益"，损上益下，民说无疆：事物的积累过程总是从下方基础开始不断向上积聚的，益卦的实践方式，就在于减损处于上方的积聚成果，使其惠及下方基层，则能使万民欣悦，这种积极美好的方式产生的道义的力量无远弗届。说，同"悦"。

④自上下下，其道大光：益卦的作用方式是自上而下的，其哲学真理伟大而光明。下下，前一个"下"犹言向下、下来；后一个下表示方位，犹言处于下面、下方。

⑤"利有攸往"，中正有庆：益卦的精神利于事物有所积极发展进步，是因为"益"用有中和正大的道义力量，必然能够带来值得欢庆的结果。

⑥"利涉大川"，木道乃行：利于涉越河川向远方开拓，是

因为“益”上卦为巽，象“木”，《王注》曰：“木者，以涉大川为常，而不溺者也。以‘益’涉难，同乎‘木’也。”古人以木造船来涉越江河，木在水中不沉，始终居于水面之上，如“巽”位于上卦之位，这种对天道客观规律的合理运用，就称为“木道”。

⑦**益动而巽，日进无疆**：益卦下震有“动”之义，上巽象风有“顺”之德，因此“益”是动态的，顺应着天道积极美好的客观规律，日日前进而没有尽头界限。

⑧**天施地生，其益无方**：益卦是依据于天道真理的，是至高至广的天地所施为和创生的，因此“益”的精神带来的积极作用是普遍、普惠的。本句之“益”，犹言益处、好处。

⑨**凡益之道，与时偕行**：一切对“益”的哲学精神的实践应用，都要与当时的客观时代背景相偕同，取其客观唯物的精神，而非主观唯心的刻意施为。

⑩**风雷，益**：益卦下卦震象“雷”，上卦巽象“风”，故“益”以“风雷”为象，也即《彖传》所谓“益动而巽”。

⑪**君子以见善则迁，有过则改**：君子应当取法“益”的精神，见到积极美善的事物就向其靠拢，有了过失就端正改善。

⑫**利用为大作，元吉，无咎**：初九位于卦起始和基础阶段，有刚健之德，因此在这个阶段运用“益”的精神有利于在接下来大有作为，从根本上吉祥美好，不会有过失咎害。“益”的精神首先在于原始积累，然后以盈余的部分来补益积累过程中存在不足的部分，如此才能获得不断的发展进步。初九为益卦起始阶段，故而首重积累；其有天道刚健之德，故而“利用为大作”。

⑬**下不厚事也**：初九能够得到“元吉，无咎”的积极前景，是因为这个阶段事物刚刚开始向上积累，下方还未丰厚，上方还未满盈。厚，犹言丰厚。事，代指事物积累的数量和程度。中国

古典哲学认为一切事物都有一个宏观总量，在其内部空虚的时候进行积累往往是合乎天道真理的、是安全的，一般不会产生问题。而事物一旦积累到盈满的时候就会达到天道真理所划出的一个临界点，一旦突破这个临界点往往就会导致崩溃，带来消极结果。因此，天道的价值观倡导动态平衡，倡导在积累到合理程度时就及时“损上益下”，如此才能形成一种正循环，使事物在整体上得以发展进步。

⑭**或益之十朋之龟，弗克违，永贞吉**：六二位于下卦正中之位，这一阶段就好像突然得到了“十朋之龟”般的巨大收获，其为天道所赐而不能拒绝，这时只要对“益”的精神永远坚定持守就能吉祥美好。

⑮**王用享于帝，吉**：人类文明与社会的领袖们敬献尊奉于那些通达天道的伟大圣贤，这样的局面吉祥美好。“王”与“帝”在中国古代文化当中的含义与今天不同。王，《说文》曰：“天下所归往也。董仲舒曰，古之造文字者，三画而连其中谓之王。三者，天、地、人也，而参通之者王也。孔子曰，一贯三为王。李阳冰曰，中画近上，王者则天之义。”因此，“王”在古代文化中有“文明与社会领袖”的含义。帝，《说文》曰：“谛也，王天下之号也。”《白虎通》曰：“德合天者称帝。”《吕氏春秋》曰：“帝者，天下之所适；王者，天下之所往也。”《管子·兵法篇》曰：“察道者帝，通德者王。”因此，“帝”之本义犹指通达天道之人。益卦六二犹在积累阶段，此时获“十朋之龟”正是天道大行之象。因此，这个阶段更要求带领人民大众奋斗积累的领袖们进一步追求天道的真理，才能在“益”的整体宏观过程中长盛不衰。

⑯**“或益之”，自外来也**：六二阶段获得“十朋之龟”的巨大收益，却用了“或益之”的表述，是说明这种收益并非纯粹是

来自人的奋斗，而是来自外界，也即天道真理的推动和庇佑。

⑰**益之用工事，无咎**：在增益积累的阶段，要运用合乎天道真理的规矩与法度，就不会有过失咎害。工事，各本皆作“凶事”，于文义不通，帛书本作“工事”，于全卦精神更为通顺。工，《说文》曰：“巧饰也。象人有规矩也。与‘巫’同义。徐锴曰，为巧必遵规矩、法度，然后为工；否则，目巧也。巫事无形，失在于诡，亦当遵规矩。故曰与‘巫’同义。”因此，“工事”就是说要运用规矩与法度来行为做事，这种思想与天道客观唯物的哲学精神相同，故本书取之。

⑱**有孚中行，告公用圭**：天道的客观真理在“益”的过程中以中和正道发展运行，因此要在触及公共利益的时候采取端正公平的态度。有孚，犹言天道有其客观规律。中行，犹言天道真理中和端正的精神。告，《说文》曰：“牛触人。角着横木，所以告人。”犹言触及、涉及。公，犹言公共、大众。圭，《说文》段注：“瑞玉也。瑞者，以玉为信也。上圆下方，法天地也，故应劭曰，圭自然之形，阴阳之始也。以圭为阴阳之始，故六十四黍为圭，四圭为撮，十圭为一合，量于此起焉。”因此圭在中国古代社会既是一种祭祀用的礼器，同时又象征着基本的度量衡制度。告公用圭，就是在涉及大众利益时运用“圭”引申出的公平制度。

⑲**“益用凶事”，固有之也**：此为《象传》作者按照“凶事”来解释爻辞含义。本书取帛书本作“工事”。

⑳**中行，告公从，利用为家迁国**：天道中正而行，这也是“益”的精神，在触及公众利益时就要遵从这种精神，六四已发展至上卦阶段，“益”已逐渐进入将要盈满的状态，此时运用天道中和端正的精神有利于决定下一步是就地建立家园，还是迁徙国邑寻找新的家园。帛书本作“为家迁国”，其他各本作“为依

迁国”，与文义不通，故取帛书本。为家，犹言就地建设家园；迁国，古代社会经常因战乱或灾害而发生一个区域内聚居的人们集体进行迁徙，寻找更适合居住生活的地方。为家迁国，犹言根据“益”在六四阶段的实际情况来判断后续如何发展。这样的大事涉及大众的集体利益，因此要践行“中行”的价值观。

㉑以益志：犹言以“益”的精神作为自身的志愿和价值观。

㉒有孚惠心，勿问，元吉：本爻九五位于上卦正中之位，有天道乾健之德，故曰“有孚惠心”，犹言内心思想已经完全专一于天道的真理。这是“益”的精神彰显和升华的阶段，因此无须有任何疑问，这是一种本质上的吉祥美好的情势。惠，《说文》曰：“仁也。徐锴曰，为惠者，心专也。”故有专一、专注、专心致志之意。

㉓有孚惠我德：九五阶段如同有天道真理泽惠我的精神意志。本句之“惠”犹言泽惠、恩泽、润泽。

㉔勿问之矣：犹言无须有所怀疑。

㉕大得志：犹言“我”最大程度上得以通达天道的积极美好的发展意志。

㉖莫益之，或击之：上九已经发展到全卦之极，阳刚亢进，象征“益”已盈满，因此这时候就不能再继续增益，反而可能需要用力推击进行提醒使其停下来。击，《说文》曰“攴也”，犹言推击，用来提醒。

㉗立心勿恒，凶：在上九的情势下不可树立起顽固不变的思想心念，因为这样会遭遇凶险。立心，犹言树立起思想心念。恒，持久、恒久，引申为顽固、固执于一种情势而不肯改变。

㉘“莫益之”，偏辞也：发出不要再继续增益的提醒，仅仅是上九阶段应该采取的行动的一部分，是片面以言辞提醒的方式来提醒。另一部分就是要及时出手提醒，而不仅仅是“莫益之”

这样的口头提醒。偏，犹言片面的、部分的、不完整的。

㉙**“或击之”，自外来也**：也许应当采用推击的方式来提醒，说明“益”在上九阶段已经陷入主观唯心的境地，只能依靠外来的提醒才能及时停下来。

第四十三卦　夬

䷪

【原文】

夬[1]　扬于王庭，孚号有厉，告自邑[2]；不利即戎，利有攸往[3]。

《彖》曰："夬"，决也，刚决柔[4]也；健而说，决而和[5]。"扬于王庭"，柔乘五刚也[6]；"孚号有厉"，其危乃光也[7]；"告自邑，不利即戎"，所尚乃穷也；"利有攸往"，刚长乃终也[8]。

《象》曰：泽上于天，夬[9]；君子以施禄及下，居德则忌[10]。

初九　壮于前趾，往不胜，为咎[11]。

《象》曰：不胜而往，咎也[12]。

九二　惕号，莫夜有戎，勿恤[13]。

《象》曰："有戎勿恤"，得中道也[14]。

九三　壮于頄，有凶[15]；君子夬夬独行，遇雨若濡，有愠无咎[16]。

《象》曰："君子夬夬"，终无咎也[17]。

九四　臀无肤，其行次且[18]；牵羊悔亡，闻言不信[19]。

《象》曰："其行次且"，位不当[20]也；"闻言不信"，聪不明[21]也。

九五　苋陆夬夬，中行无咎[22]。

《象》曰："中行无咎"，中未光也[23]。

上六　无号，终有凶[24]。

《象》曰：无号之凶，终不可长[25]也。

【注释】

①**夬**：卦名，下乾上兑。夬（guài），《彖传》曰"决也"，犹言决策、决定、决断。夬卦以乾为主卦，上承兑卦，象征作出决断要以天道的哲学真理为依据，才能产生积极作用而获欣悦结果。

②**扬于王庭，孚号有厉，告自邑**：作出的决断公开于朝野众人当中，以天道真理为依据高声发出呼号，警醒有危机将会来临，并且告知自己国邑的广大群众。"决"的精神是光明正大的，是合乎天道的积极美好的价值观，不是阴谋诡计，因此不能密谋，而要在大庭广众当中宣扬。"决"的目的在于对可能产生的危害和危机采取前瞻性的策略决断，因此要以"孚"，即天道真理为根本依据，才能具有说服力而得到大众的认同和遵从。"决"关系到大众的利益，非一己之私，因此要"告自邑"，使自己领导的人民大众都能知晓而妥善处理危机。扬，犹言宣扬、显扬。王庭，帛书本作"王廷"，朝野行政决策的公共场所。孚号，犹言以天道真理为依据高声呼喊。自邑，犹言自身统领的国邑臣民。

③**不利即戎，利有攸往**：不利于开展军事活动，有利于事物有所发展进步。即，就也，有从事、进行某事之意。戎，指兵戎，军事或战争活动。军事战争的成败取决于参战各方的各种因素，是广泛复杂的，是高度战略性的，而不仅取决于己方的决

策、决断。因此，在军事活动中片面强调决断的重要性，就会落入主观唯心的陷阱而遭遇失败，故而“不利即戎”。

④**刚决柔**：以刚健的天道真理来决断事物展现出的柔顺途径。天道的真理是客观唯物的，不以任何主观意志为转移，故曰“刚”；事物的发展途径是多种多样的，是有弹性的，而非一成不变的，因此曰“柔”。“决”就是以天道真理为依据来决断影响和改变事物的发展途径，故曰“刚决柔”。

⑤**健而说，决而和**：夬卦下乾有“健”之德，上兑有“说”（悦）之德，以天道真理为依据进行决断就能获得令人欣悦的结果，这样的决断就合乎天道的“中和”“和谐”的精神。

⑥**“扬于王庭”，柔乘五刚也**：夬卦由五阳一阴构成，阳爻占据强势多数，阴爻居弱势少数；阳爻喻“公”，阴爻喻“私”，因此“决”要公开宣扬于朝野而不可私藏。

⑦**“孚号有厉”，其危乃光也**：以天道真理为依据高呼危机来临，这样就能使危机得到曝光，帮助人们提前警觉进行预防。

⑧**“告自邑，不利即戎”，所尚乃穷也；“利有攸往”，刚长乃终也**：本句彖辞对卦辞的断句和理解与本书不同，故不译，以免造成混淆，请读者自行辨析。

⑨**泽上于天，夬**：夬卦下乾象“天”，上兑象“泽”，如同泽水升腾于天际。

⑩**君子以施禄及下，居德则忌**：君子应当取法“夬”的精神，将利益实惠遍施于基层大众，如果以“有德”自居就会引来嫌恶。禄，犹言实际利益。居德，即以德自居，自以为是。

⑪**壮于前趾，往不胜，为咎**：初九为夬卦起始，天道乾健之德尚未昌盛，此时强势贸然前进，如此决断必然无法带来胜利，只能造成咎害过失。壮，犹言强、盛，引申为强行、勉强之意，带有主观唯心的性质。前，犹言前进、前往。趾，本意脚趾，引

申为双脚。前趾，犹言前进的步伐。往，犹言发展下去，在本爻中犹言在条件不成熟、不充分的前提下作出决定并继续发展。胜，《说文》段注："任也。凡能举之、能克之皆曰胜。"犹言能够承担、能够做到。

⑫不胜而往，咎也：不能胜任其事，不能取得成功，仍然贸然发展下去，必定造成咎害。

⑬惕号，莫夜有戎，勿恤：九二占据乾卦中正之位，象征在黑夜里发生兵戎交战，但及时决断发出了警惕的呼号进行防范，因此不用忧恤遭遇偷袭。惕，犹言警惕、警醒。号，大声呼喊之意。莫，同"暮"；暮夜，犹言日落之后的黑夜。恤，即"忧恤"，担忧、心神不宁之意。

⑭"有戎勿恤"，得中道也：发生了兵戎交战但却不用忧恤担心，是因为九二顺应乾健中正之道，提前作出正确决断，发出了预警的呼号。

⑮壮于頄（qiú），有凶：面部肌肉胜壮而使得表情狰狞，说明有凶险之事发生。頄，《说文》曰"颧也"，《玉篇》曰"面颧也"，《广韵》曰"颊间之骨"，引申为脸面、面部表情。人的面部表情在平时是和缓自然的，"壮于頄"代表着面部表情因胜壮激烈的情绪而改变，有这样的反应必然是有凶险之事发生，故曰"有凶"。

⑯君子夬夬独行，遇雨若濡，有愠无咎：君子在"有凶"的险恶处境中以天道为纲，坚定作出决断，不受外界险恶的影响而孑然前进，风雨阻碍只能沾湿衣服而不能伤及君子本身，虽然外界的险恶处境带来的阻碍使君子感到愠怒，但有天道真理庇佑而不会产生实际的危害。夬夬，犹言决而又决，不为外界消极因素所动摇。独行，即坚持自身人格独立的思想精神而行动。濡，犹言淋湿、浸湿。愠，恨恼、怨恨之意。

⑰“君子夬夬”，终无咎也：君子能够坚持以天道真理作出决断，因此最终能够避免咎害。

⑱臀无肤，其行次且：腰胯没有肌肉，行动起来趔趄不稳。九四为上卦之初，在全卦中段靠上的位置，与人体腰胯部位所在的位置相似，故以“臀”为喻。臀，《博雅》曰“臀，谓之‘脽’（读作 shuí）”，《正韵》曰“脽，髋也”，即连接身体躯干与下肢的髋关节，也即腰胯。肤，本意指皮肤，可同“肌”，引申为肌肉；肌，《玉篇》曰“肌肤也”，《正韵》曰“肤肉也”。九四属刚健，犹象身体空有其“臀”，即腰胯骨骼，而没有属“柔”的肌肉来支撑关节的运动，故而行动起来趔趄不稳。次且，同“趑趄”（读作 zī jū），踉跄趔趄之意。

⑲牵羊悔亡，闻言不信：牵引着性情温和的羊使其顺应人的意志而行，就能使悔恨之事消失，其人听见了这样正确的建议却不采信。因此，这样错误的决定就使他的行动陷入（臀无肤，其行次且的）消极境地。羊，性情温和驯服的家畜，譬喻柔顺。九四有刚健之德，但在作出决定、决断的时候不能一味逞于刚健，片面强调刚健就会陷入刚愎自用的境地，从而造成“悔”的后果，因此要刚柔相济、因势利导，故曰“牵羊”，如此才能使得决定、决断带来的后续效果积极有益。

⑳位不当：九四所处的不恰当的位置使得作出的决断片面刚健。其处在下卦刚刚过渡到上卦的位置，自身与上下相邻之爻皆是阳爻，象征着过于刚健而没有柔顺的阴爻为辅，如爻辞“臀无肤”之喻，只有刚健的骨骼而没有足够的肌肉，行动自然趔趄不稳。

㉑聪不明：听到了正确的建议却没能够明白其道理内涵，因此造成了消极局面。聪，犹言听察。

㉒苋陆夬夬，中行无咎：在草木丛生的野地中不断作出合理

决定来寻找出路，以天道中正平和的精神指导自身行动就不会有咎害。苋陆，前辈学者多训为“商陆”，一种草本植物，在野外分布广泛，茂密而生，故以之譬喻草木丛生、路径难寻的野地。九五居上卦正中之位，象征被天道真理庇佑，因此能够不断作出合理决定，持守天道中正之德而行进。

㉓**中未光也**：九五虽居上卦中位，但却陷于丛生的苋陆当中，出路尚未光明显现。

㉔**无号，终有凶**：没能及时决断以发出预警的呼号，最终必然造成凶险。“决”是以前瞻性的决断、决策来指导后续的发展方向和路径，《老子》第五十九章曰：“治人事天，莫若啬。夫唯啬，是谓早服。”这里的“早服”犹言早做打算，提前做好准备之意。本爻所在的上六阶段已经转为阴性，离开了前五爻代表的天道乾健之德也就失去了前瞻性，因此这时即使作出了决断，也已错过了时机，最终必然凶险。

㉕**终不可长**：犹言上六之际的决断失去了前瞻性，因此最终无法长久健康地发展下去。

第四十四卦　姤

【原文】

姤[1]　女壮，勿用取女[2]。

《彖》曰："姤"，遇也，柔遇刚[3]也。"勿用取女"，不可与长也[4]。天地相遇，品物咸章也[5]；刚遇中正，天下大行也[6]。姤之时义大矣哉！

《象》曰：天下有风，姤；后以施命诰四方[7]。

初六　系于金柅，贞吉；有攸往，见凶[8]；羸豕孚蹢躅[9]。

《象》曰："系于金柅"，柔道牵也[10]。

九二　包有鱼，无咎，不利宾[11]。

《象》曰："包有鱼"，义不及宾[12]也。

九三　臀无肤，其行次且，厉，无大咎[13]。

《象》曰："其行次且"，行未牵[14]也。

九四　包无鱼，起凶[15]。

《象》曰：无鱼之凶，远民[16]也。

九五　以杞包瓜，含章，有陨自天[17]。

《象》曰：九五"含章"，中正也[18]；"有陨自天"，志不舍命[19]也。

上九　姤其角，吝，无咎[20]。

《象》曰："姤其角"，上穷吝[21]也。

【注释】

①姤：卦名，读作gòu，下巽上乾。姤，《彖》曰"遇也"；《象》曰"天下有风，姤"，下卦巽象"风"，上卦乾象"天"，如同巽风在天道真理之下吹拂世间万物，无所不遇。"姤"之"遇"，犹言天道真理与万物相遇，而非寻常事物之间相遇。

②女壮，勿用取女：巽风虽有柔顺的性质，却因其源于天道而盛壮不竭，不要希图可以掌握和控制巽风的运动方式和形态。女，在《周易》哲学中往往代指阴性，《系辞》曰"坤道成女"；巽风具有柔顺之德，故以"女"为喻。取，《说文》曰"捕取也"，有获得、掌控之意。取女，犹言尝试控制柔顺的巽风。

③柔遇刚：柔顺的巽风在吹拂的过程中遇到种种刚健的事物。柔，犹指风。风是一种自然现象，是由空气运动引起的，是动态的，其形成与运动都依据于自然法则，故以"柔"为喻。刚，犹指风在吹动过程中遇到的实体的、具象的、相对风的性质呈静态的种种事物。

④"勿用取女"，不可与长也：不要尝试掌控巽风，因为风是动态的，不会长久维持固定的形态。

⑤天地相遇，品物咸章也：抽象的天道与具象的自然界发生有机关系，于是形成了不同品类的世间万物，昭彰呈现于人们的眼前。品物，犹言凡品庶物、世间万物，《乾·彖》曰："云行雨施，品物流形。"咸，皆也。章，犹言彰显、昭彰。

⑥刚遇中正，天下大行也：具象的世间万物遇到了天道中正平和的客观发展规律的促进和推动，于是自然界就能够获得至大

长远的发展。刚，在这里代指与巽风柔顺性质相对的、具象的、实体的万物，是各自孤立的个体。当这些孤立的个体“遇中正”，即在天道的作用下发生了相互之间的有机联系，才构建成了完整的自然界，也即“天下大行”。天下，在这里代指统一、完整的自然界。

⑦**天下有风，姤；后以施命诰四方：**姤卦下巽上乾，如同巽风承载着天道的真理吹拂天下万物；继承了“姤”的哲学精神的贤德之人要实践天道的“命令”，将天道的真理广泛传告于四面八方。后，即“後”，犹言在巽风拂过万物之后，有德之人加以继承和发扬“姤”的精神；《泰·象》：“后以财成天地之道，辅相天地之宜，以左右民。”即属此例。施，《说文》段注“旗旖施也。旖旎以招摇”，有施展之意，引申为开展、践行。命，犹言“天命”，天道真理对人提出的行动要求。诰，《说文》曰“告也。徐曰，以文言告晓之也”，传告、通告之意。

⑧**系于金柅，贞吉；有攸往，见凶：**牵系于刹车制动的构件上，坚定持守就能获得吉祥；贸然有所发展前往，就会出现凶险的前景。初六位于“姤”的初始阶段，承载天道的巽风尚未达到盛壮之势，因此这时不宜主观妄动，而要懂得“刹车制动”，待巽风激扬之时再行动，才能获得良好前景。金柅，犹言古代车辆当中用金属制造的刹车构件。《王注》曰：“金者刚强之物，木者制动之主。”见，同“现”，出现、呈现之意。

⑨**羸豕复蹢躅：**羸弱的豕猪反复不断地躁动踟躇。本句以躁动不安的豕形容姤卦初六阶段的情势。此时巽风已生，但风势尚未盛壮，故曰“羸”。巽风的产生使万物出现生机，但又“有攸往，见凶”，因此暂时只能“系于金柅”，这样的局面就像豕猪躁动不安、反复徘徊一样。羸，羸弱、瘦弱。豕猪急不可耐地期待巽风使其强健，故曰“羸豕”。复，传世本作“孚”，帛书

本作“复”，反复、重复之意。本书认为爻辞所言豕猪是在初六阶段不断地重复其“蹢躅”的状态，而非一次或一阵，故认为作“孚”于文义不通，当取帛书本作“复”为宜。蹢躅，读作dí zhú，犹言“踯躅”，躁动不安、徘徊不定之貌。

⑩**“系于金柅”，柔道牵也**：要牵系于刹车制动之器，是因为初六有柔顺之德，牵制初六躁动的“羸豕”顺应于姤卦的客观发展阶段。柔道，犹言天道当中居“柔”的方面，和顺、有弹性，不僵化死板。

⑪**包有鱼，无咎，不利宾**：厨房中遇到一条鱼，没什么咎害，但是不利于用来招待宾朋。包，同“庖”，厨房之意。鱼，生活在水中，随水流而动，故有“阴”“柔”之性。本爻九二下临初六，构成阴阳二象；“庖”无水而遇到“有鱼”，同样构成阴阳二象。九二居下卦正中之位，有天道刚健之德，故而“无咎”。姤卦仅有初六一阴爻，如同“鱼”只有一条，因此不足以用来宴请宾客，故曰“不利宾”。按：“姤”之“遇”，又有机遇之意，是巽风带来的天道机遇，具有突然性，因此以“包有鱼”为喻。这种机遇是特定的，是有针对性的，不能传递和扩散，因此谓之“不利宾”。

⑫**义不及宾**：初六之“鱼”的哲学含义在于与九二构成阴阳偶合的关系，但全卦只有一个阴爻，因此无法再到达其他阳爻，即“宾”的位置并与之构成阴阳关系。及，犹言及至、到达。

⑬**臀无肤，其行次且，厉，无大咎**：只有刚健的骨骼而没有柔性的肌肉，行动起来踉跄不稳；这样的情形带有危险，但是不会造成过于重大的危害或过失。九三位于全卦中段位置，上下相邻相遇皆是同性阳爻，这种情形与夬卦九四类同，具体到姤卦，就代表九三之“遇”失去了多样性和辩证性，故而以“臀无肤，其行次且”为喻。

⑭**行未牵**：犹言九三之“遇”没有能够与阴爻发生牵系，无法建立起阴阳辩证的和谐关系。

⑮**包无鱼，起凶**：厨房里没有鱼，譬喻九四已经过渡至上卦，彻底远离了初六之“鱼”，其境遇已经陷入群阳同性之中。因此，九四刚健的哲学性质变得片面而单一，已经开始向凶险的境况发展。起，《说文》段注：“‘起’本发步之称，引申之训为‘立’，又引申之凡始事、凡兴作之称。”兴起、开始显现之意。

⑯**远民**：所谓“民”，犹言阴爻。阴为“女”“民”为喻，阳为“男”“君”为喻。本句《象》辞所言“远民”，即指九四上下所遇皆是阳爻同类，陷入群阳之中，而远离了能够与自身构成辩证关系的初六。

⑰**以杞包瓜，含章，有陨自天**：从高大的杞柳落下的枝叶包藏掩盖了地上结出的甜瓜，甜瓜若隐若现，又含蓄又显彰，这种杞柳枝叶与甜瓜构成的和谐美好的形态源自天道。杞，犹言杞柳，高大繁茂，喻于九五。瓜，《说文》段注：“艸部曰，在木曰果，在地曰瓜。”生长在地面上的可使用的果实，喻于初六。包，犹言包容、包藏，引申为覆盖、掩盖。枝叶散落没有完全覆盖住瓜，故而若隐若现，以“含章”形容。杞柳的枝叶从空中枝头落于瓜上，故曰“有陨自天”；枝叶与瓜的这种“相遇”是自然现象，因此，“有陨自天”又有天道真理下落于自然万物的深层含义。含章，犹言含蓄与彰显并存，《坤》“六三，含章可贞”，坤卦与乾卦都用以诠释天道，故“含章”又形容枝叶包藏掩盖甜瓜的形态合德于天道。陨，陨落、下落，《说文》段注：“从高下也。释诂曰，陨，下、落也。”

⑱**九五“含章”，中正也**：九五爻辞以“含章”形容“以杞包瓜”的形态，是因为九五位居上卦正中之位，有天道中正之德。

⑲**志不舍命**：九五表现出的精神意志没有脱离天道的运转规律。舍，同“捨”，舍弃、脱离之意。

⑳**姤其角，吝，无咎**：上九为姤卦之极，犹言“遇”已经发展到了顶点，此时仍然保持阳刚亢进的姿态已经没有意义而使人遗憾吝惜，但仍有天道庇佑而不会产生实际的过失咎害。角，犹言犄角顶尖、穷极之处，《晋》“上九，晋其角”即属此例。

㉑**上穷吝**：犹言上九阶段已经发展至穷极，“遇无可遇”，失去了“姤”的意义，故而“吝”。

第四十五卦　萃

【原文】

萃[1]　王遐有庙，利见大人[2]；亨，利，贞[3]；用大牲吉，利有攸往[4]。

《彖》曰：“萃”，聚也；顺以说，刚中而应，故聚也[5]。“王假有庙”，致孝享也[6]；“利见大人”，聚以正[7]也；“用大牲吉，利有攸往”，顺天命也[8]。观其所聚[9]，而天地万物之情可见矣！

《象》曰：泽上于地，萃[10]；君子以除戎器，戒不虞[11]。

初六　有孚不终，乃乱乃萃[12]；若号，一握为笑[13]；勿恤，往，无咎[14]。

《象》曰：“乃乱乃萃”，其志乱也[15]。

六二　引吉，无咎[16]；孚乃利用禴[17]。

《象》曰：“引吉，无咎”，中未变也[18]。

六三　萃如嗟如，无攸利[19]；往无咎，小吝[20]。

《象》曰：“往无咎”，上巽也[21]。

九四　大吉，无咎[22]。

《象》曰：“大吉，无咎”，位不当也[23]。

九五　萃有位，无咎，匪孚[24]；元永贞，悔亡[25]。

《象》曰："萃有位"，志未光也[26]。

上六　桼祈涕洎，无咎[27]。

《象》曰："赍咨涕洟"，未安上也。

【注释】

①萃：卦名，下坤上兑。萃，有积聚、会聚之意；《象》曰"聚也"，《说文》段注曰："聚，会也。一曰邑落曰'聚'。邑落，谓邑中村落。"因此，"萃"之"聚"，犹言人们为了共同的利益需求而生活在一起，形成一个个构成整个社会的聚落。"萃"的精神，就在于团结和凝聚众人，形成合力来共同发展进步。

②王叚有庙，利见大人：人类文明和社会长远发展，但永远保持对祖先根源的追思和敬仰，通过这种追根寻源的观念和方式，能够帮助原本分散为个体的众人团结起来形成"聚萃"的局面；在以"萃"的哲学精神团结众人的过程中，有利于涌现出德行完备的领袖之人。王叚有庙，传世本作"王假有庙"，帛书本作"叚"，本书认为假与叚当同"叚"，取其传承久远之意，《家人》"九五，王叚有家，勿恤，吉"，即属此例。

③亨，利，贞：萃卦的精神通达于人类文明与社会，故曰"亨"；益于促进人类文明和社会的发展进步，故曰"利"；"萃"体现着天道周行而不改的客观规律和正大的精神，故曰"贞"。

④用大牲吉，利有攸往：以成年的牛为祭品来祭祀天地祖先可获吉祥，"萃"的精神利于事物的发展进步。大牲，《说文》段注："牛完全也。周礼庖人注，始养之曰畜，将用之曰牲。"以成年之牛敬献祭祀为喻，说明了"萃"对于社会生活和大众的发展进步的至关重要性。

⑤顺以说，刚中而应，故聚也：萃卦下坤为"顺"，上兑

为“说（悦）”，象征顺应天道而感到欣悦；居上卦正中之位的九五代表刚健的天道与下卦坤代表柔顺的地德相呼应，构成阴阳和谐的关系，有了这种和谐美好的局面，所以形成了众人团结凝聚的结果。在践行“萃”的哲学精神以团结众人的过程中，顺应天道真理，顺应众人的发展意志和根本利益需求，才能使众人都能够感到欣悦，自然地、真正地形成团结凝聚之势。刚中，犹言天道刚健的真理意志。

⑥**致孝享也**：为了表达自身的孝心而祭祀祖先。致，犹言致意、表达。孝，指后辈对先辈祖先的尊崇敬奉。享，即享祀。

⑦**聚以正**：聚萃应当以有德之人作为领袖，带领众人以正道而行才能达成。

⑧**顺天命也**：顺应了天道展现出的命运和意志。

⑨**观其所聚**：犹言仔细观察审视以“萃”的哲学精神团结凝聚众人的过程和现象，就能理解和认识天道的哲学真理。

⑩**泽上于地，萃**：萃卦下卦坤象“地”，上卦兑象“泽”，泽上于地，犹言地下水泉涌出地面，汇流集聚。

⑪**君子以除戎器，戒不虞**：君子应当取法“萃”的精神，养护和更新武备军械，戒除和防备可能存在的隐患。除，《说文》段注曰：“凡去旧更新皆曰除。”戎器，即兵器、武器。戒，《说文》段注曰：“警也。持戈以戒不虞。”警戒、防备之意。不虞，即不测、不备，存在隐患之意。

⑫**有孚不终，乃乱乃萃**：初六为萃卦起始阶段，此时开宗明义指出，团结凝聚众人要始终以天道真理为纲，如果虎头蛇尾，这样的会聚必然是混乱不治的。有孚，犹言有天道的真理为依据。不终，有始无终之意。乃乱乃萃，犹言只有会聚的形式而没有“萃”的精神，会聚之众也就成了乌合之众。乃，语助词。乱，《说文》段注“不治也”，形容没有秩序、没有凝聚力。

⑬若号，一握为笑：如果在会聚起始之际就高声呼号，宣示出天道的真理，众人就能像握紧的拳头一样团结一致。若，如果、假如之意。号，高声呼号，发表宣言。握，《说文》曰“扼持也”，陆佃云：“持五指也，在外为持，在内为握。”用力将五指握成拳头之意。一握，犹言众人会聚合——就像拳头一样紧密团结在一起。笑，《广韵》曰：“欣也，喜也。”为笑，犹言发出欢欣的笑声，形容众人团结凝聚而产生的欣喜之情。

⑭勿恤，往，无咎：初六阶段虽然首先对“乃乱乃萃”的可能性进行了警示，但也指出了避免的方法，因此无须过分忧恤，大胆向前发展，不会有什么实际的咎害。

⑮“乃乱乃萃”，其志乱也：说明“乃乱乃萃”是因为会聚众人的思想意志缺乏统一的纲纪而造成混乱。

⑯引吉，无咎：六二位居下卦中正之位，在此阶段引导众人以坤卦象征的顺应天道真理的精神进行会聚就能收获吉祥，不会有任何咎害。引，引导、引领之意。

⑰孚乃利用禴：犹言六二合乎于天道真理，因此有利于通过夏祭祖先的方式来引导和促进参与祭祀的众人形成团结凝聚。孚，针对“引吉”而言。禴，读作yuè，《说文》段注：“夏祭也。周礼，以禴夏享先王。”这里的“先王”犹言有德先贤。

⑱中未变也：六二代表坤卦中和、中正、顺从于天道真理的精神没有发生改变，因此有“孚”，并且“利用禴”。

⑲萃如嗟如，无攸利：六三位于下卦向上卦转换之际，已经过了六二合德于天道真理的阶段，又尚未过渡到上卦，此时进行会聚就会因时机不对而发出连声嗟叹，无法带来积极正面的利益。

⑳往无咎，小吝：六三阶段无所利益，但继续发展下去也不会产生咎害，只是略显可惜。

㉑**“往无咎”，上巽也**：六三阶段继续发展下去不会产生咎害，是因为六三与接下来的九四、九五共同构成了“巽卦”的结构。发展下去到九四阶段“大吉，无咎”，再发展到九五阶段更是以其上卦正中之位而象征着天道中正精神。六三后续的两个阶段皆是含义积极正面的阳爻，因此“往无咎”。

㉒**大吉，无咎**：九四与六三构成了阴阳辩证统一的和谐关系，因此在九四阶段进行会聚就能收获“大吉”，但此时尚未发展到九五中正之位，无法真正达成团结凝聚，因此仅止于“无咎”。按：《周易》所谓“无咎”并不是一个全美之词，仅仅是说明没有带来或造成过失和咎害，但也没有带来更多的“利”，因此九四还需要更进一步地发展，才能真正通达“萃”的精神实质。

㉓**位不当也**：九四没有处在最合理、最适当的发展位置，因此虽“大吉”却只能“无咎”。

㉔**萃有位，无咎，匪孚**：九五阶段会聚的众人各自都有了立足容身的位置，这样的情形没什么过失咎害，但却并非以天道的客观规律自然发展而成，其中有主观人为因素在干预。按：萃卦倡导的会聚应当是一种自然形成的和谐而团结的集体，而不应当以“有位”这样的个体利益为目的。人人“有位”，虽然不至于带来咎害，但这种以个体利益为导向的会聚必然形成内部的不平等、不公正的局面，也就违背了“萃”的本质精神，故曰“匪孚”。匪，同“非”。

㉕**元永贞，悔亡**：只有从根本上永远坚定持守“萃”的哲学精神，才能使“有位”造成的悔恨之事消亡。元，《说文》曰“始也”，万物始于天道，犹言本质、根本。以“有位”为目的的会聚必然会发展成内部不平等、不公平的利益集团，这样的会聚就脱离了“萃”的精神本质，只剩下利益联系而没有了“一

握”而形成的凝聚力，必然带来“悔”的后果。因此，要“元永贞”才能真正形成“萃”所倡导的和谐而团结凝聚的局面。

㉖**志未光也**：犹言九五之“萃”虽然占据上卦中位而“有位”，但“萃”的精神实质却并没有真正光大。

㉗**粢祈涕洎，无咎**：读作 zī qí tì jì。上六为全卦之极，犹象众人真正达成了团结凝聚，祭祀谷神祈求上天降福而涕泪俱下，不会带来咎害。“萃”的根本目的在于团结众人，群策群力共同发展。上六已达成“萃”的最高形式，此时众人心怀诚挚，共祭天地社稷，企望农事可获五谷丰登，这是大众的共同愿望，也是团结众人投入生产的有效手段，因此“无咎”，不会产生消极负面的作用。团结凝聚众人之力，只是达成了先决条件，其真正目的是生产与发展，因此上六仅仅以“无咎”为判，而没有言明是否有“利”。按：传世本作“赍咨涕洟”，读作 jī zī tì yí，其意与全卦主旨不合，故不取。本书通过对帛书本所载文字进行辨认，认为当作“粢祈涕洎”。粢，与传世本“赍”字皆同“齎”，可判断为是在传世过程中因字音相近而产生的讹误。粢，《说文》曰：“稷也。稷，五谷之长也。”在古代文化中又代表谷神，后世以代表土神的“社”与之组成“社稷”这个词汇，是古代农业社会的根本；在古代社会活动中祭祀“社稷”是占据至关重要地位的。祈，《说文》曰“求福也”，犹言通过祭祀天地社稷祈求福祉，以利风调雨顺、五谷丰登。洎，《说文》曰“灌釜也”，即将水灌满锅釜之意。涕洎，犹言涕泪俱下。

第四十六卦　升

【原文】

升[1]　元，亨[2]；利见大人，勿恤，南征吉[3]。

《彖》曰：柔以时升[4]，巽而顺[5]，刚中而应，是以大亨[6]。“用见大人，勿恤”，有庆也[7]；“南征吉”，志行也[8]。

《象》曰：地中生木，升[9]；君子以顺德，积小以高大[10]。

初六　允升，大吉[11]。

《象》曰：“允升大吉”，上合志也[12]。

九二　孚乃利用禴，无咎[13]。

《象》曰：九二之“孚”，有喜也[14]。

九三　升虚邑[15]。

《象》曰：“升虚邑”，无所疑也[16]。

六四　王用享于岐山，吉，无咎[17]。

《象》曰：“王用享于岐山”，顺事也[18]。

六五　贞吉，升阶[19]。

《象》曰：“贞吉升阶”，大得志也[20]。

上六　冥升，利于不息之贞[21]。

《象》曰：“冥升”在上，消不富也[22]。

【注释】

①升：卦名，下巽上坤。升，古义“登”“进”。《周易正义》曰：“升者，登上之义。”《程传》曰：“升者，进而上也。”《说文》段注曰：“十合也。律历志曰，合龠为合，十合为升，十升为斗，十斗为斛。”因此，“升”有通过积累而进位的含义，《大象传》曰：“积小以高大。”即属此义；又“古经传‘登’多作‘升’，古文假借也。”

②元，亨：升卦揭示着天地万物皆是依据天道的客观规律，由最根本、最基础的哲学元素累积衍化而成，故曰“元”；“升”的哲学精神通达万事万物，故曰“亨”。

③利见大人，勿恤，南征吉：在“升”的哲学精神发展和作用的过程中有利于产生德高有道之人，不用感到忧恤，持续向南方——天道昭彰的远方进发前景吉祥美好。按：升卦下巽上坤，卦中代表刚健之德的阳爻并未处在尊位，也就是上卦居中的位置，“利见大人”难免使人有所质疑，因此卦辞特意以“勿恤”提醒，只要保持天道昭彰的方向不断前进，就能获天道庇佑而“吉”。南方，乾为南，太阳在一天当中运动的最高点，即正南方向，故而古人常以南方喻为天道的方向。本句在传世本中作“用见大人”，《周易》全文仅此一例，且文义与全卦主旨不合；帛书本作“利见大人”，当取帛书本。

④柔以时升：构成升卦的下巽上坤皆有“柔”，也即顺应天道之德；天道的客观发展规律随着时间的推移不断展现，因此“升”的哲学精神既要遵从天道的客观发展规律，又要跟随时间的推移逐步积累。

⑤巽而顺：升卦下巽上坤，坤卦有“顺”之德，象征一切事物都顺应着天道巽风吹拂的方向而动，故曰“巽而顺”。

⑥刚中而应，是以大亨：象征天道刚健精神的九二占据下卦正中之位，匹应着全卦的精神，所以“升”的哲学含义至大而亨通。

⑦“用见大人，勿恤”，有庆也：《彖传》所引用“用见大人”可能是在文本传世过程中出现的讹误。

⑧“南征吉”，志行也：向南方代表的天道的方向长远进发可获吉祥，是因为“升”的思想意志得以顺应天道而能畅通运行。

⑨地中生木，升：升卦下巽象“木”，上坤象“地”，如同草木从地面破土而出、不断生长。

⑩君子以顺德，积小以高大：君子应当取法并顺应“升”的哲学精神，通过不断积累细小之事，逐渐升进累加而形成完整全面的人格。高大，与“积小”对文；高，动词，形容不断积累增加、逐渐升高。“升”的哲学精神是中国古代先贤共同推崇的积极价值观，《老子》第六十四章曰：“合抱之木生于毫末，九层之台起于累土，千里之行始于足下。”正是对本句象辞的最佳注解。

⑪允升，大吉：初六是升卦的起始阶段，此时对“升”的哲学精神建立起信念与肯定，前景至大吉祥。允，《说文》曰“信也”，《增韵》曰“肯也”。

⑫上合志也：在起始阶段建立起对“升”的肯定与确信可获大吉，是初六因为与上方的其他五爻的思想精神相契合。

⑬孚乃利用禴，无咎：六二阶段有利于通过祭奉追思有德先贤，来强化对“升”的信念，这样做不会造成过失与咎害。九二位居下卦正中之位，有天道刚健之德，故而应当在天道庇佑下进一步采用“禴”的方式，追思有德先贤并传承其思想精神，来强化对“升”的信念。禴，读作 yuè，《说文》段注：“夏祭也。周礼，以禴夏享先王。”这里的“先王”犹言有德先贤。

⑭九二之“孚”，有喜也：犹言九二阶段加强了对“升”的信念，值得欢喜。孚，在《周易》哲学中本指对天道客观真理的信念，在本卦及《萃》卦中特指对“升”和“萃”的坚定信念。

⑮升虚邑：在天道真理的推动下升进到了全新的高度和境界。虚，《说文》段注：“大丘也，昆仑丘谓之昆仑虚。昆仑丘，丘之至大者也。释水曰，河出昆仑丘。海内昆仑之虚在西北，帝之下都。”按：昆仑丘即古人地理观念中认为的昆仑山，是包括黄帝在内的天神所居之地，被誉为万山之祖，是养育了中华民族的母亲河——黄河的发源地，因此被认为是华夏文明精神之源。因此，“虚”有超越凡间人世、奇妙虚幻之义。虚邑，即奇妙虚幻的城市，引申为超越凡俗的至高境界。经历了初六与九二的积极发展，九三继续以阳刚乾健之德推动着“升”，此时已是下卦向上卦转化之际，故而九三之“升”进入了“虚邑”，达到了一个全新的高度和境界。

⑯无所疑也：九三能够达到“升”的全新至高境界，说明“升”的哲学精神无可置疑。如果对“升”有所犹疑，其发展必然陷入停滞甚至倒退，而不可能“升虚邑”。

⑰王用享于岐山，吉，无咎：社会和文明的领袖在岐山进行祭奉，吉祥美好，不会造成咎害。岐山，相传商末，周部族迁徙到岐山地区，在此发展壮大，最终建立了周王朝。岐山为周朝肇兴之地，留下了“凤鸣岐山”的典故，预示着周文王和周王朝的崛起。后世相传《周易》即为文王、周公所著，因此升卦“王用享于岐山”，即在强调升卦完成了下卦向上卦的转换，进入了新的阶段，因此文王的后继者要通过祭祀仪式来寻根溯源，追思周室祖先开创功业的“岐山精神”，为今后继续发展和升进打下更加坚实的思想基础。

⑱顺事也：犹言在六四阶段进行岐山祭祖活动，是顺应了事

物发展的客观规律而为之，有其必要性和重要性。

⑲**贞吉，升阶**：六五位居上卦正中之位，上卦为坤，象征顺应天道真理。在此阶段坚守坤卦，顺应天道之德必然吉祥美好，升进于通往宫殿的阶梯，逐渐走向巅峰。阶，《说文》段注曰：“陛也。凡以渐而升皆曰‘阶’。”陛，《玉篇》曰：“天子阶也。”故“升阶”犹言在通往天子宫殿的阶梯上逐渐上行。

⑳**大得志也**：六五之“升”正在逐渐登上象征天子权力的至高之位，大得其志。

㉑**冥升，利于不息之贞**：上六达到全卦之极，此时之“升”已经进入冥昧而难以认知的阶段，有利于在后续升进的过程中不息止地坚定固持“升”的哲学精神。按，《周易》哲学认为包括天道在内的一切事物都是不断发展前进的，升卦虽然有极，但“升”的精神无极，前人受知识和眼界所限而无法预见后人之“升”，故谓“冥升”。因此后人如果想要继承前人之志继续升进，就要不断坚定保持和运用“升”的精神，才能不断超越前人、突破自身极限，长久保持发展和进步。冥，《说文》曰“幽也”，《广雅》曰“暗也”，《玉篇》曰“窈也，夜也，草深也”，犹言环境光线昏昧不明。

㉒**“冥升”在上，消不富也**：上六已升进至冥昧般的至高境界，此时如果消解而不能持守“升”的精神，“升”的趋势就无法得到充分的支撑而难以持续。消，犹言消解、消融。不富，不足够、不充分。

第四十七卦　困

【原文】

困[1]　亨，贞[2]；大人吉，无咎[3]；有言不信[4]。

《彖》曰：困，刚揜也[5]。险以说，困而不失其所亨，其唯君子乎[6]。“贞，大人吉”，以刚中也[7]；“有言不信”，尚口乃穷也[8]。

《象》曰：泽无水，困[9]；君子以致命遂志[10]。

初六　臀困于株木，入于幽谷，三岁不觌，凶[11]。

《象》曰：“入于幽谷”，幽不明也[12]。

九二　困于酒食，朱绂方来，利用享祀[13]；征凶，无咎[14]。

《象》曰：“困于酒食”，中有庆也[15]。

六三　困于石，据于蒺藜，入于其宫，不见其妻，凶[16]。

《象》曰：“据于蒺藜”，乘刚也[17]；“入于其宫，不见其妻”，不祥也[18]。

九四　来徐徐，困于金车，吝，有终[19]。

《象》曰：“来徐徐”，志在下也[20]；虽不当位，有与也[21]。

九五　劓刖，困于赤绂，乃徐有说，利用享祀[22]。

《象》曰：“劓刖”，志未得也[23]；“乃徐有说”，以中直也[24]；

"利用祭祀"，受福也[25]。

上六　困于葛藟、于臲卼[26]；曰动悔有悔，征吉[27]。

《象》曰："困于葛藟"，未当也[28]；"动悔有悔"，吉行也[29]。

【注释】

①困：卦名，下坎上兑。困，《广韵》曰"穷也，苦也"，《序卦》曰"升而不已则困"，故困卦就是在阐述一种陷于困穷状态而无力摆脱的状态。"困"的精神在于分析这种状态，并依据天道真理找到解决办法。

②亨，贞：遭遇"困"的状态依然可以通达天道真理而摆脱困境，故曰"亨"；在遭遇"困"的状态时要坚定依照天道的真理来摆脱困境，故曰"贞"。

③大人吉，无咎：德行端正之人在遭遇"困"的状态时仍然可以摆脱，而获得吉祥美好的前景，不会造成实际的过失咎害。

④有言不信：遭遇"困"的原因就在于嘴上说着天道的真理正言，内心却不加以采信。言，《说文》曰："直言曰言，论难曰语。""言"的本义即学问和道理，在中国古典哲学中往往代指阐述和说明天道真理思想的学问和道理，《老子》曰："多言数穷，不如守中。"又曰："信言不美，美言不信。"即属此例。《夬卦》九四"牵羊悔亡，闻言不信"与本句含义类同，都是形容拒绝听信天道真理。

⑤困，刚揜（yǎn）也：困卦的核心要义，就在于象征刚健天道的阳爻被阴爻掩蔽包围。揜，同"掩"，掩盖、掩蔽之意。困卦的上卦与下卦虽然都以阳爻居中，但外部都有阴爻掩蔽，不能光大彰显，故而陷入困穷。

⑥困而不失其所亨，其唯君子乎：虽然陷入困穷之中，但思

想精神仍然通达天道真理而没有迷失，这才是有德君子。

⑦“贞，大人吉”，以刚中也：陷入困穷但仍然坚定尊奉天道真理，德行端正之人能够获得吉祥美好的前景，这是因为代表天道刚健之德的阳爻居于上下卦正中之位，天道真理在其中发挥着核心作用。

⑧尚口乃穷也：犹言对天道真理口是心非，说一套做一套，因此陷入困穷境地。尚，犹指崇尚、崇奉。尚口，即片面崇尚强调言辞话语。知行合一，虽然是由明朝思想家王阳明提出的，但中国古典哲学其实自古以来都倡导这种观念，《老子》曰：“吾言甚易知，甚易行。天下莫能知，莫能行。”又提出“载营魄抱一，能无离乎？专气致柔，能如婴儿乎？”的有力诘问，就是强调要知行合一，将对天道真理的认识和自身行为实践结合起来。

⑨泽无水，困：困卦下坎象“水”，上兑象“泽”；有泽而无水就意味着干涸、干旱，引申为困穷。

⑩君子以致命遂志：君子应当取法困卦的哲学精神，使自身致达天命、遂行天道的意志。本句所言“致”“遂”，犹言达成、完成；“命”“志”，即天道的命令和意志。天道的命令与意志在于推动万事万物的发展进步，陷入困穷境地正是由于违背了天道的命令和意志。因此，有德君子应当取法困卦的哲学精神来改善和提高自身修养，避免陷入“困”的消极境地。

⑪臀困于株木，入于幽谷，三岁不觌（dí），凶：腰胯主导的身体活动机能困穷乏力，双腿如同树木扎根地下不可转移，这种困穷的状态犹如进入幽深晦暗的深谷当中，长久难以重见天日，凶险。臀，犹言腰胯，《夬》与《姤》爻辞所谓“臀无肤，其行次且”即属此例。株，《说文》曰：“木根也。徐曰，在土曰根，在土上曰株。”本义指树木露出地表的根系。木，《说文》曰：“冒也。冒地而生，东方之行。从中，下象其根。”株木，

本义指树木的根系冒出地面，用来形容“臀困”的状态。幽，《说文》曰“深隐也”,《玉篇》曰“不明也”。幽谷，即幽深晦暗、不见天日的山谷。初六为全卦最下，“困”的程度最深，故以“幽谷”为喻。三岁，本意指三年，引申为长期、很长时间。觌，相见。本句与《坎》卦上六“系用徽缰，寘于丛棘，三岁不得，凶”的文法和思想含义相类似。

⑫**幽不明也**：山谷幽深晦暗，无法见到日月之光。不明，引申为无法见到天道真理的光明。

⑬**困于酒食，朱绂（fú）方来，利用享祀**：一定时期内困陷在文明发展的初级阶段难以跨越，后续自然发展催化出更为先进完善的社会阶段，利于运用敬奉上天、追思祖先的祭祀活动来承前启后，推动文明和社会继续发展进步。酒食，即人类文明初级阶段发明酿酒与基础农业活动。酒，《说文》曰：“就也，所以就人性之善恶。一曰造也，吉凶所造也。古者仪狄作酒醪，禹尝之而美，遂疏仪狄。杜康作秫酒。”按：仪狄、杜康，据记载都是生活在夏朝时期，是中华文明最早的酿酒人。人在酒醉之后精神情绪都会受到影响，将人性最真实的一部分暴露出来，因此《说文》谓之“所以就人性之善恶”。酒既是自古以来祭奉上天与祖先的仪式用品，也是日常生活中的重要饮品，人们遇到吉庆之事喜欢喝酒，又常常因喝酒贪杯而引发祸患，故谓之“吉凶所造”。因此，酒的发明被定义成文明诞生的重要标志，同时也在文明的发展完善过程中扮演着重要角色。食，《说文》段注：“亼米也。亼，集也，集众米而成食也。”此为“食”字本义，食用、进食之意乃引申之义。因此，“食”在古代汉语中的意义就是将粮食集中贮藏起来，以供日常生活食用。按：原始社会的人类以渔猎和采摘野果为生，在后来才逐渐发展出粮食的生产和贮藏，也就是“食”。《古史考》曰：“古者茹毛饮血，燧人钻火，而人始裹

肉而燔之，曰炮。及神农时，人方食谷，加米于烧石之上而食之。及黄帝，始有釜甑，火食之道成矣。”可见，“食”的成熟完善同样是文明诞生的重要标志。因此，“酒食”在本句爻辞中的含义就是代指文明诞生的初期。朱，《说文》段注：“纯赤也。”绂，《博雅》曰“绶也”，即装饰衣物的丝带；又同“黼”，《说文》曰“黑与青相次文”，即衣服表面黑色与青色相间的装饰纹理。朱绂，即大红底色的衣服，上面装饰着绶带或黑色与青色的纹理。这种形制考究、制作工艺复杂的衣物的出现，无疑意味着文明程度相较“酒食”所喻的阶段已经发生了极大的进步。方，古有比、并之意。朱绂方来，与《比》卦“不宁方来”文法类同，犹言在“酒食”发明之后，形制复杂的制衣技术代表的更高级的阶段跟着出现了。

⑭**征凶，无咎**：九二阶段仍然处在“困”的较为初级原始的阶段，其后的长远发展过程中必然有诸多困难和凶险，故曰“征凶”；但九二居下卦正中之位，象征天道刚健之德庇佑，因此才能实现从“酒食”到“朱绂”的发展进步，故曰“无咎”。

⑮**中有庆也**：九二居下卦正中之位，虽然长远发展之路上仍有凶险所伏，但本身得天道庇佑，仍然有值得欢庆的积极方面。

⑯**困于石，据于蒺藜，入于其宫，不见其妻，凶**：困陷在陡峭山石之间，只能抓紧脆弱的蒺藜藤草避免摔落，这种境况就好像回到了家里却没有妻子，家庭不完整，孤立无援，因此境况凶险。石，犹言山石。据，《说文》曰“杖持也”，倚仗、凭借之意。蒺藜，地面与山坡上常见的草木植物，分布广泛但低矮脆弱。按：六三位居九二、九四之间，山石譬喻两个刚健阳爻，蒺藜譬喻居中的六三，这种形象正如一个人困在陡峭的岩石之间几欲滑落，只有身边柔弱的蒺藜藤草可供抓握，进退两难、孤立无援。“入于其宫，不见其妻”，同样形容其人孤独、孤立的困穷

状态。

⑰**乘刚也**：犹言六三与上下两个阳爻的关系。

⑱**不祥也**：家里没有妻子也就意味着家庭不完整，其人孤独难立，是一种不祥之象。

⑲**来徐徐，困于金车，吝，有终**：行动速度慢慢悠悠，虽乘坐着豪华的车辆却困陷其中而难以达到理想的前进速度，令人遗憾可惜，但还是能够达到终点。来，犹言行进而来。徐，《广韵》曰“缓也”，《广雅》曰“迟也”。徐徐，犹言前进速度迟缓。金，形容价值贵重。金车，犹言外观金贵豪华的车辆。

⑳**志在下也**：九四象征的“金车”行动缓慢，原因在于下卦。下卦为坎，象征坎坷不平的道路，车辆行于其上必然徐徐缓行，难以快速。

㉑**虽不当位，有与也**：犹言九四虽然没有处在最恰当合适的位置（即九五之位），但其与后续阶段的九五同为刚健阳爻，同志相应而得助力，因此“金车”行动虽慢，但仍然能到达终点。与，同类之义。

㉒**劓刖，困于赤绂，乃徐有说，利用享祀**：九五挟连续两个阳爻的刚健之势接连使用削鼻与削足之刑，一味逞强、滥用暴力，说明九五虽居尊位但过激而穷困，也即《序卦传》“升而不已则困”，但逐渐脱离了这种状态，此时利于运用祭奉上天和先祖的祭祀活动来沟通天道，追思前辈先贤之德，使自身回归正道。劓刖，皆古代的残酷刑罚，譬喻滥用强权暴力。九四、九五两阳重叠，故而陷入了偏激片面，连续使用了削鼻与削足之酷刑。赤绂，即大红色的衣物加以文饰。赤，《说文》曰“南方色也”，《说卦传》曰“乾为大赤”，疏曰“取其盛阳之色也”。九五占据全卦尊位，又有阳刚乾健之德，故谓之“赤绂”，譬喻其刚健鼎盛。徐，逐渐、逐步。说，同“脱”。利用享祀，各本

作“利用祭祀”，本书依帛书本改之，与九二爻对文。

㉓“劓刖”，志未得也：滥用劓刖之刑，表示九五刚健过激，反而违背了“困”的思想精神。

㉔以中直也：能够逐渐脱离刚健过激的状态，是因为九五位居全卦正中之位，又有天道高尚正直的精神辅佐。

㉕“利用祭祀”，受福也：九五能够摆脱刚健过激之后及时运用享祀之礼祭告天地祖先，是接受九五代表的天道真理的赐福。

㉖困于葛藟、于臲卼：上六为全卦之极，象征困陷于葛藟藤蔓的纠缠当中难以自拔，又象困陷于混乱惶恐的思想纠缠当中难以安宁。葛藟，读作 gě lěi，形容行动陷入困穷；臲卼，读作 niè wù，形容思想陷入困穷。这种从行动到思想的双重困穷状态，正是为了强调上六的极致困穷的境况。

㉗曰动悔有悔，征吉：陷入上六的极致困穷中，受到触动而悔悟先前导致困陷的悔恨之因，长久发展下去就能吉祥美好。曰，句首语助词，无实义。动，触动，思想发生变动之意。动悔，犹言思想受到触动而发展转变，开始悔悟。有悔，犹言造成悔恨之事。

㉘“困于葛藟”，未当也：上六陷入极致困穷的境地，是因为阴爻占据了不恰当的位置，将代表天道真理的阳爻掩盖在了内部。

㉙吉行也：犹言吉祥美好、积极有利的行为。

第四十八卦　井

【原文】

井[1]　改邑不改井[2]，无丧无得[3]，往来井井[4]。汔至亦未汲，井累其瓶，凶[5]。

《彖》曰：巽乎水而上水，井[6]；井养而不穷也[7]。“改邑不改井”，乃以刚中也[8]；“汔至亦未繘井”，未有功也；“羸其瓶”，是以凶也[9]。

《象》曰：木上有水，井[10]；君子以劳民劝相[11]。

初六　井泥不食，旧井无禽[12]。

《象》曰：“井泥不食”，下也[13]；“旧井无禽”，时舍也[14]。

九二　井渫射鲋，维敝笱[15]。

《象》曰：“井谷射鲋”，无与也[16]。

九三　井渫不食，为我心恻，可用汲[17]；王明并受其福[18]。

《象》曰：“井渫不食”，行恻也[19]；求[20]“王明”，受福也。

六四　井甃，无咎[21]。

《象》曰：“井甃，无咎”，修井也。

九五　井洌，寒泉食[22]。

《象》曰：“寒泉之食”，中正也[23]。

上六　井收，勿幕[24]；有孚，元吉[25]。

《象》曰："元吉"在上，大成也[26]。

【注释】

①井：卦名，下巽上坎。井，《说文》段注："八家为一井。谷梁传曰：古者公田为居，井灶葱韭尽取焉。风俗通曰：古者二十亩为一井，因为市交易，故称市井。皆谓八家共一井也。孟子曰：方里而井，共九百亩，其中为公田。此古井田之制，因象井韩而命之也。"因此"井"既指水井，又指围绕水井而聚居生活的古代社会大众。相传伯益助大禹治水，并发明了凿井技术，从此中国古人开始认识并利用地下水资源。凿井技术的发明无疑有利地拓展了古代社会中人们生活的环境条件，因此伯益被后世尊为推动了中华文明发展进步的古代先贤之一。《周易》成书时期，水井的作用在当时的社会生活中无疑占据重要地位，故而《周易》作者专门以井为喻，设此一卦。

②改邑不改井：人类的聚居地可以迁移改换，但水井的位置却是固定不变的。按：水井总是需要在地下水资源丰沛的位置开凿，而地下水的运动是遵循着自然界客观规律的，这正是天道真理的直观体现。因此，本句卦辞就点出了"井"之德其一：人可以移动迁徙，但天道却自有其运动规律和方式，不以任何人的主观意志为转移。邑，《尔雅·释名》曰："邑，人聚会之称也。"犹言人类聚居生活之地。

③无丧无得：人类从井中取水，对于井本身来说并没有损失，也不向人类求取回报。此句言"井"之德其二：人类可以合理地运用天道真理使自身发展进步，天道依然是客观运行、完整无缺的，同时也没有任何功利性质，无须人类奉献与回报。丧，

犹言损失，与“得”相对。

④**往来井井**：不同的人在社会生活和历史发展中来来往往，但井还是那个井，总是为一切前来取水的人提供井中的水源。此句言“井”之德其三：井和其代表的天道真理对于任何人、任何时代来说都是公平的，始终提供着积极助力。《老子》曰“天道无亲，常与善人”即属此意。

⑤**汔（qì）至亦未汲，井累其瓶，凶**：井水已接近干涸却没有提前汲水储备，井边前来等候取水的瓶子却积累愈多，凶险。井水与一切人们的物质需求一样，总是有其固定时期内的产量上限，人们应当依据其客观条件合理安排和调节产出与需求，提早进行必要的储备。一旦物质产出枯竭，需求却同时爆发增长，必然会引起纷争与冲突，故而凶。汔，《说文》段注曰：“水涸也。《诗经·大雅·民劳》传曰：汔，危也。《易》曰：小狐汔济。虞翻曰：汔，几也。皆引申之义。水涸为将尽之时，故引申之义曰危、曰几也。”汔至，犹言井水干涸之期将至。亦，却、又之意。汲，《说文》曰：“引水于井也。”累，当同“絫”，帛书本作“纍”，即现代汉语“累”字。《说文》曰“絫，增也”，犹指从井水取水的需求增加、累加。瓶，即盛水的容器。按：本句卦辞传世本作“汔至亦未繘井，羸其瓶，凶”，帛书本作“汔至亦未汲，井纍其刑缾，凶”，其中“刑”与“缾”字形相近，疑为帛书本书写过程中出现的衍字；缾，即“瓶”。帛书本此句文意与全卦主旨更为契合，较传世本为佳，故本书据帛书本改之。

⑥**巽乎水而上水，井**：地下水顺从天道的客观运动规律，在井中渗积上涌，这就是井。巽，犹指下卦巽，有顺从、顺应天道之德。水，犹指上卦坎象水，又指形成井水的地下水脉。上水，即言地下水渗积上涌，汇聚成可资利用的井水。

⑦**井养而不穷也**：井水滋养生命而没有穷尽，引申为井卦的

哲学精神滋养君子而其德无穷。

⑧乃以刚中也：犹言井卦的上下卦皆以代表天道刚健之德的阳爻为中，象征“井”的哲学精神内含天道之德。

⑨“汔至亦未繘井”，未有功也；“羸其瓶”，是以凶也：本卦彖辞是对传世本卦辞的解释。“汔至”之句，本书取帛书本，故不再对本句彖辞进行注释。

⑩木上有水，井：井卦下卦为巽，象“木”；上卦为坎，象“水”，故谓之“木上有水”。黄寿祺、张善文《周易译注》曰：“言树木体内有水分津润，由根茎向上运行，正如井水被汲上养人。”《本义》：“木上有水，津润上行，井之象也。”

⑪君子以劳民劝相：君子取法井卦的哲学精神，慰劳大众辛苦，鼓励大众之间相互交流与共同发展。劳，慰问、慰劳，《广韵》曰：“劳，慰也。”民，犹言大众。劝，劝勉、鼓励，《说文》曰：“劝，勉也。”相，《广韵》曰“共也”，《正韵》曰“交相也”，《集韵》曰“助也”。

⑫井泥不食，旧井无禽：井底的泥污淤积，水质浑浊不可饮用；年久失修的旧井同样水质污浊，连禽畜都不愿饮用其水。初六位于全卦最下端，犹象井底，故以“泥”“旧”为喻。

⑬“井泥不食”，下也：犹言井底的泥污处在井水的下层。

⑭时舍也：犹言“旧井”没有及时维护更新，只能随着时间的发展被舍弃。

⑮井渎射鲋（fù），维敝笱：往井里射箭想要捕杀小鱼，拴系一个破败的竹笱用来汲水。本爻犹言放错了重点、搞错了情况。井水中本身没有鱼，其人却要在井中捕鱼，更何况还是用射箭的方式；汲水却用了一个破败四漏的、原本用于捕鱼的竹笱。本句爻辞所描写的情况，正如井中捞月、竹篮打水，都是属于可笑又可悲的虚妄闹剧。按：本句在传世本作“井谷射鲋，瓮敝

漏”，帛书本作“井渎射付唯敝句”。于豪亮训“付”同“鲋”；“唯”同“维”，拴系之意；“句”同“笱”，读作gǒu，《说文》曰：“曲竹捕鱼笱也”。于认为本句爻辞“帛书本较诸本为优”，本书取其说改之。

⑯**无与也**：犹言无所得，不可能有所收获。

⑰**井渫不食，为我心恻，可用汲**：井水已清理秽浊变得洁净，却没有被利用汲水，使我感到惋惜而悲痛，因为现在的井水已经可以汲取饮用了。渫，读作xiè，《说文》段注曰：“除去也。《井》九三曰：井渫不食。荀爽曰：渫去秽浊。清洁之意也。”恻，《说文》曰“痛也”，《广雅》曰“悲也”，因惋惜而心痛悲伤。

⑱**王明并受其福**：有德的大众领袖应当明白这个道理，并接受井水带来的福泽。按：水井在古代社会生活中扮演着重要地位，人类往往围绕水井而居，水井也受到政府法律管理。“刑”（古字作“荆”）这个字即来源于此，《说文》段注曰：“刑，罚罪也。从刀、井。易曰：井者，法也。春秋元命苞曰：荆，刀守井也，饮水之人入井争水，陷于泉，刀守之，割其情也。”因此，当地社会的领袖应当领导民众在水井污浊的时候加以清理和维护，待水质清洁后及时告知民众回归汲水、早做储备，合理高效加以利用。故而本句爻辞呼吁“王明”，只有“王”，也即当地社会和民众的领袖之人首先明白“井渫”的情况，及时告知四众，才能使众人共同得受井水带来的福祉和利益。王，犹言有德之人、领袖。明，犹言明白、知晓。并，犹言共同、合同。

⑲**行恻也**：因遗憾而产生出悲伤情绪。行，犹言带来、产生。

⑳**求**：犹言恳求、盼求。上文解释了古代水井受到政府管理，因此爻辞恳求管理者与时偕进，及时察明水井的状态，允许

民众用来汲水生活。

㉑**井甃，无咎**：水井正在进行维护修治，不会带来咎害。甃，读作 zhòu，《说文》曰“井壁也”，引申为以砖石修葺井壁，对水井进行维护修治。水井需要依据其实际情况进行维护修治，这是天道客观规律所致，因此不会有咎害。

㉒**井洌，寒泉食**：井水清洌洁净，如冰凉爽口的泉水一样宜于饮用。洌，《说文》曰：“水清也。”寒，本意指寒冷；“寒泉”，譬喻九五之时，井水冰凉清洌的口感如山泉一般。

㉓**中正也**：犹言九五居上卦中正之位，有天道刚健之德，因此井水清洌如泉。

㉔**井收，勿幕**：上六居全卦之极，象征水井已建造完成，此时不要掩盖遮蔽（而要物尽其用，使众人及时享受到水井带来的福祉）。收，犹言完成，俗语谓井口完成砌筑叫作“收口”。幕，犹言覆盖、遮盖。

㉕**有孚，元吉**：犹言水井的建成是因为正确地运用了天道真理，因此是一种从根本上的吉祥美好。

㉖**“元吉”在上，大成也**：上六位于全卦最上爻，犹如天道位于万物之上，因此合理运用天道真理就能使水井的建设大为成功，社会的发展也能大有成就。本句“元吉”，代指吉祥美好的天道真理。

第四十九卦　革

【原文】

革[1]　己日乃孚[2]；元，亨，利，贞[3]；悔亡[4]。

《彖》曰：革，水火相息[5]；二女同居，其志不相得，曰革[6]。己日乃孚，革而信之[7]；文明以说，大亨以正[8]；革而当，其悔乃亡[9]。天地革而四时成[10]；汤武革命[11]，顺乎天而应乎人，革之时大矣哉[12]！

《象》曰：泽中有火，革[13]；君子以治历明时[14]。

初九　巩用黄牛之革[15]。

《象》曰："巩用黄牛"，不可以有为也。

六二　己日乃革之，征吉，无咎[16]。

《象》曰："己日革之"，行有嘉[17]也。

九三　征凶，贞厉[18]；革言三就，有孚[19]。

《象》曰："革言三就"，又何之矣[20]。

九四　悔亡，有孚改命，吉[21]。

《象》曰："改命之吉"，信志也[22]。

九五　大人虎变，未占有孚[23]。

《象》曰："大人虎变"，其文炳也[24]。

上六　君子豹变，小人革面[25]；征凶；居，贞吉[26]。

《象》曰："君子豹变"，其文蔚也[27]；"小人革面"，顺以从君也[28]。

【注释】

①革：革卦，下离上兑，代表着《周易》哲学"更新"与"变革"的思想精神。《说文》曰："兽皮治去其毛，革更之。古文革从三十，三十年为一世，而道更也。"《注》曰"更也"，《玉篇》曰："革，改也。"

②己日乃孚：变更的时机在天道的客观规律发展下必然来临。己日，变革出现、发生的时机，己，同"纪"，《诗经·小雅·节南山》有"式夷式已"，即此。纪，《国语·周语》曰"数之纪也"，《注》："数起于一，终于十。十则更，故曰纪。"又《书·洪范》有"五纪"："一曰岁，二曰月，三曰日，四曰星辰，五曰历数。《疏》：五纪者，五事，为天之经纪也。"因此，"纪"引申为天道的客观规律，"纪日"即随着客观规律的发展而产生的时机。孚，孚信。变革客观存在，必然发生，故谓之"孚"，例如《坎》："习坎，有孚维心。"

③元，亨，利，贞：革卦的变更精神发源于天道的客观规律，故曰"元"；万事万物始终不断变化、更新，概莫能外，故曰"亨"；变更推动着事物的发展进步，生生不息，故曰"利"；这种变革源自天道，因此光明正大，积极进步，故曰"贞"。

④悔亡：天道带来的变革在宏观上是积极的、进步的，人对这种变革的担忧、犹疑都会随着变更的到来和发展而逐渐消除。

⑤革，水火相息：革卦由离卦与兑卦构成，如同水与火的关系，水因火而沸腾，火因水而熄灭，都是改变了原有状态。兑卦

象泽，即“水”；离卦象火。息，本意指呼吸，《增韵》曰“一呼一吸曰息”，呼与吸相反而并存，正如同水火一般。

⑥**二女同居，其志不相得，曰革**：两个阴爻分别属于上卦和下卦，即“二女”；同处于革卦，故曰“同居”；所处的位置代表着两种态度，六二居于两阳爻之中，带有稳健中和的象征；上六居于两阳爻之上，又是全卦之极，象征着亢进和极端，故曰“其志不相得”。这样的矛盾关系和状态就促成了变革的发生。女，犹“柔”也，《诗经·豳风·七月》曰：“猗彼女桑。”中国古典哲学往往取女性柔美和男性阳刚的形象气质来对应阴阳辩证观念。志，即思想、想法。得，达成、完成。

⑦**己日乃孚，革而信之**：变革必然发生来临，因此要及时跟上变革的发展大潮并坚定信念。

⑧**文明以说，大亨以正**：革卦的精神文理昌明，因此万物欣悦；端方正大，因此通达万物。说，同“悦”，犹指上卦兑，取兑卦欣悦、喜悦的精神。

⑨**革而当，其悔乃亡**：变革的时机和方式恰当、适当，先前一切悔恨懊恼的情绪都会自动消亡。

⑩**天地革而四时成**：天地在宇宙的宏观变革中诞生出现，有规律的时间和季节才能形成。四时，即一年四季，又指一日之中的朝、昼、夕、夜四个阶段。

⑪**汤武革命**：商朝的商汤、周朝的周武王依据天道的变革完成了朝代更替。汤武，即建立商朝的商汤和建立周朝的周武王，他们都是推翻前朝的开国之君。革命，犹言顺应天命完成变革。

⑫**顺乎天而应乎人，革之时大矣哉**：顺从天道的发展趋势并且匹应人类历史的发展潮流，革卦哲学精神的时代性、历史性是多么伟大啊。

⑬**泽中有火，革**：革卦下卦为离，象征泽、水；上卦为兑，

象征火。这种结构的形象如同水中有火，“水火不相射”，因此必然激发变革。

⑭君子以治历明时：君子应当感悟革卦的哲学精神，通过梳理和研究历史的发展脉络，来帮助自身明晰时代的发展趋势和运动方向。治，整理、管理之意，又有考察研究之意。历，犹指宏观的、整体的历史。明，明白、懂得。时，与“历”相对，犹指具体的、当下的时代、时机。

⑮巩用黄牛之革：初九为全卦之初，代表变革的迹象与时机刚刚显现，应当顺应这种趋势，为变革的后续发生与发展巩固好基础。巩，巩固，打好基础之意。《尔雅·释诂》曰：“固也。”《诗经·大雅·瞻卬》曰：“藐藐昊天，无不克巩。”黄牛，下卦为离，初九合德于离卦“畜牝牛吉”与“黄离元吉”之德，黄色乃大地中和之色，牝牛承坤卦顺应天道的精神，因此本卦初九所谓“黄牛”，其实是指本卦六二所喻指的变革正式开始。初九的作用在于以阳刚天道引发变革，并为六二的变更正式开始奠定坚实基础；但初九所处的阶段，变革尚未真正开始，因此不可从主观出发有所施为，而应当采取乾卦初九“潜龙勿用”的态度，故而《象》曰：“不可以有为也。”

⑯己日乃革之，征吉，无咎：变革的时机发展到“己日”，已经正式发生，长远前景积极美好，只要顺应变革就不会有过失与灾难发生。

⑰行有嘉：运行和发展必得积极美好的前景。嘉，犹“美”“善”之意。

⑱征凶，贞厉：变革发展到九三的阶段，已达下卦之极，但尚未通达于上卦，“火”还没有与“水”相协调，因而长期发展下去必遭凶险。虽然本爻附丽于乾之德，但一味阳刚亢进，强行推动变革，不能够实事求是，固守成见必然带来危机。本爻与离

卦九三"日昃之离"相呼应，又乾卦曰"君子终日乾乾"，但还要"夕惕若厉"，否则必遭咎害。

⑲**革言三就，有孚**：变革的哲学精神在于天、地、人三才达成协调、和谐的境界，才能真正合德于天道而得以实现。言，本义指言论、学问，引申为精髓、核心思想。三，有两重意思：一指《周易》哲学的天、地、人这三个哲学元素构成的"三才"之象；二指《周易》由阴阳二爻的三种组合变化构成全部六十四卦。《说文》曰："三，天地人之道也。"注曰："以一耦一为二，以一耦二为三；三画而三才之道在焉，故谓之'成数'。"就，《广韵》曰"成也"。因"三"谓"成数"，故谓三就。

⑳**又何之矣**：九三位处尴尬境地，那是因为其没有与天道真正达成和谐一致，不然又能是怎么回事呢？

㉑**悔亡，有孚改命，吉**：变革发展到上卦九四的阶段，达成了水火相息，故而九三阶段的消极精神随之消失。九四同属乾之天道，故而可以坚定信念，顺应天道的指引而继续变革更新，前途积极美好。改，改变、更改之意，《说文》曰："更也，李阳冰曰，已有过，攴之即改。"命，犹指天道的客观规律，《增韵》："大曰命，小曰令；上出为命，下禀曰令。"又《诗经·周颂·昊天有成命》曰"夙夜基命宥密"，《传》曰"命，信也"，《疏》曰"信顺天命"。

㉒**信志也**：犹言将天道的信念树立为自身的思想意志。志，即人的思想观念，《说文》曰："志者，心之所之也。"

㉓**大人虎变，未占有孚**：大人通达于天道的客观发展规律，因而可以顺应天道如同猛虎之于百兽一般居于领袖地位，通过天道赋予的力量来推动变革的发展。因其顺应天道的积极美好之德，故而不用占问和置疑，自然可得孚信。

㉔**其文炳也**：大人所拥有的权力和能力来自天道，乾卦曰：

“见龙在田，天下文明。”炳，《说文》曰“明也”，《太玄经》曰：“彪如在上，天文炳也。”文炳，即文明。

㉕君子豹变，小人革面：君子虽然没有大人所拥有的推动变革的能力和权力，但同样认同天道的客观发展规律，因此应当如同机敏的豹子一样及时加入变革的大潮。寻常大众虽然不能准确地感悟天道，但也将在大人和君子带动的变革大潮中改变以往的面貌，得到共同发展。

㉖征凶；居，贞吉：上六已处革卦之极，变革的发展已经走到尽头，君子和小人都已完成变革，如果此时为了变革而变革，而非以天道为纲，继续长期发展下去就将遭遇凶险。因此需要及时停下脚步，保持坚定态度就能获得吉祥的前景。居，指在达成一定的前提条件后停下、停止。《说文》段注：“居，处也，得几而止也。”

㉗其文蔚也：君子顺应天道的美德和积极性如齐头高的蒿草一样繁盛茂密。蔚，《说文》曰“牡蒿也”；文蔚，《韵会》曰“文深密貌”，形容君子对由天道带来的变革的坚定信仰和积极追随。

㉘顺以从君也：社会的一般大众未能感知天道带来的变革，但积极顺应由大人和君子带动的发展潮流，形成社会整体共识和进步。

第五十卦　鼎

【原文】

鼎[①]　元吉，亨[②]。

《彖》曰：鼎，象也[③]；以木巽火，亨饪也[④]。圣人亨以享上帝，而大亨以养圣贤[⑤]。巽而耳目聪明[⑥]，柔进而上行，得中而应乎刚，是以元亨[⑦]。

《象》曰：木上有火，鼎[⑧]；君子以正位凝命[⑨]。

初六　鼎颠趾，利出否[⑩]；得妾以其子，无咎[⑪]。

《象》曰："鼎颠趾"，未悖也[⑫]；"利出否"，以从贵也[⑬]。

九二　鼎有实[⑭]；我仇有疾，不我能即，吉[⑮]。

《象》曰："鼎有实"，慎所之也[⑯]；"我仇有疾"，终无尤也[⑰]。

九三　鼎耳革，其行塞，雉膏不食[⑱]；方雨亏悔，终吉[⑲]。

《象》曰："鼎耳革"，失其义也[⑳]。

九四　鼎折足，覆公𫗧，其形渥，凶[㉑]。

《象》曰："覆公𫗧"，信如何也[㉒]。

六五　鼎黄耳金铉，利贞[㉓]。

《象》曰："鼎黄耳"，中以为实也[㉔]。

上九　鼎玉铉，大吉，无不利[㉕]。

《象》曰："玉铉"在上，刚柔节也[26]。

【注释】

①鼎：卦名，下巽上离。鼎，在古代社会有着重要的意义：其一，鼎是日常生活中一种烹煮肉食的青铜炊具，常见的形制有三足圆鼎和四足方鼎，主体由鼎耳、鼎身、鼎足三部分组成，部分有盖；其二，鼎在古代政治文化中具有重要的象征意义，《说文》曰："鼎，三足两耳，和五味之宝器也。昔禹收九牧之金，铸鼎荆山之下，入山林川泽，螭魅蛧蜽，莫能逢之，以协承天休。《易》卦：巽木于下者为鼎，象析木以炊也。"《周易》作者设此一卦，就是希望通过赋予鼎这个器物以哲学精神，来阐明天道真理。

②元吉，亨：鼎卦所蕴含的哲学精神来源于天道真理，从根本上具有吉祥美好的性质，故谓"元吉"；鼎卦所揭示的思想精神通达贯彻于一切事物，故曰"亨"。

③鼎，象也：鼎卦是取象于鼎这个实际的器物。《周易本义》曰："鼎，烹饪之器，为卦下阴为足，二、三、四阳为腹，五阴为耳，上阳为铉，有鼎之象。"鼎卦的六爻结构正如一个正面平视角度的四足方鼎，故而取其象。

④以木巽火，亨饪也：鼎卦下卦为巽，象"木"；上卦为离，象"火"。用木头烧火加热上方的鼎来烹煮其内的食物，这就是烹饪。亨，同"烹"。

⑤圣人亨以享上帝，而大亨以养圣贤：古代的圣贤用鼎来烹饪食物，以之敬献上苍天帝；推而广之，以鼎大量烹饪食物来奉养社会中的圣贤之人。这种礼仪制度能够同时在物质和精神方面使圣贤之人得以满足，而有利于他们发挥其作用，带动社会发展

进步。按：鼎虽然具有烹饪食物的功能，但并非任何人都可以拥有和使用鼎。《公羊传》曰："天子九鼎，诸侯七，大夫五，元士三。"因此，用鼎烹饪食物不仅是用于进食，还有敬奉上天的功能，在礼仪制度中具有礼敬宾客的重要意义。

⑥**巽而耳目聪明**：鼎卦的下卦巽有顺从、顺应之德，上卦离有光明之德，代表顺应天道的价值观，敬奉天道真理和有德圣贤，就能使天道和圣贤为自身带来积极助力，而使自身眼见耳闻通达无阻。

⑦**柔进而上行，得中而应乎刚，是以元亨**：鼎卦的初六性质虽"柔"，却有积极进步之德，不断向上发展顺行，在六五占据了上卦正中之位，得到了中正平和的精神，同时与代办刚健的阳爻相匹应，构成了阴阳辩证的和谐关系，因此合德于天道精神、通达于万事万物。

⑧**木上有火，鼎**：鼎卦下卦象木，上卦象火，如同木柴上方燃烧着火焰加热着鼎。

⑨**君子以正位凝命**：君子应当取法鼎卦的哲学精神，端正自身的合理位置，凝聚智慧和力量完成自身的天赋使命。

⑩**鼎颠趾，利出否**：将鼎的顶部和底足颠倒过来，有利于倒出不好的东西。颠，《说文》与《尔雅·释言》皆曰"顶也"，顶部、头顶之意。趾，犹言鼎的底足，因其与地面相接，起支撑作用，故以"趾"为喻。初六为全卦最下，象征鼎的底足，爻辞在初六的位置说"鼎颠趾"，就有将顶、足反转颠倒之义。否，泛指不好的事物。出否，犹言倒出鼎内剩余的、已不能食用的汤渣。

⑪**得妾以其子，无咎**：娶回了妾室虽非正位，但仍然可以使妾室的儿子为家庭出力。本句爻辞与"鼎颠趾，利出否"形成辩证关系。原本端正的鼎可以侧倾颠倒来清理内部无用的汤渣，使

鼎在重新扶正之后继续发挥其烹饪功能；妾室本身就带有“不正”的性质，但却不妨碍其产下的儿子在家庭生活中有所作为。妾，旧时男子在正室妻子之外另娶的侧室，在婚姻关系中受到压迫和歧视。

⑫**“鼎颠趾”，未悖也**：原本应当保持端正姿态的鼎虽然被颠倒侧倾，但（这是为了清理其内部）并没有悖逆于天道真理。天道真理是生动积极的，而非刻板僵化的，因此以天道真理来看待鼎或妾，同样不能陷入刻板僵化的思想当中，而是要在天道真理的合理范畴之内，使其充分发挥积极作用和意义。

⑬**“利出否”，以从贵也**：倾倒鼎身以便清理残存的汤渣，是合理遵从并运用天道真理的规则。贵，犹言事物依据天道真理展现出的积极价值。

⑭**鼎有实**：鼎中盛满食物。九二居下卦正中之位，象征天道刚健之德充盈于“鼎”中，故有“富实”的含义，故曰“有实”。实，犹言充实、富实，《说文》曰“富也”，《增韵》曰“充也，虚之对也”，《周易本义》曰：“乾一而实，坤二而虚。”

⑮**我仇有疾，不我能即，吉**：我的配偶身患急症，但无需我的帮助就能很快痊愈，吉祥美好。仇，读作qiú，同“逑”。《玉篇》曰：“逑，匹也，合也。”《诗经·周南·关雎》曰：“窈窕淑女，君子好逑。”疾，疾病、疾患，《说文》段注曰：“病也。析言之则病为疾加，浑言之则疾亦病也。按经传多训为急也、速也，此引申之义。如病之来多无期无迹也。”故“疾”相比于“病”，言其来得快，去得也快。不我，犹言不需要我。即，犹言成、就。本爻九二有天道刚健之德，因此配偶虽有疾病，但得天道庇佑可以自然痊愈，故而吉祥美好。

⑯**“鼎有实”，慎所之也**：虽然鼎中盛满食物，但这是由于九二匹应天道之故，因此要采取谨慎庄重的态度对待之，而不可

挥霍浪费、肆意妄为。所，犹言对待、处理。

⑰ **“我仇有疾”，终无尤也：**我的配偶虽然患有疾病，但在天道的帮助和庇佑下最终得以痊愈，而不会加重病情。尤，犹言甚也，过也。

⑱**鼎耳革，其行塞，雉膏不食：**鼎耳的形状因主观人为而发生了改变，鼎的搬运移动就陷入滞塞而难以使用，虽有鲜嫩肥美的肉食而无法用鼎烹食。鼎耳，一般位于鼎的上部的双耳，中空的耳孔以“铉”穿过，用于抬起沉重的鼎进行搬运移动。革，变革、改变之意。鼎耳有其本身的功能作用，妄加改变其形式就会破坏鼎耳的功能作用，抬举鼎的铉不能插入鼎耳，就使得沉重的鼎困在原地无法搬运移动，进而完全丧失鼎整体的功能作用。九三位居拥有中正之德的九二之上，两阳相叠过分亢进盲动，因此发生了“鼎耳革”的荒谬妄为之举，物极必反而使整个鼎都丧失了其功能和价值。雉，本意指幼稚、幼小，在本句爻辞引申为鲜嫩。膏，犹指肥肉、油脂。

⑲**方雨亏悔，终吉：**与象征坤德的阴爻构成辩证统一的和谐关系，就会降下甘霖雨露，消除“鼎耳革”这样的令人悔恨之事，最终可获吉祥。方，代指坤德，《坤·六二》：“直方大，不习无不利。”《淮南子·天文训》曰：“天道曰圆，地道曰方。”九三重刚而亢进，象征对天道的合理运用发展到了主观妄为的地步。因此，以坤德及时介入，就能平抑消解这种亢进的状态，使其重新回到阴阳辩证统一的合理范畴之内。亏，亏损、减损之意，《说文》段注曰：“气损也。引申凡损皆曰亏。”《广韵》曰：“缺也。”亏悔，犹言通过坤德平抑九三的重阳亢进，消除其造成的消极悔恨之事。

⑳ **“鼎耳革”，失其义也：**对鼎耳进行不合理的改变，鼎就失去了它本身的作用和意义。

㉑鼎折足，覆公𫗧，其形渥，凶：鼎卦发展到九四接连三个阳爻，象征鼎因不堪重负而导致底足折断，倾覆了鼎内盛装的供众人取用的美食，鼎自身也沾满泥泞污渍，这种境况代表凶险。烹制可供多人取用的食物，鼎内物料量大，超出了鼎的承重极限，因此发生了"鼎折足"的情况。这种情况在九二"鼎有实"的阶段正处在合理程度，其上又有九三、九四，连续三个阳爻相叠加，最终超越了鼎的合理承重，物极必反而凶。鼎足，即鼎的底足，起到支撑和稳固鼎身的作用。𫗧，《周易正义》曰："糁也，八珍之膳，鼎之实也。"通常鼎的器型巨大，又有仪式性质，因此古人往往在多人饮宴的重要场合才会以鼎烹食，故曰"公𫗧"。渥，本意指濡湿、沾湿，在本句爻辞引申为泼洒的汤汁和地上的泥土污损了鼎身。

㉒"覆公𫗧"，信如何也：不自量力而致自身折损，导致倾覆了大家的食物，如何能获得信任。

㉓鼎黄耳金铉，利贞：鼎耳和举鼎用的铉杠皆用贵重的黄金进行装饰而显得高贵吉祥，利于用鼎之人坚守正固美德。铉，即穿过鼎耳的木杠，用来搬运、移动鼎。黄，天玄而地黄，黄为地色，《坤·六五》"黄裳，元吉"，《离·六二》"黄离，元吉"。金，《说文》曰："五色金也，黄为之长。久薶不生衣，百炼不轻，从革不违。"故有正固之德。六五居上卦正中之位，象征坤德，故以黄耳金铉譬喻鼎的高贵与正固。

㉔中以为实也：鼎耳虽然有"虚"的含义，但六五位居中正之位，有坤德充盈、充实其中。

㉕鼎玉铉，大吉，无不利：上九为全卦之极，有刚健天道之德，如同举鼎的铉杠以高贵的美玉为装饰，大为吉祥，无所不利。按：鼎卦取象于鼎这个器物，初六如底足、中间三个阳爻如鼎身、六五如鼎耳，居于最上的上九就象征铉杠。鼎卦上九之德

至为积极美好，因此以“玉”为喻。

㉖**“玉铉”在上，刚柔节也**：鼎卦“元吉”，取象为“玉铉”的上九又能与六五构成阴阳辩证统一的关系，可以相互节制协调而不会陷于亢进，因此“大吉，无不利”。

第五十一卦　震

【原文】

震　亨[1]。震来虩虩，笑言哑哑[2]；震惊百里，不丧匕鬯[3]。

《彖》曰：震，亨。震来虩虩，恐致福也[4]；笑言哑哑，后有则也[5]。震惊百里，惊远而惧迩也[6]；出，可以守宗庙社稷，以为祭主也[7]。

《象》曰：洊雷[8]，震。君子以恐惧修省[9]。

初九　震来虩虩，后笑言哑哑，吉。

《象》曰：震来虩虩，恐致福也；笑言哑哑，后有则也。

六二　震来，厉[10]；亿丧贝，跻于九陵，勿逐，七日得[11]。

《象》曰："震来，厉"，乘刚也[12]。

六三　震苏苏[13]，震行无眚[14]。

《象》曰：震苏苏，位不当也[15]。

九四　震遂泥[16]。

《象》曰：震遂泥，未光也[17]。

六五　震往来，厉；亿无丧，有事[18]。

《象》曰：震往来厉，危行也[19]；其事在中，大无丧也[20]。

上六　震索索，视矍矍，征凶[21]；震不于其躬，于其邻，无咎[22]；

婚媾有言[23]。

《象》曰：震索索，中未得也[24]；虽凶无咎，畏邻戒也[25]。

【注释】

①**震　亨**：震卦，由两个三爻震卦相叠组成。本义指打雷闪电，《说文》曰："霹雳，振物者。"《诗经·小雅·十月之交》曰："烨烨震电，不宁不令。"震卦譬喻天道降下惊雷，天威震动，慑服人心。自然万物皆倾服于天道之威，故而曰"亨"。

②**震来虩（xì）虩，笑言哑哑**：突如其来的雷声使人惊恐，人们停下了欢声笑语，态度变得严肃起来。震来，犹惊雷之声突然传来。虩，惊恐、惊吓的样子，《唐韵》曰"虎惊貌"，引申为人受到惊吓而显得战战兢兢。笑言哑哑，前辈学者多训为"笑语声声之貌"，其实当理解为人在"笑言"的放松状态下突然受到雷声惊吓，说笑之声戛然而止。哑哑，《说文》等古代辞书多训为"笑语之声"，但其实从《玉篇》"哑，不言也"的解释，更合乎逻辑。

③**震惊百里，不丧匕鬯**：惊雷之声传遍四方，使得所有人都能被惊雷所警醒，文明就能持续发展，社会就能保持稳定。百里，虚指广大的范围。匕，古义指用来吃饭饮酒的勺、匙；鬯（chàng），古代用来祭祀的一种香酒。匕鬯，代指古代王侯祈求国泰民安的祭祀活动，引申为文明、文化的发展延续。不丧匕鬯，犹言文明和社会不会丧失发展与稳定。

④**恐致福也**：对自然界及一切事物的客观规律的敬畏，使人懂得有备无患的道理，而得以获得积极美好的发展前途。恐，《说文》曰"惧也"，指人对自然的敬畏，对"震"揭示出的一切客观规律的敬畏。福，《说文》曰"佑也"，《注》曰："备也，

备者百顺之名也，无所不顺者之谓备。”人因敬畏而懂得遵循天道的客观规律，就可得天道庇佑而获得积极顺利的发展。

⑤后有则也：因对自然规律感到敬畏，收敛了恣意欢谑的情绪，而后就能回归天道的客观规律与法则当中，获得积极发展。

⑥惊远而惧迩也：雷声产生震惊的范围广远，但其带来的心灵和思想上的震撼却近在身边。迩（ěr），近也。

⑦出，可以守宗庙社稷，以为祭主也：震卦揭示的哲学思想发展开来，就可以帮助文明和社会达成可持续发展，所以应当把震卦和其所代表的《周易》哲学当作全社会的共同哲学纲领。出，《说文》曰：“进也，象艸木益滋，上出达也。”引申为发展、发挥开来。社稷宗庙，指社会和政权。社稷原指土神与古神，代表着中国古代农耕社会对农业生产的重视和崇拜。宗庙，供奉和祭祀祖先的场所；社稷，供奉和祭祀天地的场所。宗庙社稷分别代指祖先崇拜和天地崇拜，古人通过对祖先和天地的祭祀来祈求国泰民安，以利社会发展进步。祭主，指以震卦代表的《周易》哲学作为祭祀活动和整个社会活动的中心和基础。

⑧洊雷：连续传来的雷声轰鸣。洊（jiàn），再也。

⑨君子以恐惧修省：雷声的震动轰鸣使人心生敬畏，君子将这种自然现象投射到人思想情绪产生的感情中，总结成震卦的哲学，并以之警醒自身。

⑩震来，厉：轰雷声传来，严峻而剧烈。

⑪亿丧贝，跻于九陵，勿逐，七日得：损失重大，但只要登上高丘以乾道天德为纲，不要主观盲动，随着时间的推移，事物自然会产生积极变化而有积极收获。亿丧贝，本意大失货贝，喻指遭遇重大损失。亿，犹大，中国古代“十万为亿”。贝，古代货币，商周时代以贝壳为货币，秦代废贝行钱，本文以“贝”代指财货、财产。跻于九陵，指本爻位于初九之上，有乾道刚健之

德作为基础，即本爻《象》所谓“乘刚也”，向上发展而来，如同登上以九为名的高丘。逐，《说文》曰：“追也。徐锴曰，豚走而豕追之，会意。”带有很强的目的性，故本书解释为主观盲动。七日得，喻指事物的发展过程逐渐端正于初九代表的天道而获得积极结果。《说文》曰：“七，阳之正也。”《注》曰：“《易》用九不用七，亦用变不用正也。”

⑫乘刚也：六二为阴，属柔；初九为阳，属刚；六二居初九之上，故曰“乘刚”。

⑬震苏苏：惊雷使人惶惶不安，苏苏颤抖。《韵会》曰：“苏苏，气索貌。”

⑭震行无眚：以震卦之德来警醒自己，规范自身的行为，就不会由于自身原因而引发灾祸与过错。行，指行动，《说文》曰：“人之步趋也。”引申为人追求震卦代表的天道来行动。眚（shěng），原意指眼睛生病产生视力障碍，又古人有“内妖曰眚，外妖曰祥”的说法，因此引申为由自身引发的灾祸、过错。

⑮位不当也：之所以被天道惊雷所震而惶恐不安、苏苏颤抖，是因为此时所处的位置不适当，没有将自身置于天道的发展大潮当中。

⑯震遂泥：天威惊雷击于泥泞之中。遂，《广韵》曰：“进也，达也”，又前辈学者训为“隧”，同“坠”，陷入、落入之意。

⑰震遂泥，未光也：因本爻上下相邻皆是阴爻，九四陷于重阴之中，如同天威惊雷击于泥泞当中，未能形成广泛的影响，刚健之德未能光大发扬。

⑱震往来，厉；亿无丧，有事：严峻剧烈的天威惊雷去而复回，但不会造成重大损失，因为惊雷只是自然界的客观天象。亿无丧，与六二“亿丧贝”反义，即没有造成重大损失。有事，即客观存在的事物。

⑲**危行也**：犹言九五描绘的天威惊雷来去不息，对人的行为、行事带有一定的危险性。

⑳**其事在中，大无丧也**：犹言九五看似危险，但因其处在上卦正中，得天道庇佑，惊雷仅仅是自然天象而非针对人，因此不会造成重大损失。其事，即爻辞所谓“有事”，都是指九五惊雷。

㉑**震索索，视矍（jué）矍，征凶**：天威惊雷震动使人精神恐慌惊惧，无法集中注意力，如此长远发展下去必然凶险。索索，形容因恐惧害怕而浑身颤抖。视矍矍，指眼神飘忽不定。矍，《说文》曰：“隹欲逸走也。从又持之，矍矍也。徐锴曰，左右惊顾也。一曰视遽貌。”

㉒**震不于其躬，于其邻，无咎**：天威惊雷并没有作用于自身，而是劈击在邻近的、旁边的地方，故而要以此警醒自身，就不会产生危害与过错。于，犹言对于、作用于。躬，《说文》曰“身也”，犹言自身、本身。邻，旁边、自身以外。

㉓**婚媾有言**：犹言阴阳调和需要有所根据。婚媾，指男女结为夫妻，譬喻阴阳结合，引申为人与天道的客观规律相结合。有言，即有所依据。言，指定论、依据，《说文》曰：“直言曰言，论难曰语。”因此所谓“婚媾有言”，就是取法上六的含义，对于代表天道的震雷，如果仅持害怕惊惧的态度是片面和没有意义的，是有害的。应当观察身边，在天道的利害波及自身之前就及时警觉，并做出积极的调整和反应，自然不会受到危害。

㉔**震索索，中未得也**：惊雷本身是一种自然现象，但因上六越过了六五“中”的合理界限，因此感到惊惧不安。中，即六五“其事在中”之义。未得，本意指没有达成，在本爻指越过合理界限。

㉕**虽凶无咎，畏邻戒也**：上六描述的状态虽然初始凶险，但后续能得以化解，就是说要保持对天道天威的敬畏警觉，在危机尚在自身以外的地方就要加以戒备。

第五十二卦　艮

【原文】

艮[1]　艮其背，不获其身[2]；行其庭，不见其人，无咎[3]。

《彖》曰：艮，止也[4]。时止则止，时行则行；动静不失其时，其道光明[5]。艮其止，止其所也。上下敌应，不相与也[6]，是以不获其身，行其庭，不见其人，无咎也。

《象》曰：兼山[7]，艮。君子以思不出其位[8]。

初六　艮其趾[9]，无咎，利永贞。

《象》曰：艮其趾，未失正[10]也。

六二　艮其腓，不拯其随，其心不快[11]。

《象》曰：不拯其随，未退听[12]也。

九三　艮其限，列其夤，厉薰心[13]。

《象》曰：艮其限，危薰心也[14]。

六四　艮其身，无咎[15]。

《象》曰：艮其身，止诸躬[16]也。

六五　艮其辅，言有序，悔亡[17]。

《象》曰：艮其辅，以中正[18]也。

上九　敦艮[19]，吉。

《象》曰：敦艮之吉，以厚终[20]也。

【注释】

①艮：卦名。由两个三爻艮卦重叠而成。意为在恰当的时机停止、止步，《彖》曰：“艮，止也。”

②艮其背，不获其身：将不合于天道的客观规律和价值观的思想与行为止于身后，使这些消极负面的思想和行为无法侵染自身。背，背后、身外之意。《周易》哲学倡导人应当始终将自身的思想行为规范于天道的合理界限之内，一旦人的行动临近了这一界限，就应当及时止步，调整方向回归大道，故曰“艮其背”。获，《说文》曰：“猎所获也。”“获其身”犹言不符合天道的客观规律和价值观的事物容易对人产生吸引，而使人走入消极负面的境地。

③行其庭，不见其人，无咎：人的思想和行为保持在天道的合理界限和范畴之内，但并没有因此被限制、失去自由。庭，指庭院，《说文》曰：“庭，宫中也。”譬喻天道的合理界限如同四周房屋及围墙中间的庭院，人在其中生活。这样的庭院如同“口”一样，“口”中“见其人”则为“囚”，代表人失去了自由；但天道之“口”宽广无垠，在这个界限之内足以使人正常生活而不会感到任何不合理的限制，没有任何坏处，故曰“不见其人”而“无咎”，正如《节卦》曰：“不出户庭，无咎。”

④艮，止也：艮卦以“山”为象，行路遇山则止。止，犹言停止、止息。艮的精神即在于止步于天道的合理界限之内。

⑤时止则止，时行则行；动静不失其时，其道光明：与时偕进、把握时机，顺应天道的客观规律和发展潮流，人就能获得积极而光明的进步。时，《说文》段注：“四时也，本春秋冬夏之

称。”四季变换乃是天道的客观规律，故用“时”来譬喻天道的变化生息。

⑥上下敌应，不相与也：对“艮其背”的解释。艮卦的上卦与下卦如同一个人以后背对着另一个人，两者之间势均力敌、貌似同类，但却呈现出拒绝面对面的形象。敌，《尔雅·释诂》曰“匹也”，《玉篇》曰“对也”。应，《集韵》曰“答也”，《广韵》曰“物相应也”。与，同类、同党，《说文》曰“党与也”。

⑦兼山：艮卦象征山岳，为两个三爻艮卦并列组成，故以重山连绵围合取象。兼，《说文》曰“并也”，并列、并立之意。

⑧君子以思不出其位：艮卦以重重山岳形成的围合譬喻天道的合理界限，君子的思想价值应当始终保持在这一界限之内。

⑨艮其趾：抑止脚下的行动，防止根基有所动摇。趾，《尔雅·释言》曰“足也”，《释名》曰“止也”，《说文》曰：“止，下基也，象艸木出有址，故以止为足。”

⑩未失正：没有失去或离开天道的合理范畴。正，《说文》：“是也，从止，一以止。”徐锴曰：“守一以止。”“一”在《周易》与《老子》哲学中常为天道的代称，故坚守天道的真理而不动摇即称为“未失正”。

⑪艮其腓，不拯其随，其心不快：抑止小腿的行动，双脚也无法抬起，腿脚动作同时被限制，因此心生负面情绪。腓，小腿肌肉，《说文》曰“胫腨也”。拯，《说文》曰“上举也”。随，《广韵》曰“从也，顺也”。本爻位于“初六，艮其趾”上，故“拯其随”指的是抬起双脚这个动作。

⑫未退听：（双脚）没有以谦逊的姿态接受和听从其腓的动作引导，所以腿脚动作与人的想法不能协调，而心生不快。退，谦逊退让，《老子》曰：“功遂身退，天之道也。”听，听从、听受之意，《左传·成公十一年》曰：“郑伯如晋听成。”注曰：

“听，受也。”

⑬**艮其限，列其夤，厉薰心**：抑止位于身体上下连接处的腰部动作，人的躯干与下肢如同分裂开来，不再是一个协调的整体，下肢经历艮其趾、艮其腓，到艮其限，艮带来的“危险与磨难”已经逐渐向心脏位置升腾而来。本爻属阳，位于全卦居中位置、上下卦转换之际。其上下四爻皆为阴爻，又譬喻腰部，故谓之“限”与“夤（yín）”。限，界限，《玉篇》曰“界也，度也”，引申为人体上半身与下半身之间的腰部。列，《说文》曰“分解也”。夤，夤缘、连缘、连接之处，《说文》段注对此字有详细辨析。厉，危险、困难。

⑭**艮其限，危薰心也**：人的身体被抑制了腰部的活动能力，上下无法协调一致，危险就会向心脏这个致命的部位升腾而来。

⑮**艮其身，无咎**：抑止了躯干，人就无法行动，也就无法做出违背天道的事情，故而不会产生过错与咎害。

⑯**艮其身，止诸躬**：抑止了躯干，就抑止了整个身体的行动能力。“身”与“躬”都是指人的身体，按照本卦从趾、腓、腰的发展，“身”特指躯干，“诸躬”指躯干以外的身体其他部分。

⑰**艮其辅，言有序，悔亡**：抑止了下颌骨的活动，使人不能信口胡说，说出的话语就能有理有据、合乎天道而积极正面，可能因信口胡说而造成的令人悔恨的消极后果就会消亡。辅，原意指车轮外侧的护木，《正韵》曰：“车辅，两旁夹车木也。”引申为人的嘴两边的下颌骨。言，有理有据的话语，《说文》曰：“直言曰言，论难曰语。”序，《说文》曰：“东西墙也。”原意指东西两侧的墙壁，引申为规范、秩序。

⑱**以中正**：六五位居上卦正中位置，象征天道规范了人的思想和言论，使人明白什么该说、什么不该说，“得一而止”故谓之“正”。

⑲**敦艮：**历经趾、腓、腰、身、下颌，人与艮卦的哲学精神在象征天道的上九达成了完整的融合统一。敦，盛大、醇厚、美好之意。

⑳**以厚终：**犹言达成了完整统一的最终形态。厚，《说文》曰“山陵之厚也”，《玉篇》曰“不薄也，重也”，《增韵》曰“醲（同浓）也”，厚实、醇厚之意，引申为完整、实在。

第五十三卦　渐

【原文】

渐[1]　女归吉[2]；利，贞[3]。

《象》曰：渐之进也，女归吉也[4]。进得位，往有功也[5]；进以正，可以正邦也[6]。其位刚得中也[7]。止而巽，动不穷也[8]。

《象》曰：山上有木，渐[9]；君子以居贤德善俗[10]。

初六　鸿渐于干[11]；小子厉，有言，无咎[12]。

《象》曰："小子之厉"，义无咎也[13]。

六二　鸿渐于磐，饮食衎衎，吉[14]。

《象》曰："饮食衎衎"，不素饱也[15]。

九三　鸿渐于陆[16]；夫征不复，妇孕不育，凶[17]；利御寇[18]。

《象》曰："夫征不复"，离群丑也[19]；"妇孕不育"，失其道也[20]；"利用御寇"，顺相保也[21]。

六四　鸿渐于木，或得其桷，无咎[22]。

《象》曰："或得其桷"，顺以巽也[23]。

九五　鸿渐于陵，妇三岁不孕，终莫之胜，吉[24]。

《象》曰："终莫之胜，吉"，得所愿也[25]。

上九　鸿渐于陆，其羽可用为仪，吉[26]。

《象》曰："其羽可用为仪，吉"，不可乱也[27]。

【注释】

①渐：卦名，下艮上巽。渐，《康熙字典》："渐次也，进也，稍也，事之端先睹之始也。"犹言在事物开始发展之际进行观察，发展事物呈现出渐进式发展的状态。渐卦，即引"渐"之义来概括一切事物都呈现出渐进式发展的普遍规律，而非一蹴而就的、跨越式的发展。《王注》曰"渐者，渐进之卦也"，《正义》曰："渐者，不速之名也。凡物有变移，徐而不速，谓之渐也。"

②女归吉：女子出嫁，吉祥。按：婚姻之事在古代社会生活中占据着重要地位，阅读《诗经》可知，早在周代就已经形成了"父母之命，媒妁之言"与自由恋爱结合并举的婚姻形态。《豳风·伐柯》："取妻如何，匪媒不得。"《卫风·氓》："匪我衍期，子无良媒。"就表现了媒人在婚姻中的地位。《郑风·溱洧》："维士与女，伊其相谑，赠之以勺药。"则表现了青年男女偶遇并开始交往的恋爱景象。然而无论是媒人牵线，还是自由恋爱交往，男女双方都要经历一定的过程，遵循一定的习俗和礼制才能最终构建起婚姻关系。故而渐卦以"女归"为象，来说明其哲学含义。又《易》往往以"女"代指阴阳辩证关系中的阴性或阴爻。渐卦下卦二阴一阳，上卦一阴二阳；下卦以阴爻居中，上卦以阳爻居中。由下卦向上卦发展的过程，也代表着阴阳逐渐转换与融合，并最终达成全卦阴阳动态平衡的积极状态，故而吉祥美好。归，《说文》曰"女嫁也"，《诗经·周南·桃夭》："之子于归，宜其室家。"

③利，贞：渐卦的哲学精神促进事物合理有序地发展进步，故曰"利"。渐卦揭示的哲学精神具有普遍性，是天道真理的客观规律，要在实践中坚定持守，故曰"贞"。

④渐之进也，女归吉也：以渐卦的哲学精神来指导事物合理渐进地发展就能带来进步，如同经历一定的发展过程，而最终女子出嫁与男方结为夫妻就能收获吉祥美好。

⑤进得位，往有功也：事物在发展前进的过程中处在合理位置，发展前往就能得其功业。

⑥进以正，可以正邦也：发展前进的方向和步骤保持端正于渐卦的哲学精神，就能推而广之，端正邦国万民。

⑦其位刚得中也：渐卦指出的事物在发展过程中应当处在的“合理位置”具有刚健的美德，并因其合德于天道真理而具有中正美好之德。其位，犹指九五，是全卦的精神核心，也就是“女归”的对象。

⑧止而巽，动不穷也：能够止于天道真理的合理范畴之内，又能随着天道客观规律的发展趋势而运动，渐卦的精神永远保持着发展进步的积极运动而不会穷竭。止，下卦艮象“山”，有“遇山而止”之喻。

⑨山上有木，渐：渐卦下卦为艮，象“山”；上卦为巽，象“木”。树木生长在山上，取象为渐卦。所谓“山上有木”，犹言人在远处望向高山，首先能看到的就是山上生长的高大树木。随着逐渐走近高山，才能逐渐看清树木之外的岩石、花草等其他具体细节。

⑩君子以居贤德善俗：君子取法渐卦的精神，使自身不断积累贤明之德、因袭美善的风俗习惯。居，有“积”“蓄”之义。俗，犹言社会生活中的风俗习惯。

⑪鸿渐于干：鸿雁逐渐飞临降落在水岸。鸿，犹言鸿雁、大雁。《说文》曰“鸿鹄也”，《玉篇》曰：“鸿，雁也。《诗》传云：大曰鸿，小曰雁。”渐，其义有“事之端先睹之始也”，故理解为鸿雁逐渐由远处飞来。干，犹言水边、水岸，《诗经·魏风·伐檀》：“坎坎伐檀兮，置之河之干兮。”初六位于全卦最下，“干”

相比于其他各爻之“磐”“陆”“木”“陵”为低，故爻辞以“干”来形容鸿雁在初六阶段所处的位置。

⑫**小子厉，有言，无咎**：初六阶段对于幼稚蒙昧的小子有所危险，但有天道真理为指导，因此没有发展成实际危害。初六为全卦起始，此时小子尚在蒙昧之中而没有对天道真理建立起完整全面的认识，故而在发展成长的过程中有所危险。随着时间推移，小子逐渐学习和认识了天道真理，故而虽“有厉”，但最终能够无咎。言，代指天道的思想观念和道理。

⑬**“小子之厉”，义无咎也**：犹言初六阶段小子虽然遭遇危险，但爻辞的意义在于小子逐渐学习认识了天道真理，故而无咎。

⑭**鸿渐于磐，饮食衎衎，吉**：鸿雁逐渐飞临降落在安稳的大石之上，安逸快乐地休息进食，这种情形吉祥美好。磐，《广韵》曰“大石也”，即磐石。磐石有安定稳固、不可转移之德，《荀子·富国》曰：“国安于磐石。”六二处于下卦正中之位，象征坤卦“厚德载物”，故六二以磐石为喻，能够承载鸿雁于其上栖息进食。衎，读作 kàn，《说文》曰“行喜貌”，《尔雅·释诂》曰“乐也”。衎衎，犹言衎而又衎，形容鸿雁栖息在磐石之上安逸快乐的样子。

⑮**不素饱也**：犹言鸿雁不仅能够饱食，还能在稳固的磐石之上停留休息。素，《诗经·魏风·伐檀》：“彼君子兮，不素餐兮。”传曰“素，空也”，本义指吃白食，白白吃饭而无功，在本句引申为仅仅、片面。

⑯**鸿渐于陆**：鸿雁逐渐飞临降落在平坦的高地上。陆，《玉篇》曰“厚也”，《广韵》曰“高也”，《尔雅·释地》曰“高平曰陆”，故可知“陆”在古文中的意思就是指开阔平坦的高地。阴爻象地，九三以一阳高居二阴之上，如同平原上凸起一片高地，故以“陆”为喻。

⑰**夫征不复，妇孕不育，凶**：丈夫外出远行一去不还，妻子生下了孩子却不悉心养育，这种情况必然凶险。九三处在下卦向上卦转换之际，以刚健之性居于两阴爻之上，使下卦失去平衡协调，片面刚健，带有盲目从事而不能做到周详稳妥的色彩。因此爻辞描述丈夫远行不回，妻子生子而不养育，都是有始无终、欠缺周全的行为，如此行事必然凶险。征，犹言远行。育，《说文》曰“养子使作善也”，培养、教育之意。

⑱**利御寇**：九三虽然片面刚健，易于使事物的发展陷入凶险，但其以天道刚健之德立于下卦向上卦转换之际，成为下方两个柔弱性质的阴爻的有力屏障。因此，在九三阶段正确运用天道刚健之德来指导事物的发展，使其回归“渐”的正途，就能有利于抵御外部消极因素的侵袭。

⑲**离群丑也**：犹言丈夫抛弃家庭远行不归，如同九三之于初六、六二，亢进盲动，背离了其共同群类，性质丑陋可鄙。又九三喻为“陆”，一块高地突兀于平原，如九三突兀于下卦整体，故谓之“离群”。

⑳**失其道也**：犹言妻子生下了孩子而不培养教育，对于家庭来说这种行为就失去了妇道，也失去了为母之道。初六、六二属阴柔之性，喻为“妇”，代表妻子在之前的生活中顺应家庭之道；而至九三发生了性质转变，妻子成为母亲却孕而不育，说明其不能在循序渐进的家庭生活中始终持守其道，没有能够在生活的逐渐发展衍变过程中扮演好自身在家庭中的角色。

㉑**顺相保也**：犹言九三端正自身思想认识，能够顺应天道，就能得到天道的庇佑，发挥自身价值来保护两个柔性的阴爻。

㉒**鸿渐于木，或得其桷，无咎**：鸿雁逐渐飞临降落在树木之上，或许是因为它找到了一根可供栖身停留的刚直稳固的树枝，这种情况没什么过失咎害。六四所属的上卦为巽，有顺从天道之

德，如同鸿雁顺应天道客观规律，在飞行感到疲劳时就寻找可以容身休息之处。鸿雁飞行迁徙是一个循序渐进的漫长过程，在疲劳之时及时休息才能够恢复体力再次出发，因此这种合理的行为是无咎的。桷，《尔雅·释名》曰："确坚而直也。"六四居于二阳爻之间，被刚健之德所围绕，故谓之"桷"。

㉓顺以巽也：鸿雁在长途飞行中偶尔降落休息，这是六四的阴爻顺从之德与巽代表的顺应天道客观真理的精神。

㉔鸿渐于陵，妇三岁不孕，终莫之胜，吉：鸿雁飞临降落在高高的山陵之上，如同妻子因丈夫离家远走，独自生活而长期无法怀孕产子，但最终丈夫会回来，妻子不必继续承担独自生活的压力，这种境况吉祥美好。三岁，犹指许多年。陵，《尔雅·释地》曰"大阜曰陵"，《释地》曰："陵，崇也，体崇高也。"胜，犹言承担、承受。九五有"陵"之喻，即以高高的山峰与遥远的地面来喻指丈夫离开妻子的距离。九五居上卦正中之位，有刚健之德，象征天道，意味着虽然丈夫离开家远行多年，但随着日子逐渐发展，丈夫最终必然会回到妻子身边，共同生育子女、建设家庭，故而吉祥美好。

㉕得所愿也：犹言九五象征天道庇佑，达成了妻子的愿望，丈夫最终回到了妻子身边。

㉖鸿渐于陆，其羽可用为仪，吉：鸿雁逐渐飞临降落在高地之上，它的羽毛经历了长途飞行仍然保持着干净整洁，可以用于仪容装饰，吉祥美好。上九为渐卦之极，鸿雁如同经历了从初六到上九的几个阶段的长期飞行迁徙，羽毛仍然保持着干净整洁，说明鸿雁的整个飞行迁徙的过程都合乎"渐"的哲学精神，没有急躁亢进，而是有条不紊、动静有序的，因此吉祥美好。

㉗不可乱也：鸿雁的羽毛经历了长途飞行后仍然干净整洁，可用于仪容装饰，说明事物的发展要循序渐进，不可急躁紊乱。

第五十四卦　归妹

【原文】

归妹①　征凶，无攸利②。

《彖》曰：归妹，天地之大义也。天地不交，而万物不兴③。归妹，人之始终也④。说以动，所归妹也⑤；“征凶”，位不当也⑥；“无攸利”，柔乘刚也⑦。

《象》曰：泽上有雷，归妹⑧；君子以永终知敝⑨。

初九　归妹以娣，跛能履，征吉⑩。

《象》曰：“归妹以娣”，以恒也⑪；“跛能履”，吉相承也⑫。

九二　眇能视，利幽人之贞⑬。

《象》曰：“利幽人之贞”，未变常也⑭。

六三　归妹以须，反归以娣⑮。

《象》曰：“归妹以须”，未当也⑯。

九四　归妹愆期，迟归有时⑰。

《象》曰：愆期之志，有待而行也⑱。

六五　帝乙归妹，其君之袂，不如其娣之袂良⑲；月几望，吉⑳。

《象》曰：“帝乙归妹，不如其娣之袂良”也；其位在中，以贵行也[21]。

上六 女承筐，无实；士刲羊，无血。无攸利[22]。

《象》曰：上六"无实"，承虚筐也[23]。

【注释】

①归妹：卦名，下兑上震。归妹，本义指少女出嫁，引申为男女结为夫妻，组成全新的家庭开展生活。在社会生活当中，少女出嫁或男性娶妻，都标志着其人生进入了一个新的阶段，故《周易》设此一卦，用"归妹"来说明人类社会的婚姻关系所隐含的哲学精神。

②征凶，无攸利：男女二人结为夫妻、组成家庭、生育新的生命，无论对个人还是对整个社会都是有益的，是合乎天道常理的，正如彖辞所言"天地之大义也"。结合爻辞来看，卦辞所言"征凶，无攸利"就是说婚嫁之事要在适当的年龄完成，如果久拖不决，错过了适当的年龄就会给婚嫁之事乃至整个人生带来困难，这样的情形是有害无益的。

③天地不交，而万物不兴：天地为代表的两大哲学元素不能交融衍化，万物就没有生机和发展。天地，是中国古典哲学中最有代表性的两大哲学元素，阴阳、男女亦如此。这些性质相对应的辩证关系相结合，构成统一关系，就会衍生出全新的事物。这也正是《周易》哲学的核心思想之一。

④归妹，人之始终也：人之始，犹言人的生命都是以父母生育为起始。父母的生命必然会走向终末，但在婚姻中会孕育新的生命，在其长大成年后像父母当初一样通过"归妹"来延续其血脉。人类社会这样的生息循环就称为"人之始终"。

⑤说以动，所归妹也：少女成年之后自然盼望着婚姻的到

来，这是由天道客观规律所引发的欣悦之情，此时自身感情和外在社会条件共同运动与交流，就形成了少女出嫁、建立起全新家庭这样的社会活动。说，同“悦”，即指下卦“兑”；动，即指上卦“震”。

⑥“征凶”，位不当也：放任婚姻和家庭在长远的生活中不健康发展就会造成凶险，这是因为夫妻双方不能找到自己在家庭中适当的位置。

⑦“无攸利”，柔乘刚也：不会产生积极正面的利益，是因为归妹卦的卦象总体上以阴爻居阳爻之上，阴盛阳衰打破了阴阳之间和谐与平衡的关系。

⑧泽上有雷，归妹：归妹卦下兑象“泽”，上震象“雷”，其卦象如同惊雷击中平静的水面，譬喻少女出嫁这样的人生大事打破了其原来平静的生活。

⑨君子以永终知敝：君子应当取法归妹卦的哲学精神，对待包括婚姻在内的一切事物都永远恪守天道真理的精神，并且认识到违逆天道客观真理会造成的弊病。

⑩归妹以娣，跛能履，征吉：少女出嫁只能做侧室，就好像人虽然跛足但仍然勉强能够行走，长远发展可获吉祥。娣，在古代社会姐妹共嫁一夫，长为姒，幼为娣，《仪礼·丧服子夏传》曰：“娣姒妇者，弟长也。”《说文》曰：“娣，女弟也。”初九象征阳刚，归妹为阴柔之性，故而本爻呈现刚柔结合之象。少女出嫁无法成为正室夫人，而只能屈居侧室，故而以“跛”为喻；但侧室也同样是合法的夫妻关系，同样能够开展家庭生活，故曰“能履”。嫁为侧室在当下有所屈辱，但在家庭生活和夫妻关系的长远角度来看，仍然有所积极发展，故曰“征吉”。

⑪“归妹以娣”，以恒也：少女出嫁虽然只能屈居侧室，但出嫁成家本身却是社会生活的恒常之道。

⑫“跛能履”，吉相承也：虽然跛足，但仍然勉强能够行走，因为当前的略受屈辱与未来吉祥美好的前景相承接。按：有前辈学者批评本爻体现了压迫女性的封建思想，这种看法以我们今人的眼光来看当然是有道理的；但《周易》成书于两千多年前，其时的社会甚至尚未进入封建时代，仍然较为原始和落后，因此当时社会环境下的婚姻关系和女性地位，也不可能脱离社会客观状况而孤立发展和存在。“归妹以娣”以“跛能履”为注脚，其实就暗含了《周易》作者对当时女性所处的被压迫的社会地位持不完全认同的态度。但其同样以现实主义的立场出发，认为少女嫁为侧室虽然是妥协的、屈辱的，但总算是有所归宿，故以“征”来强调其事的长远性质，以“吉”来说明其事总算是有一个积极正面的结果。我们不能强求两千多年前的古人能够认识到符合我们今人社会观念的妇女解放的思想，因此，本爻所蕴含的思想以《周易》成书时代的社会背景来看，无疑也算得上是进步的。

⑬眇能视，利幽人之贞：（少女出嫁，但所嫁之人不能称心如意）如同眼目偏盲、视域有限，但仍然勉强能够看见东西，这种情况反而有利于内心平和之人保持坚定正固的思想观念。常言道，人生不如意事十之八九，婚嫁之事尤是如此，但婚姻的目的是为了组成家庭以使自身更好地应对生活当中的种种挑战，因此以“眇能视”来形容之。婚姻是社会生活的一部分，少女虽然未必能够嫁给称心如意之人，但九二居下卦正中之位，有天道刚健之德，象征其内心坚强、思想信念坚定，因此能够在这样不够称心的、带有缺憾的婚姻关系中坚守自己人生发展的正道，这就是九二所提倡的观念。眇，《正韵》曰“偏盲也”，犹言缺陷、缺憾。

⑭未变常也：犹言带有缺憾的、不尽如人意的婚姻结合，未能改变少女对于出嫁、组建家庭的人生常道的追求和坚守。

⑮归妹以须，反归以娣：在原本少女出嫁的合适时机却等待迟疑，最终错过了合适的机缘，反而只能嫁给他人为侧室。六三处在下卦向上卦转换之际，又呈现一阴爻陷于两阳爻之间，犹过未过、踌躇两难，故而以“须”为喻，最终只能错过原本合适的机会和对象，而勉强将就屈居侧室。须，犹指等待、迟缓。按：本爻“须”字之意，古来各家争议颇多，帛书本作“嬬”（rú），《说文》曰：“嬬，弱也，一曰下妻。”“嬬”与“娣”的意思同样指侧室、妾；又爻辞言“反归以娣”，而可知前句之义必与“娣”之义相反，因此作“嬬”则与后句文义矛盾，故推测帛书本“嬬”字是与“需”“须”因字形、字音相近而在文本转写过程中出现的错讹，故本书不取此说。

⑯未当也：犹言没有能够对婚嫁的对象和时机做出恰当、适当的抉择。

⑰归妹愆期，迟归有时：九四已过渡至上卦，又有天道刚健之德庇佑，故而少女出嫁的合适时机虽然错过，但延迟一些时日再出嫁，总会有合适的时机再次到来。愆，读作 qiān，《说文》曰“过也”，犹言错过、耽搁，《诗经·卫风·氓》：“匪我愆期。”迟，《广雅》曰“晚也”，犹言晚些时候。

⑱愆期之志，有待而行也：《象传》作者认为，爻辞所言愆期是一种主动行为，其目的是因为少女对于婚嫁有更长远的考虑和期待。有待，犹言有所期待。

⑲帝乙归妹，其君之袂（mèi），不如其娣之袂良：帝乙当年嫁出少女，虽然成为正室，但她的衣饰含蓄内敛，尚且不如侧室的衣饰华丽。“帝乙归妹”的典故，在《泰》卦中已经出现，并且有“其祉元吉”的积极美好的评价。本卦再次引用这一典故，更加具体地说明了帝乙归妹，出嫁的少女具有含蓄内敛的美好品质，故而能够通过这样一次联姻来促进当时商周之间的和睦友

好，避免了战祸纷争，对历史的发展形成了重要影响，这一典故也有力地说明了婚姻关系在人类社会的发展当中处在何等重要的地位。君，《说文》曰“尊也”。正室夫人相比于侧室为尊，本句中“君”与“娣”相对，犹指帝乙嫁出的成为正室夫人的这位少女。袂，《说文》曰“袖也”，引申为衣饰。良，良好、优秀之意。

⑳**月几望，吉**：帝乙嫁出的少女具有的含蓄内敛的品质，如同月亮尚未盈满，譬喻其成家之后的生活也将继续积极发展，故而吉祥美好。按：“月几望”的本义，当理解为月亮几乎盈满但尚有欠缺，在《小畜》卦中联系上下文，则取其几乎盈满之意；在本卦则取其尚未盈满之意，来形容少女的谦虚而不自满自负的美好品德。

㉑**其位在中，以贵行也**：六五位居上卦正中之位，有阴柔和顺之德，本爻的位置促使“帝乙归妹”的这位少女在出嫁之后能够恪守含蓄内敛的贵重品质德行。

㉒**女承筐，无实；士刲（kuī）羊，无血。无攸利**：妻子捧着竹筐，筐中却没有东西；丈夫屠宰羊，羊却没有流血，夫妻二人这样的情形对于家庭生活来说无所利益。本爻位居全卦之极，爻辞用“女”与“士”相对应，说明其时“归妹”已经完成，少女已经嫁为人妇，与丈夫生活在了一起。在一般的家庭分工当中，女性往往负责料理家务，故以“承筐”为喻，以竹筐来盛装生活用品或食物。男性往往从事力气活，例如宰杀牲畜，故以“刲羊”为喻。爻辞所言，妻子所承之筐空空如也，说明妻子并没有在实际上真正料理家务，而只是做做样子。丈夫去宰羊却不见血，说明其要么力有不逮，要么惧怕宰杀牲畜的过程。这就说明夫妻二人皆不能扮演好自己的家庭角色，不能负担其在家庭中的职责，因此，这样的男女双方结合而成的婚姻是消极不利的。

刲，《说文》曰“刺也，割也”，犹言屠宰、宰杀牲畜。

㉓**上六“无实”，承虚筐也**：上六爻辞主要就是以“无实”来强调反映这种消极的家庭状况，妻子捧着空空的竹筐，不但筐中无实，更说明其夫妻二人的家庭生活也无实，空有家庭之名，而没有实际的生活。

第五十五卦　丰

【原文】

丰[1]　亨，王假之[2]；勿忧，宜日中[3]。

《彖》曰：丰，大也；明以动，故丰[4]。“王假之”，尚大也[5]；“勿忧，宜日中”，宜照天下也[6]。日中则昃，月盈则食，天地盈虚，与时消息，而况于人乎？而况于鬼乎[7]？

《象》曰：雷电皆至，丰[8]；君子以折狱致刑[9]。

初九　遇其配主，虽旬无咎，往有尚[10]。

《象》曰：“虽旬无咎”，过旬灾也。

六二　丰其蔀，日中见斗，往得疑疾[11]；有孚发若，吉[12]。

《象》曰：“有孚发若”，信以发志也[13]。

九三　丰其沛，日中见沬[14]；折其右肱，无咎[15]。

《象》曰：“丰其沛”，不可大事也[16]；“折其右肱”，终不可用也[17]。

九四　丰其蔀，日中见斗；遇其夷主，吉[18]。

《象》曰：“丰其蔀”，位不当也[19]；“日中见斗”，幽不明也[20]；“遇其夷主”，吉行也[21]。

六五　来章，有庆誉，吉[22]。

《象》曰：六五之吉，有庆也[23]。

上六 丰其屋，蔀其家，窥其户，阒其无人，三岁不觌，凶[24]。

《象》曰："丰其屋"，天际翔也[25]；"窥其户，阒其无人"，自藏也[26]。

【注释】

①**丰**：卦名，下离上震。丰，《说文》曰"艸盛丰丰也"，犹言丰满、丰硕、丰盛。结合全卦来看，丰卦的哲学含义在于提醒人们应当注意包括"丰"的观念在内的一切事物都有其合理界限，超越了合理界限，原本积极美好的事物也会走向反面而变得消极。因此，要把握事物的合理界限，同时要在事物发展过程中，主动以天道的哲学精神使那些过激过甚的事物重新得以协调平衡，回归其积极美好的性质。

②**亨，王假之**：丰卦象征事物得益于天道推动而发展出美好盛大的样貌，故曰"亨"。人类文明和社会在发展进步的过程中长远传承着丰卦的精神，故曰"王假之"。"王假"之义可见本书《萃》与《家人》两卦注释。之，代指"丰"的哲学精神。

③**勿忧，宜日中**：包括《周易》哲学在内的中国古典哲学很早就认识到"日中则昃，月盈则食"的道理，"丰"正如太阳升至中天，已达高上之极，后续必然逐渐西沉。因此卦辞提醒人们，不用对此过于忧虑，事物所经历的波峰波谷正是天道的客观规律所致，只要在日上中天的时候把握好时机，恰当地运用天道的客观规律，就能使事物获得积极的发展进步。宜，犹言适当、恰当。宜日中，即恰当把握日上中天的这一时机。

④**丰，大也；明以动，故丰**：丰卦，代表着壮大、盛大。下

卦为离，象“光明”；上卦为震，象征被惊雷所震而开始行动。明以动，犹言在日上中天、天道光明盛大之际把握时机及时行动，如此就能得到“丰”的积极美好的结果。

⑤“王假之”，尚大也：人类社会和文明长久传承着“丰”的哲学精神，是因为天道无上而伟大。尚、大，皆形容天道，用以解释“王假之”的缘由。

⑥宜照天下也：把握住最恰当的时机采取行动，就能像中天之日一样照耀天下万方，使天下都能获得“丰”的积极美好的成果。

⑦日中则昃，月盈则食，天地盈虚，与时消息，而况于人乎？而况于鬼乎：太阳升至中天就会开始下落，月亮盈满正圆之时就会开始逐渐缺食，包括日月在内的天地万物的运动都是在盈虚之间不断转换，都是随着时机、时间的发展或消减或生息。日月天地都是如此，更何况我们常人，又何况我们人在主观思想中想象出的鬼神呢？

⑧雷电皆至，丰：丰卦下卦为离，象“火”“电”；上卦为震，象“雷”，故曰“雷电皆至”。雷霆之声与霹雳之形二者同时显现，才构成了盛大无比的天威呈现在人的眼前，这就是“丰”的哲学形象。按：古代“雷”主要指雷声，“电”则特指闪电，二者分别对应听觉和视觉。

⑨君子以折狱致刑：君子应当取法丰卦的哲学精神，以天道雷霆之威的震慑来公正准确地施行法律，同时避免矫枉过正，使刑狱法律能够发挥其合乎天道真理的积极作用而不会走向消极的反面。

⑩遇其配主，虽旬无咎，往有尚：初九为全卦之初，象征刚刚开始行动，遇到了适合自身的匹配对象，可能在行动的过程中需要经历一定的周期才能遇上正确的时机，但并不会产生

咎害，只要保持前进自然会得到嘉尚的结果。配，犹言匹配、般配。主，与“客”相对，本义指主人，引申为正确的对象。旬，《说文》曰“十日为旬”，犹言在达到目标前需要经历的一段时间。按：“旬”字，荀爽注作“均”，均等、均布之意。本书认为此说与爻辞全句文义不合，故不取。尚，犹言积极美好。

⑪**丰其蔀，日中见斗，往得疑疾：**用丰盛致密的草席覆盖门户阻挡光线，日上中天之时原本应该明亮的环境变得昏暗漆黑，如同见到夜晚的星辰，长此发展下去就会使人内心疑惑而产生精神上的疾患。蔀，读作 bù，《集韵》曰“草也”，《广韵》曰“小席也”，《王注》曰：“蔀，覆暖，障光明之物也。”古人以草席遮蔽门户，作窗帘、门帘之用，“丰其蔀”就是说草席过于密实，完全遮挡了室外的阳光。日中，犹言日上中天的正午时分，此时天光最为明亮。斗，犹指夜晚的星辰、星斗。日中见斗，形容室内光线昏暗如同星斗显现的黑夜。《周易》哲学认为，一切事物都应当合乎天道的客观发展规律，都是具有辩证性质的。“丰”是有所利益的，但程度太过就会产生消极作用，例如本爻爻辞所言，草席本来是用于遮蔽门户、隔绝风雨、阻挡蚊虫，因此必然需要编制密实才能发挥其作用，但过于厚重密实就会完全阻挡光线使得室内漆黑一片，对人的正常生活造成消极影响，使人分不清白天黑夜而长期处于时间错乱的疑惑当中，进而产生精神上的疾病，故曰“往得疑疾”。往，犹言长此以往。疑，犹指精神上的疑惑、疑虑。因疑惑而生疾患，当理解为精神方面的疾病。

⑫**有孚发若，吉：**发扬天道真理（以纠正“丰其蔀”的问题），就能获得吉祥美好。孚，犹言“孚信”，天道真理的代称。发，发扬、发挥之意。若，语助词。

⑬**信以发志也：**坚定对天道真理的信念就能够启发自身的精神意志。信，《说文》曰“诚也”，《集韵》曰“悫（què）也，

不疑也”，坚定信心、信念之意。发，发动、启发之意。志，犹言精神意志。

⑭**丰其沛，日中见沫**：天降甘霖但雨势过于盛大，在正午时分气温最高、空气最干燥的时候，雨滴落在地面打起了泡沫。沛，同“霈”，《玉篇》曰“大雨”，《广韵》曰：“霶霈，雨多貌。”沫，犹指雨滴高速密集落在地面上击起的泡沫。降雨是常见的自然现象，降雨之势和缓，能够消解高温干旱，促进农业生产，同时不会给人的日常生活带来太多麻烦。一旦雨势过大，就可能使气温骤降，形成洪涝灾害，妨碍人的生活，同时也会给农业生产带来损失。前辈学者多训“沛”同“旆”，幡幔之意；训“沫”同“昧”，指幡幔过大遮蔽阳光造成光线昏昧，可备一说，请读者自行辨析。

⑮**折其右肱（gōng），无咎**：犹言降雨过于丰盛，使得原本的甘霖变成了灾害，如同人的右臂因为用力过猛而折断，过犹不及；但降雨属于自然现象，因此虽然有所危害却也无可归咎。右肱，犹指右臂，人在日常生活中普遍以右臂为主力，故《周易》以右肱类比甘临，来说明事物超越合理界限所造成的消极影响多么重大。

⑯**不可大事也**：犹言一切事物都有其合理界限，不可一味追求其事盛大、丰大，否则就会导致“丰其沛”类似的情形。

⑰**终不可用也**：事物超出合理界限走入反面，最终再不能发挥其本来的积极功用。

⑱**丰其蔀，日中见斗；遇其夷主，吉**：九四之位代表“丰”的程度太甚，超越了合理界限，犹如遮蔽门户的草帘太过致密厚重，遮挡了光线使得室内在正午也如同黑夜一般。如果能够遇到可以与九四之“丰”相平衡的对象，就能重新回归合理的范畴而收获吉祥。夷，本义指平坦，在本爻中与“丰”的概念相

对。“丰”如同程度过甚引起的波动，“夷”则指使这种波动回归平和、水平的状态。主，犹言九四爻“遇”的对象和目标，即九五。

⑲**“丰其蔀”，位不当也**：九四位于上卦之初，与下卦九三同为阳爻，象征事物的发展在转换阶段后未能构成阴阳平衡的合理状态，二阳相叠而刚健的程度过甚，故谓之“位不当也”。

⑳**“日中见斗”，幽不明也**：所谓“幽不明也”有两重意思，一是解释“日中见斗”，说明室内光线幽暗不明；二是用以说明九四爻虽有阳刚乾健之德，但其程度过甚反而使得原本积极的性质走向反面而变得消极，使得事物的发展深陷幽深之境、晦暗不明。

㉑**“遇其夷主”，吉行也**：九四在后续可以遇到与之相平衡的对象，说明九四象征吉祥美好的发展态势。按：《周易举正》谓“行”上脱“志”字，则这两句当作“遇其夷主吉，志行也”，似可从。（黄寿祺、张善文《周易译注》）

㉒**来章，有庆誉，吉**：九四发展至六五，在上卦中正之位天道彰显从而使“丰”获得了阴阳关系的协调平衡，此时的“丰”才真正回归本义，值得庆贺赞誉，其性质吉祥美好。来，犹言丰卦由九四阶段发展到来。章，同“彰”，犹指六五与九四相结合才使得天道精神完全彰显，“丰”回归了其积极美好的本义。有庆誉，针对六二爻至九四爻的发展过程而言，此三爻皆有“丰”而过甚之义，意在提醒学《易》之人对这种状态心存警惕，而不可盲目片面地对这种过甚之“丰”抱有认同喜悦的态度。只有到了六五阶段，“丰”才回归其积极美好的本义，才是值得庆贺赞誉的。

㉓**六五之吉，有庆也**：六二、九四虽也称“吉”，但只有六五之“吉”才是唯一值得欣喜庆贺的。

㉔丰其屋，蔀其家，窥其户，阒其无人，三岁不觌(dí)，凶：大规模营建屋宇，却用厚实的草帘紧紧遮蔽门户，从外面往里窥视，室内漆黑一堂、寂静而毫无人声人影，这种状态长期保持而不见改观，凶险。本爻位居全卦之极，与六五同为阴爻，失去了阴阳协调平衡的有机关系，故而上六之“丰”同样是形容事物过犹不及，而且比其下诸爻程度更加过甚。从爻辞文义来看，上六描述的是一种没有必要的、近乎荒诞的情形，这是将“丰”彻底推向了极端，因此必然凶险。屋，犹指房屋。家，犹指房屋内部，室内。窥，窥探、窥视，因其家门户以草帘紧密遮蔽、室内漆黑，故而只能从外向内窥视。阒，读作qù，《说文》曰“静也”，《玉篇》曰：“静无人也。”三岁，犹言长期、很长时间。觌，本义指见面。不觌，在本爻理解为不见改观。

㉕“丰其屋”，天际翔也：本爻位于全卦之极，故而“丰其屋”不仅是一般程度上的扩建房屋，还是超越合理程度的、没有必要的大规模营建，故以“天际翔”这样的夸张手法来形容和强调其性质。

㉖“窥其户，阒其无人”，自藏也：从室外向内窥探，室内寂静无人，这是形容其居室大而无当，违背了房屋居室的合理形式，使得原本应当舒适明亮而富有生活气息的家庭生活变成了荒谬的自我禁闭。

第五十六卦　旅

【原文】

旅[1]　小亨[2]；旅，贞吉[3]。

《彖》曰："旅，小亨"，柔得中乎外而顺乎刚[4]，止而丽乎明[5]，是以"小亨，旅，贞吉"也。旅之时义大矣哉[6]！

《象》曰：山上有火，旅[7]；君子以明慎用刑而不留狱[8]。

初六　旅琐琐，斯其所取灾[9]。

《象》曰："旅琐琐"，志穷灾也[10]。

六二　旅即次，怀其资，得童仆，贞[11]。

《象》曰："得童仆，贞"，终无尤也[12]。

九三　旅焚其次，丧其童仆，贞厉[13]。

《象》曰："旅焚其次"，亦以伤矣[14]；以旅与下，其义丧也[15]。

九四　旅于处，得其资斧，我心不快[16]。

《象》曰："旅于处"，未得位也[17]；"得其资斧"，心未快也[18]。

六五　射雉，一矢亡，终以誉命[19]。

《象》曰："终以誉命"，上逮也[20]。

上九　鸟焚其巢，旅人先笑，后号咷[21]；丧牛于易，凶[22]。

《象》曰：以旅在上，其义焚也[23]；“丧牛于易”，终莫之闻也[24]。

【注释】

①旅：卦名，下艮上离。旅卦本义指行旅、外出远行。古时不比今天，其交通条件非常原始，行旅多以步行的方式为主，当旅人离开城市村镇的范围进入荒野，没有现代化的交通工具和通信技术辅助，很可能遭遇野兽袭击或自然灾害侵袭，因此外出行旅往往具有一定危险性，需要妥善的计划和坚定的信念，才能战胜困难到达终点。旅卦的精神就在于通过行旅之事来揭示天道的哲学真理。

②小亨：旅卦的精神通达于天道真理，但行旅之事本身只是人类社会生活的一个狭窄侧面，因此谓之“小亨”。

③旅，贞吉：在行旅的过程中保持坚定的恒心和信念，就能获得吉祥的前景。本句“旅”特指行旅、旅程。句首之“旅”当理解为卦名、标题，代指旅卦整体。

④柔得中乎外而顺乎刚：旅卦以两个阴爻各自位居上下卦的正中之位，另有一阴爻（初六）位于“外”，但三个阴爻全都顺应着组成全卦的另外三个具有刚健之德的阳爻。

⑤止而丽乎明：旅卦下艮有“止”之德，上离为“明”；下艮附丽于上离，象征行旅之事止于天道划定的合理界限，就能前途光明。

⑥旅之时义大矣哉：旅卦的哲学精神之于时代发展的意义真是至为重大。

⑦山上有火，旅：旅卦下艮象“山”，上离象“火”。两者结合取象为“旅”。

⑧**君子以明慎用刑而不留狱**：君子应当取法旅卦的哲学精神，明白审慎地运用法律处理刑罚之事，而不可拖延羁押。刑，《说文》曰："罚罪也，从井从刀。《易》曰：井，法也。"犹指法律。狱，犹言羁押待审，《说文》曰："确也，从㹜从言，二犬，所以守也。"《释言》曰："确也，确实人之情伪也。"

⑨**旅琐琐，斯其所取灾**：行旅初期陷于琐碎细节当中不能按照计划行进，这是自找灾祸的行为。琐琐，《韵会》曰："繁碎猥屑貌。"《尔雅·释言》曰："琐琐，小也。"行旅既已启程，就应当早做准备，按照计划完成既定行程，按时抵达旅途中吃饭休息之所。一旦陷入琐碎细节耽误了行程，就可能招致麻烦和灾祸。在古代社会没有今天的交通和通信科技手段辅助，旅行是存在极大风险的活动，一旦无法在入夜前及时赶到可供留宿的安全环境，就可能困陷于漆黑的荒野当中，遭遇迷路、野兽甚至强盗袭击的可怕后果，故爻辞以"灾"为喻。斯，代词，同"此"之意，代指"旅琐琐"的行为；帛书本"斯"即作"此"。

⑩**志穷灾也**：行旅进发的思想意志穷竭而不再坚定，三心二意于琐碎之事，就会带来灾祸。

⑪**旅即次，怀其资，得童仆，贞**：六二居下卦正中之位，此时行旅到达了可供客寄休息之所，不但身怀足够的资财，还有童仆帮辅照顾，此时应当保持坚定正固之心不动摇。即，"就"之意，就位、达到。次，即"旅次"，行旅安居之处、旅行中暂居之舍。资，犹言用于行旅开销的钱财。童仆，即旅次中照料客人饮食休息的童子和仆人。六二犹言在旅行过程中来到寄居之所得以放松安歇，暂时没有后顾之忧，但不可沉迷安乐之中，而要保持初心准备好继续前进，故曰"贞"。

⑫**"得童仆，贞"，终无尤也**：在旅次放松休息、有童仆照料服侍，身处安逸舒适的环境中，仍然能够保持坚定的初心，始

终不会带来过失和问题。

⑬**旅焚其次，丧其童仆，贞厉**：九三以刚健阳爻处在下卦之极，象征行旅之人情绪过于阳刚亢进，因而导致可供休息的旅次被焚毁，失去了照料起居的童仆，固执于九三这种激亢情状必然危险。

⑭**"旅焚其次"，亦以伤矣**：被烧毁的虽然只是行旅暂居之处，是他人的资产，但失去了落脚歇息之处，对于行旅之人来说也是伤害。

⑮**以旅与下，其义丧也**：把旅行的正事跟是否有童仆下人照料服侍混为一谈，就失去了旅行原本的意义。童仆的照料服侍在行旅过程中只是锦上添花，九三表明旅行已经遇到了重大挫折，此时仍然纠结于"丧其童仆"，就变得本末倒置。与，犹言相结合、联系起来。下，犹言"下人"，是古代社会对童仆之类的服务人员带有歧视性的称呼。

⑯**旅于处，得其资斧，我心不快**：旅行到某个野外暂居之处，得到了斧子可以砍伐荆棘野草，清理出一块可供栖身的空地，但由于只能露宿野外而使我的心里感到不快。处，本义指居所；前文有"次"来代指可供寄宿的旅舍，故本爻之"处"与之相对应，应当指野外可以露宿的处所。资斧，前辈学者考据当作"齐斧"，即锋利的斧子，可用以砍伐荆棘野草。我，犹指行旅之人。心，犹言人的思想情绪。

⑰**"旅于处"，未得位也**：旅行中只能找到一个野外露宿的地方，而非客栈旅次，这是因为本爻处在九四，而没有处在上卦中正的合理位置。

⑱**"得其资斧"，心未快也**：虽然得到了利斧可以清理出可供露宿的空地，但终究不是真正适当、舒适的休息之所，因此心中情绪仍然无法快活起来。

⑲射雉，一矢亡，终以誉命：行旅途中射猎雉鸡，虽然第一箭没有射中，但最终还是射猎成功，得以称誉天命。六五位居上卦正中之位，象征行旅之人合德于天道，故而射雉第一矢未中，但最终必然能够射雉成功，因此要称誉天命。雉，犹指山鸡、野鸡，《尔雅·释鸟》曰："野鸡，雉也。"亡，本义"逃"，有脱离、丢失之意。誉，犹言称誉、称赞。命，犹言天命，因天道客观规律作用而必然发生的命运。

⑳上逮也：犹言六五上及天道。逮，《说文》曰"及也"，连接、涉及之意。

㉑鸟焚其巢，旅人先笑，后号咷（táo）：枝头之鸟倾覆了巢穴，行旅之人看到此状先是发笑，而后又号啕大哭。上九位于全卦之极，象征行旅之人过于亢进激奋，如同鸟筑巢在过于高悬的枝头。鸟巢所依的树枝过高，说明位于枝条末端，柔弱难以提供足够支撑，因此鸟在巢中活动时就会打破平衡而致倾覆。上九象征行旅之人的行程、目标也有同样的问题——太过激进、不切实际，旅程必然像倾覆的鸟巢一样遭遇灭顶之灾，因此旅人先始发笑，但意识到自身问题后就转变为号啕大哭。焚，本意指焚烧。按理鸟类并不会使用火，也就不会"焚其巢"。于豪亮先生认为"焚"当为同音字"偾"，有倾覆之意。《尔雅·释言》曰"偾，僵也"，疏曰"仰偃也"。本书赞同于豪亮先生之说。

㉒丧牛于易，凶：在事物发生性质转变之际，丧失了对天道天理的认知，凶险。牛，在本爻当理解为"天道""天理"。《说文》段注："牛，事也，理也。事也者，谓能事其事也，牛任耕；理也者，谓其文理可分析也，庖丁解牛，依乎天理。"易，犹言事物的性质发生变化、转变。上九位于全卦之末，正处在旅卦终结，事物发生全新转变之际，故谓"易"。

㉓以旅在上，其义焚也：本句象辞仍取"焚"字，与本书分

析认识不合，故不作阐发解释。黄寿祺、张善文《周易译注》译文："作为行旅人却高居上位，其理必致焚巢之灾。"可备一说，供读者自行辨析。

㉔"丧牛于易"，终莫之闻也：在事物性质转变之际丧失了对天道真理的认知，最终就会陷入凶险，再也无法听闻天道真理了。

第五十七卦　巽

【原文】

巽[①]　小亨[②]，利有攸往，利见大人[③]。

《彖》曰：重巽以申命[④]。刚巽乎中正而志行[⑤]，柔皆顺乎刚，是以小亨，利有攸往，利见大人。

《象》曰：随风[⑥]，巽；君子以申命行事[⑦]。

初六　进退[⑧]，利武人之贞[⑨]。

《象》曰：进退，志疑[⑩]也；利武人之贞，志治[⑪]也。

九二　巽在床下[⑫]，用史、巫纷若，吉，无咎[⑬]。

《象》曰：纷若之吉，得中[⑭]也。

九三　频巽，吝[⑮]。

《象》曰：频巽之吝，志穷[⑯]也。

六四　悔亡，田获三品[⑰]。

《象》曰：田获三品，有功[⑱]也。

九五　贞吉，悔亡，无不利；无初有终[⑲]；先庚三日，后庚三日，吉[⑳]。

《象》曰：九五之吉，位正中也。

上九　巽在床下，丧其资、斧，贞凶[㉑]。

《象》曰：巽在床下，上穷也；丧其资斧，正乎凶[22]也。

【注释】

①巽（xùn）：卦名，有顺势、顺从之意。《韵会》曰“巽，入也，柔也”，《说卦传》曰：“巽，入也。盖以巽是象风之卦，风行无所不入，故以入为训。若施之于人事，能自卑巽者，亦无所不容，然巽之为义，以卑顺为体，以容入为用，故受巽名矣。”

②小亨：巽卦阳爻居优势且居中正之位，阴爻顺从阳爻的意志和方向而行。阴顺从于阳故曰“小”，阳主导阴贯彻而行故曰“亨”。

③利有攸往，利见大人：巽卦的哲学思想利于事物发展前进，利于涌现出主导发展进步之势的领袖人物。

④重巽以申命：两巽相叠，象征着命令或使命得以贯彻。重巽，巽卦由两个三爻巽卦上下相叠构成。重（chóng），重叠、多重。申命，贯彻命令或使命。申，古义“重复”，《尚书·尧典》曰“申命羲叔宅南交”，故“申命”可引申为下级重复上级的命令，使之可以得到贯彻执行。

⑤刚巽乎中正而志行：巽卦阳爻占多数，故称“刚巽”，且占据九二、九五中正之位，阴爻少数且处下位，故阴顺从于阳，少数服从多数，所以阳爻之志可以得到贯彻执行。

⑥随风：顺从于风向气候，随风而动。巽卦象风，纵横不怠，由居多居正的阳爻主导前进方向，阴爻顺从其风势而动。随，顺从、追随之意，《广韵》曰：“从也，顺也。”

⑦君子以申命行事：君子根据巽卦的哲学思想，将合乎天道的使命贯彻于自身行为实践当中。申命，可依文义将“重复并贯彻上级的命令、使命”更深一层，引申为君子将自身使命和前途

命运与天道的积极发展趋势相重合。

⑧进退：初六阴爻尚未遇到阳爻“刚巽”引领，因而自身犹疑不定，踌躇于进退之间。

⑨利武人之贞：在进退之间不断犹疑权衡而不敢轻举妄动，利于勇武之人守正稳固等待时机，避免盲目行动造成损害。

⑩志疑：初六尚未与阳爻代表的天道通达，心志处于游移不定的状态。疑，《说文》曰：“惑也，从子止匕。徐锴曰，止，不通也，反匕之幼子多惑也。”

⑪志治：初六后续发展将获“刚巽”引导帮助，纷乱的心志得以理性、有条理。治，整理、使事物有条理，《周礼·天官》：“大宰以九职任万民，七日嫔妇，化治丝枲。”注曰：“治，理也。”

⑫巽在床下：采取谦逊的态度处身于天道之下，顺从于天道的发展规律。巽，同“逊”，《正韵》曰：“逊，顺也，谦恭也。”床，古字“牀”，古代坐具，引申为处上位者。联系全文，处上位者非权势之人，而是形容天道。

⑬用史、巫纷若，吉，无咎：效法以恭顺的态度沟通鬼神天意的古代巫师，就能获得缤纷美好的积极前景而无祸患。用，犹言取法、效法。史、巫，祝史与巫觋，古代社会掌管祭祀和巫术仪式。纷若，犹言缤纷、多种多样。

⑭得中：九二处于中正之位，合于《彖传》“刚巽乎中正而志行”的精神。

⑮频巽，吝：表面恭顺但内心纠结颦蹙，令人惋惜。巽卦之德在于“柔皆顺乎刚”，九三为刚，但上接六四为柔，与卦德相逆，故而虽呈现恭顺的态度，但内心纠结排斥，这种心态发展下去必然产生使人恨惜的消极结果。频，同“颦”，形容人的内心情绪纠结不畅。

⑯**志穷**：九三位于下卦之极，象征心志穷竭，不能保持表里如一的思想态度。穷，《说文》曰“极也”，《系辞》曰“易穷则变”，然而九三与六四虽然呈现变的关系，但逆于“柔皆顺乎刚”的卦德，故结果吝而消极。

⑰**悔亡，田获三品**：消除了悔恨的负面情绪，因而在畋猎生产中收获丰厚。悔，悔恨；亡，古义同“无”，消除、消失之意。田，同“畋”，畋猎之意，指古代社会的农业和渔猎生产。三，代称，犹言“多”，“三品”即多种多样、种类丰富的收获品。

⑱**有功**：六四居于上下两阳爻之间，处于上下卦过渡转变之时，合于“柔皆顺乎刚”之卦德。譬喻谦虚而顺从于天道的积极发展规律，才能“田获三品”得到品类广泛的收获而成功。

⑲**无初有终**：九五悬居于上卦正中的“贞吉”之位，虽然未经历下卦所处的事物发展的初始阶段，但九五合德于“刚巽乎中正而志行”，故而没有任何负面情绪，行动无往不利，可以稳步到达事物发展的美好终点。

⑳**先庚三日，后庚三日，吉**：所谓“先庚三日，后庚三日”，即下卦三爻代表事物的初始发展阶段，和上卦三爻代表事物发展的成果阶段。譬喻事物前后两个发展阶段持续前进，但又前后呼应，构成“重巽”而得以“申命”，故而必获吉果。《玉篇》曰“庚，犹更也”，《说文》段注曰：“更，训改，亦训继。改之为继，不改亦为继。故小雅毛传曰：更，续也。”故而本句“庚”当作“更”，有继续、持续之意。

㉑**巽在床下，丧其资、斧，贞凶**：上九已处在巽卦之极，这时已经没有了可以顺而从之的对象，但仍然片面教条地采取谦逊顺从的态度，就会丧失自身的主观能动性，也就丧失了自助、自正的能力，一味依赖外界助力，一意孤行向天道占问，必然得不到答案而前途晦暗凶险。资，支持、资助之意，《乾·彖》曰

“大哉乾元，万物资始”；斧，斧正之意，《释名》曰：“斧，甫也；甫，始也。凡将制器，始用斧伐木，已乃制之也。”引申为用斧子砍掉多余的部分，使之成器。贞，与吉凶趋势之词联系时当作“向天道占问”讲，而非单纯的光正、正大之意，《说文》曰：“贞，卜问也，从卜、贝，以为贽。”段注曰：“贞之为问，问于正者，必先正之。”

㉒正乎凶：前辈学者训为“正于凶”，守正防凶之意。结合本书对“贞凶”的注释而言，《象传》所阐述之义可能未必合乎《易经》本义。

第五十八卦　兑

【原文】

兑　亨，利，贞①。

《彖》曰：兑，说也②。刚中而柔外，说以利、贞③，是以顺乎天而应乎人④。说以先民，民忘其劳⑤；说以犯难，民忘其死⑥。说之大，民劝矣哉⑦。

《象》曰：丽泽，兑⑧。君子以朋友讲习⑨。

初九　和兑，吉⑩。

《象》曰：和兑之吉，行未疑也⑪。

九二　孚兑，吉，悔亡⑫。

《象》曰：孚兑之吉，信志⑬也。

六三　来兑，凶⑭。

《象》曰：来兑之凶，位不当也⑮。

九四　商兑未宁，介疾有喜⑯。

《象》曰：九四之喜，有庆⑰也。

九五　孚于剥，有厉⑱。

《象》曰：孚于剥，位正当⑲也。

上六　引兑⑳。

《象》曰：上六引兑，未光[21]也。

【注释】

①兑（duì） 亨，利，贞：兑者说也，说者悦也。兑卦表现的这种“悦”的哲学精神，来自人合德于天道，获得积极的发展进步而自然产生的欢欣喜悦，是中国古典哲学“天人合一”观念的最高境界。天道的客观发展规律通达万物，推动和促进万物的发展进步，并且永葆光明正大之德，因此人与天道合德而悦，可称亨、利、贞。

②兑，说也：兑在古汉语中通“说”，“说”通“悦”。

③刚中而柔外，说以利、贞：兑卦展现的哲学精神，有着柔弱和顺的外在表现，同时又有中正坚定的思想内涵，因此在实践当中可以促进人和事物的发展进步，同时在思想上坚定保持积极正面的价值取向，才能符合兑卦的精神。

④是以顺乎天而应乎人：兑卦由两个三爻之兑重叠组成，象征上卦代表的天道的积极发展规律与下卦代表的人获得天道辅佑而产生的欣悦之情达成协调一致。

⑤说以先民，民忘其劳：大人和君子观察并学习天道的哲学精神，并以之为自身的发展进步带来助力，更要在整个人类文明和社会的更大范围当中以身作则、身先士卒，以自身为示范帮助和促进更多人认识并应用天道的客观发展规律，带领广大人民共同进步。如此，人民也将在获得发展进步的同时，因实在的物质和精神收获而忘却辛劳。先民，犹身先于百姓民众，《老子》第七章曰：“圣人后其身而身先，外其身而身存。”其思想与兑卦表现出的哲学精神高度一致。

⑥说以犯难，民忘其死：万物以及人类社会活动中往往会遭

遇各种困难、挑战乃至致命的危险，要战胜这些消极事物，就要依靠天道的客观规律，即可获得兑的积极结果，而不以人的主观意志为先。因此，居于领袖地位的大人、君子应当以兑卦的哲学精神引领人民大众，使得人民意识到自身在战胜困难与危险的过程中遭受的损失乃至死亡是有价值、有意义的。如此，人民才会主动跟随领袖共同前进，在战胜困难与危险的过程中奋不顾身，置生死于度外。

⑦**说之大，民劝矣哉**：兑卦的思想精神广远伟大，人民大众意识到其积极进步的意义和价值后自然会欣然跟从。劝，悦从也，《论语》曰："举善而教，不能则劝。"

⑧**丽泽，兑**：兑卦上卦下卦皆为兑，兑又象泽，因此，兑卦象征人收获积极美好的结果产生的欣悦之情来自天道的滋养与辅佑；人与天道的客观发展规律呈现呼应、结合的关系。丽，可同"两"（古字"丽"），《说卦》曰"参天两地"，《离·象》曰"明两作，离"，有对偶、相对应之意。又有前辈学者多训"丽"有依附、附丽之意，可供一说。泽，《说文》曰："光润也"；《风俗通·山泽》曰："泽者，言其润泽万物，以阜民用也"；《尚书·毕命》曰："润泽生民"。

⑨**君子以朋友讲习**：君子在与他人相处时应当持续实践兑卦的思想精神，不以自身主观想法，而以人际交往的客观规律为指导，来化解彼此之间不同性格和利益需求导致的矛盾和冲突，达成和谐共赢的局面。朋友，泛指人际交往，而非寻常语境中建立友谊之意。讲习，通过不断运用兑卦的思想指导自身实践来化解、调和各类矛盾之意，《说文》曰"讲，和解也"，注曰"和当作龢，不合者调龢之，是曰讲"；习，《说文》曰"数飞也"；《礼·月令》曰"鹰乃学习"，形容鸟类通过不断尝试逐渐学会飞行。

⑩**和兑，吉**：本爻位于初九，事物处于发展过程当中的初级阶段，人因阶段性的美好收获而感到欣悦。

⑪**和兑之吉，行未疑也**：“和兑”而能收获吉祥，是因为初九阶段尚未遭遇困难，因此还没有产生犹疑、疑虑。

⑫**孚兑，吉，悔亡**：本爻位于下卦中爻，呼应《彖传》所谓“刚中”之德，得到兑卦积极有利精神的辅佑从而持续得到收获，因为坚定信念持续前进，所以能获得吉祥美好的前景，过程中主观产生的一些负面悲观情绪将自然消失。孚，孚信，指对天道客观规律的坚信。悔亡，指人对客观发展规律抱持积极坚定的态度情绪，以“悔”为代表的消极负面的主观情绪被化解而消失。故而本爻《象》谓之：“信志也。”

⑬**信志**：坚定对天道真理的信念和信心。志，《说文》曰：“从心之声，志者，心之所之也。”《论语》曰：“志于道。”

⑭**来兑，凶**：人从自身的主观需要来要求天道的客观规律使自己得利而欣悦，这种行为是不当的、违背天道客观规律的，这种思想行为消极凶险。来兑，犹言主观自身与客观天道发生冲突。来，可同“徕”，有招徕、呼唤，又有主动提出要求之意，《公羊传·隐公五年》：“公观鱼于棠，登来之也。”注曰：“登读为得，齐人谓求得为登来。”

⑮**来兑之凶，位不当也**：六三为阴爻，本应合坤卦“牝马之贞”“乃顺承天”之德。兑卦强调得天道客观规律辅佑才能欣悦而“兑”，但本爻以“来”喻指人没有摆正自身与客观规律的位置关系，而是要求客观规律来满足自己的主观想法，故而谓之“不当”。

⑯**商兑未宁，介疾有喜**：对于收获感到欣喜的同时不断进行评估与反思，就能真正发现并革除可能存在的隐患，而继续保持积极的发展前景。商，估量、度量，《广韵》曰“度也”；《说文》

曰“从外知内也”，引申为通过对事物进行全面观察和评估，透过现象发现其本质。未宁，指持续、不停歇。介疾，辨别并隔绝疾患。介，分辨、隔离之意，《说文》曰“画也”，《正韵》曰“际也”。

⑰**有庆**：通过“介疾有喜”不断检讨与反思，可以避免事物从积极走向消极，值得庆贺。

⑱**孚于剥，有厉**：即使社会发展中出现“小人道长”的消极状况，也能保持自身对天道的客观积极发展规律的坚定信念，这其实是一种对自身的锻炼和磨砺。孚，坚持信念。剥，剥落、剥离，譬喻社会上存在着种种主观唯心的、与天道相悖的人和思想，即《剥卦》所谓“小人道长”。有厉，面对困难可以有所磨砺而进步成长。《说文》曰“厉，旱石也”，《玉篇》曰“磨石也，威也”，《广韵》曰“严也，猛也”，引申为严格、严酷的锻炼和磨砺。

⑲**位正当**：九五位居上卦正中，象征君子把握天道的客观发展规律和积极潮流，能够坚持真理。

⑳**引兑**：君子掌握天道真理，但还要认识到社会当中仍有大量有悖于天道发展规律和价值观的思潮，因此需要以积极正面的手段用天道的真理加以正确引导，才能最终达到“民劝矣哉”的结果，使整个文明与社会获得全面整体的发展与进步。引，引导、引领之意，《集韵》曰“导也”，《广雅》曰“演也”，故有引导使其发展演化之意。

㉑**未光**：天道的真理只有少数人认识和掌握，尚未被普天下的社会大众所认识和接受，因此“未光”，尚未达到《周易》哲学追求的天人合一的最高境界，仍需掌握天道客观发展规律和价值观的人以“说以先民”的思想加以实践。《说文》曰：“光，从火在人上，光明意也。”“火”代表天道的真理，“火在人上”代表天道与人相结合，即天人合一的最高理想。

第五十九卦　涣

【原文】

涣[1]　亨；王假有庙，利涉大川；利，贞[2]。

《彖》曰[3]：“涣，亨”，刚来而不穷，柔得位乎外而上同。“王假有庙”，王乃在中也；“利涉大川”，乘木有功也。

《象》曰：风行水上，涣[4]；先王以享于帝立庙[5]。

初六　用拯马壮[6]，吉。

《象》曰：初六之吉，顺也[7]。

九二　涣奔其机，悔亡[8]。

《象》曰：“涣奔其机”，得愿也[9]。

六三　涣其躬，无悔[10]。

《象》曰：“涣其躬”，志在外也[11]。

六四　涣其群，元吉[12]；涣有丘，匪夷所思[13]。

《象》曰：“涣其群，元吉”，光大也[14]。

九五　涣汗其大[15]；号涣，王居，无咎[16]。

《象》曰：“王居，无咎”，正位也[17]。

上九　涣其血去逖出[18]，无咎。

《象》曰：“涣其血”，远害也[19]。

【注释】

①涣：卦名，下坎上巽。涣，《说文》曰“流散也”，段注曰“分散之流也”，犹言水在地面上漫流扩散开来。天道之下的一切事物的形成与衍变，都呈现出由简至繁、相互作用而产生新的事物这样一个流散的过程。人类社会也是如此，父母养育子女，子女们在长大成人之后脱离父母的庇护，组建新的家庭；学生们向师长求取知识，在学成毕业之后离开老师加入更加广泛的社会生活当中，应用和传承所学的知识。人类社会就是不断重复这种流散的过程而发展壮大，这就是“涣”卦所蕴含的哲学精神。

②亨；王假有庙，利涉大川；利，贞：涣卦的哲学精神源于天道而通达万事万物，故曰“亨”；人类社会在发展流散的长期过程中，应当保持对祖先根源的追思和敬仰而不可忘本；涣卦的精神有利于帮助人类社会涉越大川战胜困难和挑战，向更广阔的天地进发；涣卦的哲学精神积极有利，故曰“利”；在发展进步的过程中要始终对“涣”保持坚定的态度，故曰“贞”。王假有庙，其义可见《萃》卦注释。

③《彖》曰：本书认为，读《周易》应当以《经》为主，以《传》为辅。《易传》只能作为我们研究和认识《易》的思想的辅助材料。《彖传》作为“十翼”之一，其对卦辞的解说分析往往有牵强穿凿的成分。本卦彖辞即属此例，故本书不对其进行注释，请读者自行辨析。

④风行水上，涣：涣卦下卦为坎，象“水”；上卦为巽，象“风”。取其象如同天道的巽风吹拂水面，使水面产生涟漪向四周分散漫流。

⑤先王以享于帝立庙：古时的先辈圣贤们取法涣卦的哲学

精神，在社会和文明不断发展壮大的过程中仍不忘享祭祖先肇始之德，因此设立宗庙以供后世瞻仰供奉。先王，犹言先代的圣贤和领袖们，非狭义的先代君王。享，祭享。帝，《说文》曰："谛也，王天下之号也。"《老子》曰："吾不知谁之子，象、帝之先。"犹言人类社会和文明的始祖，非狭义的天帝或皇帝。庙，《说文》段注曰："尊先祖貌也。尊其先祖，而以是仪貌之，故曰宗庙。"祭祀和供奉先祖，以表达尊敬和怀念的场所。

⑥用拯马壮：初六为全卦初始阶段，其时"涣"的流散过程刚刚开始而尚未成势，因此需要对流散涉及之人提供帮扶助力，托举他上马，使其安身于马背上。其详细释义可参考《明夷》卦。

⑦初六之吉，顺也：涣卦初六阶段之所以能够获得吉祥，在于其顺应了天道的客观发展规律和价值观。

⑧涣奔其机，悔亡：九二位于下卦正中之位，有天道乾健之德，此时流散之势已盛，涉及之人各自奔向天道给定的方向和机遇，一切质疑和动摇情绪都自然消亡。帛书本作"涣贲其階"，于豪亮《马王堆帛书〈周易〉释文校注》曰："卷后佚书引作'涣賁其階'，并释云：'階，幾也，时也。'階、幾、机、几均见母字，又同属脂部，故'階'、'机'、'几'均得假为'幾'。賁为奔之假借字，《诗·鹑》'鹑之贲贲'，《礼记·表记》引作'鹑之賁賁'，是'賁'可假作'奔'。"奔，奔赴、奔向之意。机，犹言天道给定的时机、机遇。

⑨"涣奔其机"，得愿也：流散涉及之人能够奔向各自的机遇，是达成了自己的意愿。得，得到、达到之意。

⑩涣其躬，无悔：流散之势涉及自身，无所悔恨。躬，犹言自身、本身。"涣"之流散，是社会发展进步的必然现象，因此必然会波及社会当中的每一个人。六三下乘九二之"机"，代

表自身是顺应天道的客观运动规律而流散发展，故而可以一往无前、无所悔恨。

⑪**志在外也**：自身顺应天道流散之势，是因为自己的追求志向在广阔的外界。外，相对于“内”所代表的家庭而言，理解为外面的世界、更广阔的外界。志，犹言人希望离开家庭的照料和庇佑，到外界参与更加广泛的社会活动，建立属于自己的生活，扩展自我的人生广度。

⑫**涣其群，元吉**：与自身情况类同的更大的群体，也纷纷顺应天道而加入到流散发展当中，呈现出根本上的吉祥美好。群，犹言同辈朋类，《说文》段注曰：“辈也。朋也，类也，此辈之通训也。《小雅》：谁谓尔无羊，三百维群。犬部曰：羊为群，犬为独。引申为凡类聚之称。”元吉，犹言本质上的、根本上的吉祥。

⑬**涣有丘，匪夷所思**：人类社会的流散发展会随天道运动规律呈现出高低起伏的状态，不能以扁平僵化的思维来理解。按：“涣”本义是描述水的运动形态，水是完全自然存在的、没有任何自身主观意志的，因此水在平坦的地面上向四周漫流扩散的运动方式是固定不变的，是可以按照固定的物理法则来思考和认识的。人之“涣”则不同，人是具有主观能动性的，人类社会虽然按照天道的客观规律流散发展，但这种发展运动在具体实践中却往往受到人的主观影响而出现起伏波动。本句爻辞意在提醒，在观察人类社会活动时要实事求是地充分考虑到人类智慧的特性可能产生的影响，而不能陷入机械教条的主观思维当中。丘，与“夷”相对，本义指山丘、土丘，引申为高低起伏、高潮与低谷。有丘，即事物的发展状态存在高低起伏的动态变化。匪，同“非”。夷，本义指夷平、平坦，与“丘”相对，引申为一成不变、平直而没有变化。思，犹言思考、认知。

⑭**光大也**：能够得到“元吉”的结果，是因为“涣”所依据的天道真理光明伟大。

⑮**涣汗其大**：九五位于上卦正中之位，象征天道昭彰，“涣”的精神至为光明刚健，其流散发展如同汗出而不回，形成至广至大之势。汗，本义为人体分泌的汗液，《说文》段注曰：“身液也。刘向曰：汗出而不反者也。”在本句爻辞用来形容“涣”的发展之势是不可逆转、不可违背的。大，形容在九五之时，“涣”的形势至为盛大。按：本句在帛书本作“涣其肝大号”，传世本各家多以“涣汗其大号”为断句，《说文》“汗”字下同引此句。本书以为上述两说皆不成文义，只能生硬凿附，故不取。“涣汗其大”，与九二“涣奔其机”句式类同，二者皆为居中阳爻，都是意在说明和形容在天道位于正中乾健之时，“涣”的运动方式和形态，故本书以“涣汗其大”为断句，请读者自行辨析。

⑯**号涣，王居，无咎**：九五代表天道昭彰，“涣”的发展之势盛大，因此要大声疾呼宣扬“涣”的精神，使得整个社会都驻足聆听，没有任何咎害。号，犹言呼号、号召、宣扬。号涣，即大声宣扬号召人们倾听“涣”所蕴含的天道真理。按：本爻之前各爻除九二外皆为阴爻，象征“涣”是所涉之人自发跟随天道真理而动。本爻九五占据上卦正中之位，正是刚健之德最盛、天道至为昭彰之时，因此主动向人群发出呼号。王，引申泛指人类社会，非指君王、王侯。居，居处、停留之意。

⑰**“王居，无咎”，正位也**：整个社会都停下来聆听“涣”所蕴含的天道真理而不会有所咎害，是因为九五处在上卦正中之位。社会吸收了“涣”的真理，也将发展至“正位”。

⑱**涣其血去逖（tì）出**：上九位于全卦之极，代表“涣”的精神已经达到极致，此时整个社会都排除了忧恤等负面情绪的干扰，得益于大众的流散发展更加繁荣昌盛，而对天道真理产生

出敬慎之心。血去逖出，帛书本作“血去湯出”。血，同“恤”；湯，同“惕”。恤去惕出，可见《小畜》卦注释。

⑲**“涣其血”，远害也**：从本句的断句方式推测，《象传》作者可能将上九爻辞以“涣其血，去逖出，无咎”为断。本书以为非是，故不再对其注释阐发，请读者自行辨析。

第六十卦　节

䷻

【原文】

节[①]　亨[②]；苦节不可[③]；贞[④]。

《彖》曰："节，亨"，刚柔分而刚得中[⑤]。"苦节不可贞"，其道穷也[⑥]。说以行险，当位以节，中正以通[⑦]。天地节而四时成[⑧]。节以制度，不伤财不害民[⑨]。

《象》曰：泽上有水，节[⑩]；君子以制数度，议德行[⑪]。

初九　不出户庭，无咎[⑫]。

《象》曰："不出户庭"，知通塞也[⑬]。

九二　不出门庭，凶[⑭]。

《象》曰："不出门庭，凶"，失时极也[⑮]。

六三　不节若，则嗟若，无咎[⑯]。

《象》曰："不节之嗟"，又谁咎也[⑰]。

六四　安节，亨[⑱]。

《象》曰："安节之亨"，承上道也[⑲]。

九五　甘节，吉，往有尚[⑳]。

《象》曰："甘节之吉"，居位中也[㉑]。

上六　苦节，贞凶[㉒]；悔亡[㉓]。

《象》曰："苦节，贞凶"，其道穷也[24]。

【注释】

①节：卦名。下兑上坎。节，《说文》段注："竹约也。约，缠束也，竹节如缠束之状。吴都赋曰，苞笋抽节。引申为节省、节制。"因此，节卦的精神就在于提醒学《易》之人要学会有所节制，更要学会在天道的哲学真理当中合理地运用节制的方法与观念。

②亨：节卦的哲学精神发源于天道真理，通达万事万物，故曰"亨"。

③苦节不可：联系爻辞来看，所谓"苦节"，就是形容持守节制不是发乎自身意愿，而是被动地苦苦维持。这种情形违背了节卦精神的本义，是违反天性人道的，不值得提倡与鼓励，因此"不可"。可，肯定、赞同之意，《说文》曰"肯也"，《韵会》曰"可者，否之对"。不可，就是对"苦节"的否定。

④贞：节卦的精神是积极进步的，应当长久端正持守，故曰"贞"。

⑤"节，亨"，刚柔分而刚得中：节卦的精神能够亨通万物，是因为"节"分别由三个阴爻和三个阳爻平均构成，但上下卦都是以象征刚健的阳爻居于中位。

⑥"苦节不可贞"，其道穷也：按：传世本往往依据本句象辞之说，以"苦节不可贞"来断句卦辞。本书不取此论，请读者自行辨析。

⑦说以行险，当位以节，中正以通：因为怀有对天道的欣悦之情，故而能够行于险处；上下卦皆以象征天道刚健之德的阳爻居于中位，因此能够产生节制的效果；因其中和端正，所以通达

万事万物。说，同“悦”，即下卦“兑”。险，犹指上卦“坎”。

⑧**天地节而四时成**：自然界当中就有“节”的精神在发生作用，节制着气象变化，所以形成了一年四季。四时，犹言一年当中的四个季节。

⑨**节以制度，不伤财不害民**：运用“节”的哲学精神来建立礼法制度，就能够促进和维护社会和谐发展而不侵害到大众的利益。

⑩**泽上有水，节**：节卦下卦为兑，象“泽”；上卦为坎，象“水”，如同泽中之水受到堤岸的阻挡节制而不会肆意漫流。泽，犹言水受地势影响而积聚于一处，可以理解为容纳水体的湖床、河床。

⑪**君子以制数度，议德行**：君子应当取法节卦的哲学精神来制定计算、度量之法，议定合理的道德行为标准。人类社会当中的各种活动都应当以促进整个文明和社会的发展进步为目标，因此构成社会整体的每一个独立个体在参与社会活动时都要遵循社会规范，而非绝对自由。通过制定社会公共法则来对绝对自由进行约束、制约，就是“节”的哲学精神的一种应用方式。

⑫**不出户庭，无咎**：初九位于全卦之初，此时“节”的精神尚未光大，在实践“节”的精神时就会有所保守，这样做不会有什么咎害。不出户庭，可以理解为不要轻举妄动。本爻的逻辑与《乾》初九“潜龙勿用”的思想相通，都强调在事物发展初期阶段应当采取保守稳健的态度。节制、节约的观念当然是积极正面的，但在初九阶段“节”的概念刚刚出现，尚不能完全把握，因此在具体实践中，应当在哪些事情上节制，节制到什么程度，就要采取一种较为保守持重的态度，以避免矫枉过正、过犹不及的消极情况出现。

⑬**知通塞也**：采取保守稳健的态度，是因为知道事物的通达

与闭塞有其客观规律，在实践中需要循序渐进、合理判断。通与塞，犹言“节”的观念和做法在实践当中有其合理标准，合乎这个标准就能通行无阻，超越了这个标准就会陷入否闭阻塞。

⑭**不出门庭，凶**：本爻九二位于下卦正中之位，象征天道真理刚健亨通，此时仍然采取保守消极的态度，不能及时将“节”的精神发扬光大，就会境况凶险。不出门庭，与初爻“不出户庭”含义相通，都是“停留在原来位置”的意思；但九二标志着“节”已经发展到光大之时，如同《乾》卦九二“见龙在田，利见大人”，却依然采取消极固执的态度不肯顺应天道，就会导致凶险。

⑮**失时极也**：九二未能顺应天道而采取消极保守的态度导致凶险，是因为没能把握天道时机的指引。极，《说文》曰“栋也”，段注曰“凡至高至远皆谓之极”，引申为天道给出的方向指引。

⑯**不节若，则嗟若，无咎**：不能秉持节制，就会导致可悲可叹的后果，（暂时）不会产生实际咎害。若，语气助词。嗟，嗟叹、哀叹之意。本爻六三位于下卦向上卦转换之际，事物的发展仍然在进行当中，后续仍有充分的空间改变自身“不节若”的问题，因此“不节若，则嗟若”更多的是一种提醒、警示，只要能在后续发展当中及时回归“节”的精神，就不会产生实际的消极后果，故而本爻以“无咎”为评。

⑰**“不节之嗟”，又谁咎也**：不能合理节制而导致嗟叹连连，又能怪罪谁呢。按：前辈学者有将六三“不节之嗟”训为自遗其咎，“无咎”训为无可归咎于他人，这种理解应当是以《象》辞为据来理解爻辞，可备一说。

⑱**安节，亨**：以安然平静的态度持守节制，亨通无阻。安，《说文》曰“静也”。《尚书·尧典》曰“钦明文思安安”，注曰

“安安，自然之性也”。六四有顺应天道之德，有九五象征的乾健天道在上，故而应当采取恭谨平和的态度，安然平静地顺应天道之势来实践“节”的精神，就能亨通无阻地发展前进。

⑲“安节之亨”，承上道也：采取“安节”的态度可致亨通，是因为上有居于正中之位的九五，代表六四承接着居上的九五代表的天道。

⑳甘节，吉，往有尚：九五位居上卦正中之位，象征天道完全彰显，因此人们都能甘心自愿地秉持和发扬“节”的精神，吉祥美好，如此发展下去将获得更大的发展进步。甘，犹言甘心自愿。往，犹言继续发展下去。尚，高尚、美尚，引申为更加积极美好。

㉑“甘节之吉”，居位中也：九五能够获得“甘节”带来的吉祥美好的局面，是因为其所处之位在上卦正中，有中正、中和之德。

㉒苦节，贞凶：上六位于全卦之极，象征“节”的发展已经亢进难抑，又与九五阴阳性质相反，故而“甘节”就转变成了“苦节”，不再是心甘情愿地认同和实践“节”的精神，而是消极被动地苦苦维持。此时如果不能及时加以改善，仍然刻意维持这种境况，就会导致凶险。苦，与“甘”意思相对，形容勉强、强行。

㉓悔亡：是上六爻的第二层意思，而非对“苦节贞凶”的评断。犹言全卦发展完全，“节”的精神已经完整呈现并应用于实践当中，使一切因“不节”产生的恨惜之事自行消亡。

㉔“苦节，贞凶”，其道穷也：只能被动刻意地苦苦维持“节”的情形而导致凶险，是因为其发展之路走到了穷极尽头。

第六十一卦　中孚

【原文】

中孚[1]　豚鱼吉[2]，利涉大川，利，贞[3]。

《彖》曰：中孚，柔在内而刚得中[4]；说而巽[5]，孚乃化邦也[6]。“豚鱼吉”，信及豚鱼也[7]；“利涉大川”，乘木舟虚也[8]；中孚以利贞，乃应乎天也[9]。

《象》曰：泽上有风，中孚[10]；君子以议狱缓死[11]。

初九　虞吉，有它不燕[12]。

《象》曰：初九“虞吉”，志未变也[13]。

九二　鸣鹤在阴，其子和之；我有好爵，与尔靡之[14]。

《象》曰：“其子和之”，中心愿也[15]。

六三　得敌，或鼓或罢，或泣或歌[16]。

《象》曰：“或鼓或罢”，位不当也[17]。

六四　月几望，马匹亡，无咎[18]。

《象》曰：“马匹亡”，绝类上也[19]。

九五　有孚挛如，无咎[20]。

《象》曰：“有孚挛如”，位正当也[21]。

上九　翰音登于天，贞凶[22]。

《象》曰："翰音登于天"，何可长也[23]。

【注释】

①中孚：卦名，下兑上巽。中孚，犹言天道的真理以"中"为"信"。中，中正、中和之意。"中"的观念在中国古典哲学中具有崇高地位，《老子》曰："多言数穷，不如守中。"《中庸》曰："君子中立而不倚。"《尚书·大禹谟》："允执厥中。"等等。中，有着不偏不倚、端正、公平、适当、合理等丰富含义，《说文》段注："中，别于偏之辞也，亦合宜之辞也。"孚，即"孚信"，在《周易》哲学中代指天道的客观真理。《正义》曰："信发于中，谓之中孚。"因为天道有"中"之德，故而其真理具有至高无上的普世性质，这就是"中孚"的精神。

②豚鱼吉：中孚卦所揭示的哲学精神不仅对于人类，即便对于猪和鱼这些没有智慧的、往往为人所轻视的低等生物来说，"中孚"所代表的天道真理也在发挥着作用，因而吉祥美好。《正义》曰："鱼者，虫之幽隐；豚者，兽之微贱。人主内有诚信，则虽微隐之物，信皆及矣。"《程传》："孚信能感于豚鱼，则无不至矣，所以吉也。"

③利涉大川，利，贞：实践"中孚"的哲学精神有助于帮助人们涉越河川险阻不断进取。其精神积极有益，故曰"利"；应当长久坚定持守，故曰"贞"。

④中孚，柔在内而刚得中：组成中孚卦的各爻呈现出象征柔的阴爻处在内部，而象征刚健的阳爻分别处在上下卦的正中位置的整体结构。

⑤说而巽：中孚卦由下兑上巽结合构成，象征天道的巽风吹拂，使人感到欣悦。客观的天道真理与人的主观精神有机结

合，就形成了“中孚”的精神。说，见《兑》卦，同“兑”，同“悦”。

⑥**孚乃化邦也**：形成对天道真理的信仰和信念，就能化育文明与社会。孚，犹指“孚信”，即对天道真理的信仰。化，教化、化育之意。邦，本义邦国，引申为人类文明与社会。

⑦**“豚鱼吉”，信及豚鱼也**：卦辞说“豚鱼吉”，说明“中孚”揭示的天道真理孚信包罗涉及豚、鱼在内的一切万物。

⑧**“利涉大川”，乘木舟虚也**：犹言学习和践行“中孚”的哲学精神，可以帮助人涉越广阔的河川向远方进发，如同乘船漂游于无限的思想领域，最终到达精神的彼岸。乘，乘坐、驾驶。木，代指“船”，古代以木造船。舟，名字用作动词，理解为遨游、涉渡。虚，在中国古典哲学中常代指形而上的、精神层面的观念和境界，《老子》曰：“致虚，极；守静，笃。”即属此例。

⑨**中孚以利贞，乃应乎天也**：中孚卦具有利、贞之德，是因为其精神思想匹应天道真理。

⑩**泽上有风，中孚**：中孚卦下卦为兑，象“泽”；上卦为巽，象“风”。巽风吹拂过水面，激发出涟漪波浪，这种源于天道客观规律而形成的自然现象，取象为“中孚”。

⑪**君子以议狱缓死**：君子应当取法“中孚”的哲学精神，公正合理地审议讼狱，不可急于动用死刑这样的极端手段。

⑫**虞吉，有它不燕**：初九位于全卦之初，有天道刚健之德庇佑，故而放松欢娱仍能吉祥，但其发展程度尚未达至“中孚”，因此欢娱的背后仍然有潜在的危机而不能安宁。虞，同“娱”，娱乐、欢娱之意，在本爻引申为轻松、放松的精神态度。它，《说文》曰：“虫也。从虫而长，象冤曲垂尾形。上古艸居患它，故相问无它乎。”即草丛中的虫蛇之类，隐匿而难以发现，故引申为潜在的威胁、危机。燕，同“宴”“安”。不燕，即不安。

⑬**初九“虞吉”，志未变也**：在初九阶段能够呈现“虞吉”的积极状况，是因为其虽然尚未达到“中孚”的精神境界，但追求“中孚”的思想态度没有改变。

⑭**鸣鹤在阴，其子和之；我有好爵，与尔靡之**：白鹤在草木掩映之处鸣叫，它的子嗣同类也纷纷发出和应之声。我有美酒佳酿，与你共饮同欢。按：本句爻辞在传世本多作“我有好爵，吾与尔靡之”，高亨说：“吾字疑衍，盖经文我字一本作吾，校者并记之，误入正文，后又移于与字上耳。我有好爵，与尔靡之，辞意已足，增一吾字，适为复赘，其证一也。鸣鹤在阴，其子和之，我有好爵，与尔靡之，乃四言诗体，增一吾字，则失其句例，其证二也。”本书赞同其说并据此改之。本爻具有以诗言志的文学特点，诗句的字面意思与全卦主旨没有直接联系，但其内在含义却表现了一种同类相应、共享同欢的和谐景象。九二处在下卦正中之位，中和而刚健，象征着“中孚”已成，故而群鹤和鸣，宾主共饮为欢。鹤，中国古代文化中的吉祥之鸟，常称为仙鹤，《说文》曰：“鹤鸣九皋，声闻于天。”阴，当同“荫”，《说文》曰：“草阴也。徐曰，草所庇也。”《荀子》曰：“树成荫而众鸟息焉。”鹤主要栖息在沼泽、浅滩、芦苇塘等湿地当中，身形常被草木掩蔽，《说文》段注曰“身隐而名著也”，故训“阴”为“荫”。子，本义为子嗣，鹤习性群居，故理解为子嗣同类。爵，古代的酒器，引申为美酒。好爵，犹言好酒。靡，《正韵》曰“分也”，分享之意。

⑮**中心愿也**：群鹤和鸣的美好景象，说明九二“中孚”正合乎心中所愿。

⑯**得敌，或鼓或罢，或泣或歌**：六三之于九二发生了阴阳性质转换，并且超越了九二“中孚”的合理位置，故而情势急转如同遭遇了敌人。此阶段濒临下卦向上卦转换之际，前景未明，要

么击鼓出击，要么罢兵撤退，结果可能兵败垂泣，也可能得胜高歌。

⑰**位不当也**：六三前景晦暗不明，是因为其所处的位置不适当，有违“中孚”的精神。

⑱**月几望，马匹亡，无咎**：月亮已接近盈满，如同六四阶段已接近九五所代表的“中孚”至高境界，此时乘马而来的敌寇没有了攻击对象而自行消亡，无所咎害。马，《说文》曰“怒也，武也”，引申为骑马而来的强力之人，《屯》卦“六二，乘马班如，匪寇，婚媾”，这句爻辞的含义中呈现出的情绪转折就与《说文》词义相对应。按：“马”在本爻代指六三之“敌”。六三“得敌”因其“位不当”，无法做到“中孚”故而呈现出前景不明的状况，但发展到六四阶段，因为上临全卦核心，故而六三之“敌”必然未战自败而亡失，因此六四阶段呈现出无咎的情状。匹，对应、匹应。亡，消失、消亡之意。

⑲**绝类上也**：六四即将发展到九五所代表的“中孚”最高境界，因此断绝了与六三之“敌”相匹应的“马”所代表的武、怒之类，而继续向上积极发展。

⑳**有孚挛如，无咎**：本爻九五位于上卦正中之位，是全卦核心，代表事物与刚健美好的天道真理构成紧密联系，达成“中孚”的至高完美境界，因此无所咎害。有孚挛如，其义同《小畜》卦九五爻注释。

㉑**位正当也**：九五呈现出与天道真理构建起紧密联系而达“中孚”，是因为其所处位置端正恰当。

㉒**翰音登于天，贞凶**：天鸡高亢鸣叫的声音登达于天际，超越了合理的尺度范围，固执于这种状态必致凶险。翰，《说文》曰：“天鸡赤羽也。《逸周书》曰：大翰，若翚雉，一名鷐风，周成王时蜀人献之。”可见，“翰”应当是古代一种羽毛艳丽、形

态高挑的珍稀鸟类。当其鸣叫的声音过于高亢激奋而反常，就象征着事物突破了天道的合理范畴，此时应当马上改变这种反常的状况，回归于“中孚”的常态，固执不变必然招致凶险。

㉓**何可长也**：天鸡高亢的鸣叫是反常的，如何能够长久维持呢?

第六十二卦　小过

【原文】

小过[1]　亨，利，贞[2]；可小事，不可大事[3]；飞鸟遗之音，不宜上，宜下，大吉[4]。

《彖》曰[5]：小过，小者过而亨也；过以利贞，与时行也。柔得中，是以小事吉也。有飞鸟之象焉，“飞鸟遗之音，不宜上，宜下，大吉”，上逆而下顺也。

《象》曰：山上有雷，小过[6]；君子以行过乎恭，丧过乎哀，用过乎俭[7]。

初六　飞鸟以凶[8]。

《象》曰：“飞鸟以凶”，不可如何也[9]。

六二　过其祖，遇其妣；不及其君，遇其臣，无咎[10]。

《象》曰：“不及其君”，臣不可过也[11]。

九三　弗过防之，从或戕之，凶[12]。

《象》曰：“从或戕之”，凶如何也[13]。

九四　无咎，弗过遇之，往厉必戒，勿用，永贞[14]。

《象》曰：“弗过遇之”，位不当也[15]；“往厉必戒”，终不可长也[16]。

六五　密云不雨，自我西郊[17]；公弋取彼在穴[18]。

《象》曰："密云不雨"，已上也[19]。

上六　弗遇过之，飞鸟离之，凶[20]，是谓灾眚[21]。

《象》曰："弗遇过之"，已亢也。

【注释】

①小过：卦名，下艮上震。小过之义与"大过"相对，犹言小有过越，略微超越了事物的合理尺度。古代圣贤很早就认识到，天道是客观唯物的，人则不然，是具有主观意志的，因此不可强求人的思想行为始终与天道真理保持一致。更何况天道真理本身就是难以辨识和认知的，甚至往往与人们日常的观念截然相反，《老子》曰"反者，道之动"，又曰"大道甚夷，而民好径"，就是例证。人们在日常生活当中不必过分强求与天道真理百分百一致，否则反而会落入主观教条的歧途当中。小过卦就揭示了这种哲学思想。

②亨，利，贞：小过卦揭示的哲学精神通达于万事万物，故曰"亨"；其精神积极有利于人们的发展进步，故曰"利"；"小过"的哲学精神在事物的发展运行当中具有普遍性和客观性，不会受外界影响而改变，故曰"贞"。

③可小事，不可大事：小过卦的哲学精神虽然认可人们在日常生活中可以偶尔有所过越，但这种情形仅适用于一般性的、无伤大雅的小事。一旦涉及真正重大、重要的关键之事，就不可再以"小过"为借口而对天道真理抱持敷衍轻慢的态度。小事过越尚可补救挽回，大事过越往往就会导致无法弥补的灭顶之灾。

④飞鸟遗之音，不宜上，宜下，大吉：飞鸟在空中飞翔，看不见它的身影，只留有它的叫声，此时不宜再继续强行向上飞

升，应当降低飞行高度，至为吉祥。飞鸟如同卦辞描述的只闻其声不见其形的时候，就说明其飞行的高度已经超越了日常栖息生活的范围，但仍然有与同类交流的鸟鸣声传来，说明其尚未超越合理范围。因此，飞鸟此时就不宜再继续向上攀升，否则就可能迷失在半空无法找到自己的栖息地与群类，而适宜向下降落，重新回到生活栖息的安全范围之内。能够合理把握过越的尺度及时做出积极调整，自然能够“大吉”。

⑤《象》曰：本卦《象传》之说与本书认识多有不同，故不作具体注释，请读者自行理解辨析。

⑥山上有雷，小过：小过卦下卦为艮，象“山”；上卦为震，象“雷”。山上有惊雷震动（不可继续向上进发，应当立即向下折返，与卦辞“翡鸟”之喻相通），取象为“小过”。

⑦君子以行过乎恭，丧过乎哀，用过乎俭：君子应当取法“小过”的哲学精神，对于日常行止可以稍许超越恭肃，对于利害得失可以稍许超越哀乐情绪，对于生活用度可以稍许超越艰苦俭约。与理想中超凡脱俗的圣人不同，君子是生活在社会大众当中的一份子，在大局大义方面固然要以天道为纲，但在日常生活中却不一定要追求苦行僧式的刻板教条的生活，而可以在合理范畴内有所过越，如此才能使生活变得生动活泼、富有生趣，才能与真实的日常生活协调统一。这种观念可以说是一种朴素的人本主义。

⑧飞鸟以凶：初六为全卦初始阶段，延续了卦辞“飞鸟遗之音”描述的过程，代表飞鸟的飞行高度刚刚超越了合理界限，但尚未对“不宜上，宜下”形成认识，因此当前的趋势仍然在振翅高飞，如此发展下去前景必然凶险。以，犹言按、依，飞鸟按照当前的方式发展下去，继续向上飞升之意。

⑨不可如何也：犹言无可奈何。初六阶段“小过”的哲学精

神尚未完全展现，翡鸟未能及时补救过越的行为而面临凶险，故而无可奈何。

⑩**过其祖，遇其妣；不及其君，遇其臣，无咎**：在家庭中与祖父的感情冷漠不睦而有所过越，但还有慈爱的祖母；但在社会生活中则不能过越以君臣关系为代表的有差等的阶级关系，与君王之间的关系保持恰当距离，与相同身份地位的臣属紧密联系。本爻之义在于以家庭内部生活和外界社会生活来呼应卦辞“可小事，不可大事”的思想含义。人与人之间的一切生活联系都具有矛盾，而不可能如理想中一样时时处处亲爱和睦，家庭如此，社会亦如此。家庭内部关系，哪怕是祖孙之间也可以小有过越，因为依靠着亲情的包容和家庭成员之间的互相协调而不会伤及感情，乃至对家庭的安全造成危害；但在外界的社会生活当中，森严的等级制度是片刻也不会容忍任何过越行为的。只要认识到这种区别，运用“小过”的哲学思想正确地看待和处理家庭内部关系和外界的社会关系，就能无所咎害。祖，在本爻当理解为祖父。妣，本义指母亲，古义泛指女性祖辈，《诗经·小雅·斯干》：“似续妣祖。”即属此例。遇，本义指碰面、相逢，本爻引申为人与人之间的联系、关系。不及其君，犹言过越的举动不能涉及君王。臣，犹言与君王相对的臣属、臣民。

⑪**臣不可过也**：臣属必须严格执行社会等级制度，而不能在对待君王时有所过越。按：《周易》成书之时的古代社会尚且处在文明早期的封建社会时代，君臣关系在当时的社会当中有着最为森严的制度。六二爻辞看似在鼓吹封建等级压迫，但在那个历史时期却是合乎其所处时代的客观状况的。历史发展到我们今天的现代社会，社会生活当中也依然存在着各种上下级之间的等级关系，尽管不再像封建社会那样充满压迫，但六二爻所揭示的思想，依然对于我们今人如何在日常社会生活中看待和处理社会关

系具有一定的参考意义。这一点请读者自行辨析。

⑫**弗过防之，从或戕之，凶**：没有建立超过普通程度的合理防范，原本追从之人就可能转变成戕害者，凶险。九三位居下卦向上卦转换之际，前景未明，故而要提高防备，以应对“或”代指的后续可能出现的不测之情。防，《说文》曰“隄也”，“隄”同“堤”。防字古义即指堤防，段注曰：“《周礼·稻人》曰：以防止水。”建立河堤以防水患，就不能使堤坝与水面平齐，否则洪涝来临水量增加必然导致水漫过堤岸而造成溃堤决口，而要根据实际情况使河堤高于水面，并预留充足的高度和强度来应对可能出现的洪水冲击，才能有效防止水患。人际关系亦如此，在以利益为导向的人际关系当中，主从之间同样要建立合理的管理制度，才能规范人与人之间的令从关系，而避免人性当中的失去约束的私欲作祟导致养虎为患、祸由内生。结合《周易》成书的时代乃至后世两千多年的封建历史来看，爻辞的这句警醒无疑是实事求是的。从，追从、随从之意。戕，戕害、加害之意。

⑬**凶如何也**：《程传》曰：“凶如何也，言其甚也！”

⑭**无咎，弗过遇之，往厉必戒，勿用，永贞**：九四已经完成下卦向上卦的转换，又有刚健之性，象征事物的发展度过了前景晦暗不明的阶段重新走入正轨，因此本身就有“无咎”的性质，无须运用过越的方式就能达到；但继续放任发展下去就会面临威厉的前景而必须提高戒备，不可被轻慢松懈的思想支配，要在发展当中永远保持“小过”哲学精神的指引。戒，《说文》曰：“警也。从廾持戈，以戒不虞。”“廾”同“拱”。

⑮**位不当也**：九四看似无须过越就能无咎，但终究没有处在恰当的位置，而无法久久为功、长保周全。

⑯**终不可长也**：爻辞以“往厉必戒”作出警示，是因为“无

咎，弗过遇之”的状况终究不是长远之计。

⑰**密云不雨，自我西郊**：天空中阴云稠密，但尚未形成降雨；云气自西方的天边积聚而来，尚未覆盖整个天空。其解见《小畜》卦注释。此句说明事物发展到六五阶段已逐渐濒临“小过”思想最合理、最适当的情况，但尚未完满，因此不可轻慢大意。

⑱**公弋（yì）取彼在穴**：集合众人，捕猎目标猎物于洞穴之中。爻辞以捕猎为喻，说明在六五阶段，目标猎物藏身洞穴之内，外面的人不知洞穴内部的具体情况，单人贸然行动就会有很大风险，因此仍然要“宁过勿缺”，集合众人的力量才能确保达成目标的同时万无一失。公，犹言公众、众人。弋，《说文》曰：“橜（读作 jué）也，象折木衺锐著形。”推断其应当是尖端折断而尖锐的木棍。《玉篇》曰“缴射也”，《韵会》曰“弋，缴射飞鸟也”，是一种尾端有绳的箭矢，射出后可以牵引系绳找回。以上两种解释都是古代简陋的捕猎工具，但联系爻辞来看，“在穴”当为兽类，并且兽类藏身的洞穴内部构造往往狭小迂回，弓矢难以发挥效用，遇到野兽反击时棍棒也比弓矢更便于抵挡防身，因此当从《说文》，理解为尖锐的木棍。彼，代指目标。穴，犹言兽类藏身的洞穴。

⑲**已上也**：六五代表事物的发展程度如同积云上升天际，已经处在上层阶段。

⑳**弗遇过之，飞鸟离之，凶**：尚未接近（飞鸟的栖息之处）就举止过越造成惊扰，飞鸟有所察觉便迅速飞离。这种举动正如上六所处之位，过越达到了亢进的程度，必然凶险。鸟雀为了避免人类和掠食者的袭击，往往非常警惕、易受惊吓。因此，要想靠近观察，就应当尽量避免行为举止造成太大惊扰。日常生活中的很多事物都与此例相通，在时机尚未成熟之前不可轻举妄动，

否则滥用“小过”的方法超过了合理程度，必然使事物的发展走向消极负面，甚至带来凶险。过，在本爻作过度、过分、过激理解，是对“小过”思想的错误理解和应用。

㉑**是谓灾眚**：上六阐释的情况就称之为“灾眚”。眚，读作shěng，犹言内生之灾。灾眚，有“咎由自取”之意。

第六十三卦　既济

【原文】

既济[1]　亨，小利，贞[2]；初吉终乱[3]。

《彖》曰[4]：“既济，亨”，小者亨也。“利贞”，刚柔正而位当也。“初吉”，柔得中也；“终止则乱”，其道穷也。

《象》曰：水在火上，既济[5]；君子以思患而豫防之[6]。

初九　曳其轮，濡其尾，无咎[7]。

《象》曰：“曳其轮”，义无咎[8]也。

六二　妇丧其髴，勿逐，七日得[9]。

《象》曰：“七日得”，以中道也[10]。

九三　高宗伐鬼方，三年克之[11]；小人勿用[12]。

《象》曰：“三年克之”，惫也[13]。

六四　繻有衣袽，终日戒[14]。

《象》曰：“终日戒”，有所疑也[15]。

九五　东邻杀牛以祭，不如西邻之禴祭，实受其福，吉[16]。

《象》曰：“东邻杀牛”，不如西邻之时[17]也；“实受其福”，吉大来也[18]。

上六　濡其首，厉[19]。

《象》曰："濡其首，厉"，何可久也⑳。

【注释】

①**既济**：卦名，下离上坎。既，《玉篇》曰"已也"，已然、已经之意，《小畜》卦"既雨既处"即属此例。济，在古代汉语中有渡过、达成之意。既济，字面意思指事物已经达成。这里当理解为当前、当下，引申理解为阶段性达成，而非全局性的完成。结合全卦之旨，"既济"的含义就在于指导学《易》者立足当下来看待事物，以对未来方向谋篇布局。

②**亨，小利，贞**：既济卦揭示的哲学精神通达于各种事物的发展运动当中，故曰"亨"；其思想含义仅止于探讨事物发展的当前阶段，而不作宏观之论，故曰"小利"；应当在实践当中持守"既济"揭示出的哲学道理，故曰"贞"。按：本爻卦辞前辈学者多以"亨小，利贞"为断句，例如《周易正义》："既万事皆济，若小者不通，则有所未济，故曰'既济，亨小'也。"从彖辞来看，《彖传》作者也以"亨小"连读。这种理解与本书有所不同，请读者自行辨析。

③**初吉终乱**：犹言"既济"所代表的完成、完结仅仅是达成了阶段性的目标，而不是事物的终点。将"既济"当作新的初始起点，继续发展前进就能获得吉祥；当作最终的完结或终点，就会陷入祸乱。

④**《彖》曰**：本卦彖辞对卦辞的解释与本书对既济卦的理解有很大差异，故不再具体注释。

⑤**水在火上，既济**：既济卦下卦为离，象火；上卦为坎，象水。将水盛入器皿当中再置于火上，就完成了烧水这件事的阶段性工作，《象传》作者以此为"既济"取象。

⑥**君子以思患而豫防之**：君子应当取法“既济”的哲学精神，居安思危，立足当下对事物进行分析判断，并对未来可能存在的隐患进行预防。豫，同“预”。

⑦**曳其轮，濡其尾，无咎**：初九为全卦初始，有刚健之德，象征此时事物刚刚达成阶段性成果，想要继续前进，却如同车轮需要大力牵引拖曳，又好像小狐在涉水时沾湿了尾巴，都有着难以顺利继续行动的含义，但这种情况无所咎害。有前辈学者训“曳其轮”为“向后拖曳车轮使车辆无法前行”，本书以为非是。曳，《说文》段注曰：“臾曳也。臾曳双声，犹牵引也，引之则长，故衣长曰曳地。”帛书本作“抴”，同为牵引之意，《荀子·非相篇》曰“接人则用抴”，注曰“牵引而致之”。故本句“曳其轮”当理解为大力牵引拉拽车轮使之行进。濡其尾，联系后一卦《未济》可知是指“小狐”。狐狸具有一定的游泳能力，姿态与犬类游泳时相似，但狐狸的游泳能力并不足以渡越河流，仅能在浅水当中持续一小段时间。如果想要涉越水流，狐狸通常要寻找水流浅缓之处，主要以四肢着地的走路方式进行涉越，同时尽量翘起尾巴不被水沾湿。“濡其尾”，说明狐狸当前的涉水已经略深，而不得不沾湿尾巴，因此也就意味着难以继续渡越。

⑧**义无咎**：初九所呈现的难以继续前进局面合乎天道客观规律，事物发展到一定阶段后就会陷入瓶颈期，需要暂时停下脚步，进行总结和分析才能为后续发展指明方向，因此初九有“无咎”之义。

⑨**妇丧其茀（fú），勿逐，七日得**：妇人遗失了自己的头饰，不必急于追寻，七天之内就能重新找到。本爻以妇人丢失头饰为喻，说明在事物发展到当下之时很可能突然发现之前存在一些疏忽或失误，此时不能慌里慌张、盲目从事，只要沉着冷静地应对，少许时日事物自然会回归正轨。妇丧其茀，传世本多作“妇

丧其茀”，前辈学者训“茀”为古代妇女乘坐车辆用来遮挡外人视线的车篷蔽饰，此说于文义不合。个别古本作“髴”；帛书本作“髮”，与“髴”字形相近，应为文本传抄时常见的近形字讹误。作“髴”则爻辞全句文义更为通顺，也合乎全卦主旨，故本书据此改之。

⑩**以中道也**：六二居下卦正中之位，象征恪守天道中和之德，而不放任急躁盲目的情绪，就能尽快使事物回归正轨。

⑪**高宗伐鬼方，三年克之**：商高宗武丁征伐鬼方，前后用了三年才最终取得成功。高宗，即商朝第二十二任君主武丁，是盘庚之后的又一位中兴之君。历史记载其在位之时任用贤能、励精图治，使得在盘庚死后，江河日下的殷商王朝在政治、经济、文化、军事等各领域再次得到空前发展，故而其死后得到了“高宗”的庙号。九三爻以其征伐之事设喻，说明事物的发展哪怕像历史上的武丁一样立足当下开启了中兴的积极局面，但在征伐鬼方的时候仍然要耗费三年时间才能成功；同样，也只有立足于当下，对内外局面进行充分的检讨分析，休养生息、积累实力，才能在未来合适的时机取得对外征伐的成功。按：帝王庙号是殷商时期建立的制度，是中国古代君主死后在宗庙中被供奉祭祀时所称呼的名号。在周代与秦代曾经废止，汉代恢复使用。在早期历史上，庙号的授予是非常严格的，只有在位时功绩显赫值得被后世追思怀念的帝王君主才有资格得到庙号，在后世沿袭中逐渐泛滥。《易经》中与武丁同属商朝帝王的帝乙就没有庙号。武丁被尊为“高宗”，可见其在位时功绩之卓著。以其征伐鬼方的典故为喻，更说明“既济”哲学精神的重要意义。鬼方，商周时期生活在中原北方的部落方国，商代又称危方、畏方等，西周始用“鬼方”称之。《诗经·大雅·荡》曰：“内奰（bì）于中国，覃及鬼方。”

⑫**小人勿用**：九三位于下卦向上卦转变之际，此时立足当下规划未来，应当避免无德宵小之人发挥消极作用而造成干扰。

⑬**“三年克之”，惫也**：商高宗尚且要用三年时间征伐鬼方才最终取得成功，说明即使以“既济”的思想打下基础，仍然要经历疲惫困顿的艰苦过程才能最终成功。

⑭**需有衣袽（rú），终日戒**：雨云已经形成，准备好旧衣服在下雨时穿着，要一整天对随时可能出现的降雨保持警惕。六四已过渡至上卦，因此爻辞以雨云已经形成这个现象为喻，立足于此，就应当换上已经破旧的衣服来应对随时可能到来的降雨，而不应当再穿着新衣，避免淋雨污损。按：本爻在各本多作“繻有衣袽”，《说文》“繻”字下引文作“繻有衣”，帛书本作“襦有衣茹”，王弼认为当为“濡”。本书认为上述各说，联系爻辞及全卦来看皆难成文义，当作“需”。《需·象》曰：“云上于天，需。”作“需”则较“繻”“襦”“濡”文义更为通达、恰当，这种近形字错讹也是常见之例。衣，在本句中作动词，穿衣、换衣服之意。袽，各本有作“茹”“帤”“絮”。作“茹”则文意不通，当为近形字错讹。作“袽”可同“帤”“絮”，皆理解为“敝衣”。虞翻《易注》曰：“袽，败衣也。”

⑮**“终日戒”，有所疑也**：爻辞提醒要终日保持警戒，说明九四阶段虽然已经察觉雨云形成的现象，但仍然处在事物的当前阶段，因此对未来的发展趋势仍然要随时保持警疑之心。

⑯**东邻杀牛以祭，不如西邻之禴（yuè）祭，实受其福，吉**：东边的邻人杀牛宰羊大张旗鼓地祭祀上天为未来祈祷，其意义却不如西边的邻人在夏祭当中祭祀和追念始祖先贤，因为祖先基业是今人可以实在享受到的福祉，吉祥美好。相比于主观唯心、虚无缥缈的“上天恩赐”，祖先创立的基业却是实实在在可以泽被后人的。祖先基业已经实际建立，也就是“既济”的一种表现形

式。东邻、西邻，犹言具有各自不同的思想行为方式的人们。杀牛以祭，是古代社会一种以天地鬼神为对象的祭祀活动。禴祭，犹指古代社会的夏祭。《说文》段注："禴，夏祭也。周礼：以禴夏享先王。"因此，禴祭主要是祭祀和追思始祖先贤。实，犹言实在、切实。按：本句爻辞传世本作"东邻杀牛"后无"以祭"二字，句末无"吉"字，本书据帛书本补之。

⑰不如西邻之时：此"时"犹指祖先基业对于当前、当下人们的时效，是可以随着时间推移而切实得到的。东邻向天地鬼神祈福所能得到的效果虚无缥缈，毫无时效可言，故言东邻不如西邻。

⑱吉大来也：西邻祖先创立的基业所带来的福祉和吉祥，可以真实确切地极大展现出来。

⑲濡其首，厉：上六已达全卦之极，此时"既济"所代表的当下阶段已经随着时间推移而过去，需要及时行动向未来出发。爻辞所言"濡其首"，犹指小狐仍然停留在初九涉水的状态下，经历了全卦各爻代表的几个阶段却没有任何发展动作，在水中不断下沉以至于到了上爻阶段连头部都已经被水濡湿。如此继续下去势必会溺水，故而情况威厉。上爻之喻描述了一种典型的对"既济"思想的错误理解，是将"既济"片面理解为完成、完结，而忽略了其具有的阶段性的性质。

⑳何可久也：小狐面临威厉情形，说明止步于片面理解中的"既济"，如何能够长久发展呢。

第六十四卦　未济

【原文】

未济[1]　亨[2]；小狐汔济，濡其尾，无攸利[3]。

《彖》曰："未济，亨"，柔得中也[4]。"小狐汔济"，未出中也[5]；"濡其尾，无攸利"，不续终也[6]。

《象》曰：火在水上，未济[7]；君子以慎辨物居方[8]。

初六　濡其尾，吝[9]。

《象》曰："濡其尾"，亦不知极也[10]。

九二　曳其轮，贞吉[11]。

《象》曰：九二贞吉，中以行正也[12]。

六三　未济，征凶；利涉大川[13]。

《象》曰："未济，征凶"，位不当也[14]。

九四　贞吉，悔亡[15]；震用伐鬼方，三年有赏于大国[16]。

《象》曰："贞吉，悔亡"，志行也[17]。

六五　贞吉，无悔[18]；君子之光有孚，吉[19]。

《象》曰："君子之光"，其晖吉也[20]。

上九　有孚于饮酒，无咎[21]；濡其首，有孚失是[22]。

《象》曰："饮酒濡首"，亦不知节也[23]。

【注释】

①**未济**：卦名，下坎上离。未，《玉篇》曰："未犹不也。未有，不；既，有也。"故"未济"与"既济"意思相反，犹指事物尚未达成、完成。"未济"的哲学精神提醒我们要始终认识到一切事物的发展运动都是长期持续的，因此要始终保持谨慎端正的态度久久为功，才能与时偕行获得可持续的发展进步。《礼记·大学》曰："苟日新，日日新，又日新。"就是对"未济"思想的最好注脚。

②**亨**：《未济》卦揭示的哲学精神通达万事万物，具有普遍性，故曰"亨"。

③**小狐汔济，濡其尾，无攸利**：小狐在接近干涸的浅水中几乎完成渡越，但还是濡湿了尾巴，无所利益。汔，《说文》段注曰："涸也。《大雅·民劳》传曰：'汔，危也。'《周易》：'汔至亦未繘井；小狐汔济。'虞翻曰：'汔，幾（几）也。'皆引申之义。水涸为将尽之时，故引申之义曰危、曰幾。"故本书认为"汔济"当从"汔"字本义，理解为在接近干涸的水中渡越，与本书对井卦卦辞中"汔"字理解相同。小狐在接近干涸的水中渡越，原本只需要翘起尾巴以正常行走的姿态就能渡越，但却中途濡湿了尾巴，说明事物在发展过程中始终充满不确定性，不可片刻轻慢大意，否则就会像小狐一样平白给自己带来不便与麻烦，而无所获益。

④**柔得中也**：《彖传》作者认为"未济，亨"的意思是说本卦有柔顺之德并且能够持守中道。这种说法与本书对卦辞的认识不同，但可备一说，供读者自行辨析。

⑤**未出中也**：犹言"小狐汔济"是说明小狐尚在渡越的过程当中，还没有脱离这个过程。出，指离开、脱离。中，指事物发

展当中、过程进行中。

⑥**不续终也**：犹言小狐渡越的过程中遇到了“濡其尾”的困难，没有能够延续之前顺利的形势直到终点。

⑦**火在水上，未济**：《未济》下卦为坎，象水；上卦为离，象火。火焰在地面上燃烧，水流在堤岸下流淌，二者尚未发生任何有益的联系。

⑧**君子以慎辨物居方**：君子应当取法“未济”的哲学精神，以谨慎、严谨的态度辨识万物的品类，置各物于恰当的位置构成协调统一关系。慎，《说文》曰“谨也”。辨物，犹言辨别和认识各种事物的特点与性质。居，在本句引申为处置、放置。方，《说文》段注曰：“併船也。併船者，并两船为一。《释水》曰：大夫方舟。谓并两船也。”结合《象》辞全句来看，“居方”就是要使原本分属各种门类的事物形成协调统一的关系，充分发挥其作用。例如，水与火这两种事物在自然界当中的联系通常只是水灭火，或者火蒸发水，而人将之进行有机结合、合理利用就能有烧水煮饭之用。

⑨**濡其尾，吝**：小狐在渡越过程中濡湿了尾巴，可惜。初六位于全卦初始阶段，此时“未济”所揭示的道理尚未全面展开，故而此时行事就会像小狐一样，没有以谨慎的态度对事物的未来发展趋势进行通盘全面的瞻望，小狐不知深浅贸然涉入看似干涸的水中，就会在渡越的过程中濡湿尾巴；但这种情况又是常见的，是人们在日常生活中会普遍出现的情况，因此无须过于苛责，而仅仅是略显可惜而已。

⑩**“濡其尾”，亦不知极也**：小狐濡湿了尾巴，说明其在渡越时并不了解水流深浅的极限。《象传》作者用了“亦”字，说明小狐遇到的这种情形并非孤例，人们在日常生活中同样也会出现类似的情况，犯下类似的错误，故而特意加“亦”字。极，本

义为“栋”，屋宇中最高的房梁，引申为极限。

⑪曳其轮，贞吉：奋力拖拽车轮使车辆前进，坚定持守可获吉祥。九二位于下卦正中，有天道刚健之德，象征“未济”的哲学精神已经展现出来，故而此时应当奋力进取，并保持这种状态。

⑫中以行正也：九二爻象征天道中正、中和的精神，在这种状态下行事可以端正无疵。

⑬未济，征凶；利涉大川：六三位于下卦向上卦转变之际，象征事物尚未成功，渡越尚未完成，前途尚未明朗，以当前的状态放任发展下去必然凶险。此时运用“未济”的哲学精神作为指导就能改变当前状况，有利于涉越河川向远方开拓。爻辞所言“未济”，当理解为对事物当前情势的描述，而不作哲学思想理解。利涉大川，是从“未济，征凶”的另外一个角度来辩证地认识当前局面，并对“未济”的精神进行合理运用。

⑭“未济，征凶”，位不当也：六三呈现出事物的发展尚未完成，放任继续就会面临凶险的状况，是因为其所处的位置正好濒临全卦上下转换之际的不合理、不恰当位置。

⑮贞吉，悔亡：九四代表事物已经成功过渡到上卦阶段，有天道刚健之德，“未济”的哲学精神重新展现，加以坚守就能吉祥，六三阶段使人悔恨叹息的消极因素已经消亡。

⑯震用伐鬼方，三年有赏于大国：在九四阶段依靠天道刚健之德与“未济”精神的积极辅助之下继续发展行事，就能像当年商高宗起兵征伐鬼方一样，仅用三年时间就能取得成功，获得商朝这样的大国才能拥有的巨大利益。震，九四代表天道刚健之威，又成功渡过了上下卦转换，又有“未济”哲学精神的辅佑，这些因素共同构成的积极态势喻称为“震”。

⑰志行也：九四有“贞吉，悔亡”的评价，说明“未济”蕴

含的积极精神重新变得畅行无阻。

⑱**贞吉，无悔**：六五居上卦正中之位，象征事物顺应“未济”揭示的天道真理持续发展进步，保持这种局面就能吉祥，而不会使人悔恨遗憾。

⑲**君子之光有孚，吉**：六五代表事物的发展仍处在未济当中，但君子之德光芒彰显，信仰天道真理，因此情势吉祥美好。有孚，犹言对天道真理有所信仰，《坎》卦“有孚维心”即属此例。

⑳**其晖吉也**：晖，即指“君子之光”，《说文》曰“晖，光也”。

㉑**有孚于饮酒，无咎**：上九处在全卦之极，象征事物的发展已经达到“未济”的终末阶段，此时天道刚健之德也达到极高之境，因此在保持对天道真理信仰的同时饮酒欢乐，也不会造成咎害。饮酒，犹言在放松的心态下饮宴欢乐。饮酒在带来欢乐的同时，也可能使人因放松警慎之心而造成危害，故而爻辞强调此刻饮酒是建立在“有孚”的前提下，因此能够无咎。

㉒**濡其首，有孚失是**：如果事物在上九阶段的发展如同小狐在渡越中濡湿了脑袋，就说明饮酒放松超越了合理程度，即使信仰天道真理也会导致事物失去端正的发展路径。

㉓**“饮酒濡首”，亦不知节也**：放纵“饮酒”导致了“濡首”，同样说明这种情形是因为不知道有所节制才导致了消极结果。上九阶段代表事物发展已经接近最终成功，合理程度的饮酒欢庆是为了给最终的成功加把劲、带来鼓舞，但此时事物仍然处在“未济”的状态下，因此要保持节制，突破了合理节制的“饮酒”就会从积极的鼓舞性质转变为肆意放纵。小狐本来可以顺利走完渡越的最后一步，却在此时踏空而使脑袋都沉入水中，这种情形正是“未济”对我们提出的有力警告。

系辞上传

天尊地卑，乾坤定矣。卑高以陈，贵贱位矣。动静有常，刚柔断矣。方以类聚，物以群分，吉凶生矣。在天成象，在地成形，变化见矣。是故刚柔相摩，八卦相荡。鼓之以雷霆，润之以风雨；日月运行，一寒一暑。乾道成男，坤道成女。乾知大始，坤作成物。乾以易知，坤以简能；易则易知，简则易从；易知则有亲，易从则有功；有亲则可久，有功则可大；可久则贤人之德，可大则贤人之业。易简，而天下之理得矣；天下之理得，而成位乎其中矣。

圣人设卦观象，系辞焉！而明吉凶，刚柔相推而生变化。是故吉凶者，失得之象也；悔吝者，忧虞之象也。变化者，进退之象也；刚柔者，昼夜之象也。六爻之动，三极之道也。是故君子所居而安者，《易》之序也；所乐而玩者，爻之辞也。是故君子居则观其象而玩其辞，动则观其变而玩其占，是以“自天祐之，吉无不利”。

彖者，言乎象者也；爻者，言乎变者也。吉凶者，言乎其失得也；悔吝者，言乎其小疵也；无咎者，善补过也。是故列贵贱者存乎位，齐大小者存乎卦，辩吉凶者存乎辞，忧悔吝者存乎介，震无咎者存乎悔。是故卦有大小，辞有险易；辞也者，各指其所之。

《易》与天地准，故能弥纶天地之道。仰以观于天文，俯以察于地理，是故知幽明之故；原始反终，故知死生之说；精气为物，游魂为变，是故知鬼神之情状。与天地相似，故不违；知周乎万物而道济天下，故不过；旁行而不流，乐天知命，故不忧；安土敦乎仁，故能爱。范围天地之化而不过，曲成万物而不遗，通乎昼夜之道而知，故神无方而《易》无体。

一阴一阳之谓道。继之者善也，成之者性也。仁者见之谓之仁，知者见之谓之知，百姓日用而不知，故君子之道鲜矣。显诸仁，藏诸用，鼓万物而不与圣人同忧。盛德大业至矣哉！富有之谓大业，日新之谓盛德。生生之谓易，成象之谓乾，效法之谓坤，极数知来之谓占，通变之谓事，阴阳不测之谓神。

夫《易》广矣大矣！以言乎远则不御，以言乎迩则静而正，以言乎天地之间则备矣。夫乾，其静也专，其动也直，是以大生焉；夫坤，其静也翕，其动也辟，是以广生焉。广大配天地，变通配四时，阴阳之义配日月，易简之善配至德。

子曰："《易》，其至矣乎！夫《易》，圣人所以崇德而广业也。知崇礼卑，崇效天，卑法地。天地设位，而《易》行乎其中矣。成性存存，道义之门。"

圣人有以见天下之赜，而拟诸其形容，象其物宜，是故谓之象。圣人有以见天下之动，而观其会通，以行其典礼，系辞焉以断其吉凶，是故谓之爻。言天下之至赜，而不可恶也；言天下之至动，而不可乱也。拟之而后言，议之而后动，拟议以成其变化。"鸣鹤在阴，其子和之；我有好爵，吾与尔靡之。"子曰："君子居其室，出其言善，则千里之外应之，况其迩者乎？居其室，出其言不善，则千里之外违之，况其迩者乎？言出乎身，加乎民；行发乎迩，见乎远：言行，君子之枢机。枢机之发，荣辱之主也；言行，君子之所以动天地也，可不慎乎？""同人，先号咷而后笑。"子曰："君子之道，或出或处，或默或语。二人同心，其利断金；同心之言，其臭如兰。”“初六，借用白茅，无咎。”子曰：“苟错诸地而可矣，借之用茅，何咎之有？慎之至也。夫茅之为物薄，而用可重也。慎斯术也以往，其无所失矣。”“劳谦，君子有终，吉。”子曰：“劳而不伐，有功而不德，厚之至也。语以其功下人者也。德言盛，礼言恭；谦也者，致恭以存其位者也。”“亢龙有悔。”子曰：“贵而无位，高而无民，贤人在下位而无辅，是以动而有悔也。”“不出户庭，无咎。”子曰：“乱之所生也，则言语以为阶。君不密则失臣，臣不密则失身，几事不密则害成。是以君子慎密而不出也。”子曰：“作《易》者其知盗乎？《易》曰‘负且乘，致寇至。’负也者，小人之事也；乘也者，君子之器也。小人而乘君子之器，盗思夺之矣；上慢下暴，盗思伐之矣。慢藏诲盗，冶容诲淫。《易》曰‘负且乘，致寇至’，盗之招也。”

大衍之数五十，其用四十有九。分而为二以象两，挂一以象三，揲[①]之以四以象四时，归奇于扐[②]以象闰；五岁再闰，故再扐而后挂。天一，地二；天三，地四；天五，地六；天七，地八；天九，地十。天数五，地数五，五位相得而各有合。天数二十有五，地数三十，凡天地之数五十有五。此所以成变化而行鬼神也。《乾》之策二百一十有六，《坤》之策百四十有四，凡三百有六十，当期之日。二篇之策，万有一千五百二十，当万物之数也。是故四营而成《易》，十有八变而成卦，八卦而小成。引而伸之，触类而长之，天下之能事毕矣。显道神德行，是故可与酬酢，可与祐神矣。子曰：“知变化之道者，其知神之所

① 揲：读作dié或shé。古人进行占筮活动的动作与方法。有重叠、折叠之意，又有取法、采纳之意。

② 扐：读作lè。犹指古人占筮之时将蓍草之零数夹在手指中间的动作。

为乎？”

《易》有圣人之道四焉：以言者尚其辞，以动者尚其变，以制器者尚其象，以卜筮者尚其占。是以君子将有为也，将有行也，问焉而以言，其受命也如向，无有远近幽深，遂知来物。非天下之至精，其孰能与于此？参伍以变，错综其数：通其变，遂成天地之文；极其数，遂定天下之象。非天下之至变，其孰能与于此？《易》无思也，无为也，寂然不动，感而遂通天下之故。非天下之至神，其孰能与于此？夫《易》，圣人之所以极深而研几也。唯深也，故能通天下之志；唯几也，故能成天下之务；唯神也，故不疾而速，不行而至。子曰“《易》有圣人之道四焉”者，此之谓也。

天一、地二，天三、地四，天五、地六，天七、地八，天九、地十。子曰：“夫《易》何为者也？夫《易》开物成务，冒天下之道，如斯而已者也。”是故圣人以通天下之志，以定天下之业，以断天下之疑。是故蓍之德圆而神，卦之德方以知，六爻之义易以贡。圣人以此洗心，退藏于密，吉凶与民同患；神以知来，知以藏往。其孰能与此哉？古之聪明睿知，神武而不杀者夫。是以明于天之道，而察于民之故，是兴神物以前民用。圣人以此斋戒，以神明其德夫。是故阖户谓之坤，辟户谓之乾，一阖一辟谓之变，往来不穷谓之通；见乃谓之象，形乃谓之器，制而用之谓之法，利用出入，民咸用之谓之神。是故《易》有太极，是生两仪，两仪生四象，四象生八卦，八卦定吉凶，吉凶生大业。是故法象莫大乎天地；变通莫大乎四时；县象著明莫大乎日月；崇高莫大乎富贵；备物致用，立成器以为天下利，莫大乎圣人；探赜索隐，钩深致远，以定天下之吉凶，成天下之亹亹[①]

① 亹亹：读作wěi wěi，前辈学者训其犹言“勉勉”。

者，莫大乎蓍龟。是故天生神物，圣人则之；天地变化，圣人效之；天垂象，见吉凶，圣人象之；河出图，洛出书，圣人则之。《易》有四象，所以示也；系辞焉，所以告也；定之以吉凶，所以断也。

《易》曰："自天祐之，吉无不利。"子曰："祐者，助也。天之所助者，顺也；人之所助者，信也。履信思乎顺，又以尚贤也，是以'自天祐之，吉无不利'也。"子曰："书不尽言，言不尽意。"然则圣人之意其不可见乎？子曰："圣人立象以尽意，设卦以尽情伪，系辞焉以尽其言，变而通之以尽利，鼓之舞之以尽神。"乾坤，其《易》之缊邪？乾坤成列，而《易》立乎其中矣；乾坤毁，则无以见《易》；《易》不可见，则乾坤或几乎息矣。是故形而上者谓之道，形而下者谓之器，化而裁之谓之变，推而行之谓之通，举而错之天下之民谓之事业。是故夫象，圣人有以见天下之赜，而拟诸其形容，象其物宜，是故谓之象。圣人有以见天下之动，而观其会通，以行其典礼，系辞焉以断其吉凶，是故谓之爻。极天下之赜者存乎卦；鼓天下之动者存乎辞；化而裁之存乎变；推而行之存乎通；神而明之存乎其人；默而成之，不言而信，存乎德行。

系辞下传

八卦成列，象在其中矣；因而重之，爻在其中矣；刚柔相推，变在其中矣；系辞焉而命之，动在其中矣。吉凶悔吝者，生乎动者也；刚柔者，立本者也；变通者，趣时者也。吉凶者，贞胜者也；天地之道，贞观者也；日月之道，贞明者也；天下之动，贞夫一者也。夫乾，确然示人易矣；夫坤，隤然示人简矣。爻也者，效此者也；象也者，像此者也。爻象动乎内，吉凶见乎外；功业见乎变，圣人之情见乎辞。天地之大德曰生，圣人之大宝曰位。何以守位？曰仁。何以聚人？曰财。理财正辞、禁民为非曰义。

古者包牺氏之王天下也，仰则观象于天，俯则观法于地，观鸟兽之文，与地之宜，近取诸身，远取诸物，于是始作八卦，以通神明之德，以类万物之情。作结绳而为网罟，以佃以渔，盖取诸《离》。包牺氏没，神农氏作，斲[①]木为耜[②]，揉木为耒[③]，耒耨[④]之利，以教天下，盖取诸《益》。日中为市，致天下之民，聚天下之货，交易而退，各得其所，盖取诸《噬嗑》。神农氏没，

① 斲：读作zhuó。又写作“斫”。

② 耜：读作sì。古代一种农具。

③ 耒：读作lěi。古代一种农具。

④ 耨：读作nòu。古代一种农具。

黄帝、尧、舜氏作，通其变，使民不倦；神而化之，使民宜之。《易》穷则变，变则通，通则久，是以"自天祐之，吉无不利"。黄帝、尧、舜垂衣裳而天下治，盖取诸《乾》、《坤》。刳[①]木为舟，剡[②]木为楫，舟楫之利以济不通，致远以利天下，盖取诸《涣》。服牛乘马，引重致远，以利天下，盖取诸《随》。重门击柝[③]，以待暴客，盖取诸《豫》。断木为杵，掘地为臼，臼杵之利，万民以济，盖取诸《小过》。弦木为弧，剡木为矢，弧矢之利，以威天下，盖取诸《睽》。上古穴居而野处，后世圣人易之以宫室，上栋下宇，以待风雨，盖取诸《大壮》。古之葬者，厚衣之以薪，葬之中野，不封不树，丧期无数，后世圣人易之以棺椁，盖取诸《大过》。上古结绳而治，后世圣人易之以书契，百官以治，万民以察，盖取诸《夬》。

是故《易》者，象也；象也者，像也。彖者，材也；爻也者，效天下之动者也。是故吉凶生而悔吝著也。

阳卦多阴，阴卦多阳，其故何也？阳卦奇，阴卦耦。其德行何也？阳一君而二民，君子之道也；阴二君而一民，小人之道也。

《易》曰："憧憧往来，朋从尔思。"子曰："天下何思何虑？天下同归而殊途，一致而百虑，天下何思何虑？日往则月来，月往则日来，日月相推而明生焉；寒往则暑来，暑往则寒来，寒暑相推而岁成焉。往者屈也，来者信也，屈信相感而利生焉。尺蠖[④]之屈，以求信也；龙蛇之蛰，以存身也。精义入神，以致用

---

① 刳：读作kū。剖开，挖空。

② 剡：读作yǎn。削尖器物，使之锐利。

③ 柝：读作tuò。古代巡夜打更用的梆子。

④ 蠖：读作huò。昆虫名，《说文》曰："尺蠖，屈伸虫。"

也；利用安身，以崇德也。过此以往，未之或知也；穷神知化，德之盛也。”《易》曰：“困于石，据于蒺藜，入于其宫，不见其妻，凶。”子曰：“非所困而困焉，名必辱；非所据而据焉，身必危。既辱且危，死期将至，妻其可得见邪？”《易》曰：“公用射隼于高墉之上，获之，无不利。”子曰：“隼者，禽也；弓矢者，器也；射之者，人也。君子藏器于身，待时而动，何不利之有？动而不括，是以出而有获，语成器而动者也。”子曰：“小人不耻不仁，不畏不义，不见利不劝，不威不惩。小惩而大诫，此小人之福也。《易》曰‘屦校灭趾，无咎’，此之谓也。”“善不积不足以成名，恶不积不足以灭身。小人以小善为无益而弗为也，以小恶为无伤而弗去也，故恶积而不可掩，罪大而不可解。《易》曰：‘何校灭耳，凶。’”子曰：“危者，安其位者也；亡者，保其存者也；乱者，有其治者也。是故君子安而不忘危，存而不忘亡，治而不忘乱。是以身安而国家可保也。《易》曰：‘其亡其亡，系于苞桑。’”子曰：“德薄而位尊，知小而谋大，力小而任重，鲜不及矣！《易》曰：‘鼎折足，覆公悚，其形渥，凶。’言不胜其任也。”子曰：“知几[①]其神乎？君子上交不谄，下交不渎，其知几乎！几者，动之微，吉之先见者也。君子见几而作，不俟终日，《易》曰：‘介于石，不终日，贞吉。’介如石焉，宁用终日？断可识矣！君子知微知彰，知柔知刚，万夫之望。”子曰：“颜氏之子，其殆庶几乎？有不善，未尝不知；知之，未尝复行也。《易》曰：‘不远复，无只悔，元吉。’”“天地絪缊，万物化醇；男女构精，万物化生。《易》曰：‘三人行，则损一人；一人行，则得其友。’言致一也。”子曰：“君子安其身而后

① 几：同“机”，后文同。时机、机遇、机会之意。

动，易其心而后语，定其交而后求：君子修此三者，故全也。危以动，则民不与也；惧以语，则民不应也；无交而求，则民不与也；莫之与，则伤之者至矣。《易》曰：‘莫益之，或击之，立心勿恒，凶。’”

子曰：“乾、坤，其《易》之门邪？” 乾，阳物也；坤，阴物也。阴阳合德而刚柔有体，以体天地之撰，以通神明之德。其称名也，杂而不越，于稽其类，其衰世之意邪？夫《易》，彰往而察来，而微显阐幽。开而当名辨物，正言断辞则备矣。其称名也小，其取类也大，其旨远，其辞文，其言曲而中，其事肆而隐。因贰[①]以济民行，以明失得之报。

《易》之兴也，其于中古乎？作《易》者，其有忧患乎？是故《履》，德之基也；《谦》，德之柄也；《复》，德之本也；《恒》，德之固也；《损》，德之修也；《益》，德之裕也；《困》，德之辨也；《井》，德之地也；《巽》，德之制也。《履》，和而至；《谦》，尊而光；《复》，小而辨于物；《恒》，杂而不厌；《损》，先难而后易；《益》，长裕而不设；《困》，穷而通；《井》，居其所而迁；《巽》，称而隐。《履》以和行，《谦》以制礼，《复》以自知，《恒》以一德，《损》以远害，《益》以兴利，《困》以寡怨，《井》以辨义，《巽》以行权。

《易》之为书也，不可远。为道也屡迁，变动不居，周流六虚，上下无常，刚柔相易，不可为典要，唯变所适。其出入以度，外内使知惧。又明于忧患与故，无有师保，如临父母。初率其辞，而揆其方，既有典常。苟非其人，道不虚行。

《易》之为书也，原始要终以为质也。六爻相杂，唯其时物

① 贰：代指乾坤、阴阳等辩证概念。

也。其初难知，其上易知：本末也，初辞拟之，卒成之终。若夫杂物撰德，辩是与非，则非其中爻不备。噫！亦要存亡吉凶，则居可知矣。知者观其彖辞，则思过半矣。二与四同功而异位，其善不同；二多誉，四多惧，近也。柔之为道，不利远者；其要无咎，其用柔中也。三与五同功而异位：三多凶，五多功，贵贱之等也。其柔危，其刚胜邪？

《易》之为书也，广大悉备：有天道焉，有人道焉，有地道焉。兼三才而两之，故六；六者，非它也，三才之道也。道有变动，故曰爻；爻有等，故曰物；物相杂，故曰文；文不当，故吉凶生焉。

《易》之兴也，其当殷之末世，周之盛德邪？当文王与纣之事邪？是故其辞危。危者使平，易者使倾；其道甚大，百物不废。惧以终始，其要无咎，此之谓《易》之道也。

夫乾，天下之至健也，德行恒易以知险；夫坤，天下之至顺也，德行恒简以知阻。能说[①]诸心，能研诸侯之虑，定天下之吉凶，成天下之亹亹者。是故变化云为，吉事有祥；象事知器，占事知来。天地设位，圣人成能；人谋鬼谋，百姓与能。八卦以象告，爻彖以情言；刚柔杂居，而吉凶可见矣。变动以利言，吉凶以情迁；是故爱恶相攻而吉凶生，远近相取而悔吝生，情伪相感而利害生。凡《易》之情，近而不相得则凶；或害之，悔且吝。将叛者其辞惭，中心疑者其辞枝，吉人之辞寡，躁人之辞多，诬善之人其辞游，失其守者其辞屈。

① 说：同“悦”。

说卦传

昔者圣人之作《易》也，幽赞于神明而生蓍，参天两地而倚数，观变于阴阳而立卦，发挥于刚柔而生爻，和顺于道德而理于义，穷理尽性以至于命。

昔者圣人之作《易》也，将以顺性命之理。是以立天之道曰阴与阳，立地之道曰柔与刚，立人之道曰仁与义。兼三才而两之，故《易》六画而成卦；分阴分阳，迭用柔刚，故《易》六位而成章。

天地定位，山泽通气，雷风相薄，水火不相射；八卦相错。数往者顺，知来者逆，是故《易》逆数也。

雷以动之，风以散之；雨以润之，日以烜[①]之；艮以止之，兑以说[②]之；乾以君之，坤以藏之。

帝出乎震，齐乎巽，相见乎离，致役乎坤，说言乎兑，战乎乾，劳乎坎，成言乎艮。万物出乎震，震东方也。齐乎巽，巽东南也；齐也者，言万物之絜[③]齐也。离也者，明也，万物皆相见，南方之卦也；圣人南面而听天下，向明而治，盖取诸此也。坤也者，地也，万物皆致养焉，故曰致役乎坤。兑，正秋也，万

---

① 烜：读作xuān。又写作“晅”。本义指太阳光，又指温暖的阳光。

② 说：同“悦”，后文同。

③ 絜：读作jié。同“洁”。絜齐，犹言整齐。

物之所说也，故曰说言乎兑。战乎乾，乾西北之卦也，言阴阳相薄也。坎者，水也，正北方之卦也，劳卦也，万物之所归也，故曰劳乎坎。艮东北之卦也，万物之所成终而所成始也，故曰成言乎艮。

神也者，妙万物而为言者也。动万物者莫疾乎雷，桡[①]万物者莫疾乎风，燥万物者莫熯[②]乎火，说万物者莫说乎泽，润万物者莫润乎水，终万物始万物者莫盛乎艮。故水火相逮，雷风不相悖，山泽通气，然后能变化既成万物也。

乾，健也；坤，顺也；震，动也；巽，入也；坎，陷也；离，丽也；艮，止也；兑，说也。

乾为马，坤为牛，震为龙，巽为鸡，坎为豕，离为雉，艮为狗，兑为羊。

乾为首，坤为腹，震为足，巽为股，坎为耳，离为目，艮为手，兑为口。

乾，天也，故称乎父；坤，地也，故称乎母；震一索而得男，故谓之长男；巽一索而得女，故谓之长女；坎再索而得男，故谓之中男；离再索而得女，故谓之中女；艮三索而得男，故谓之少男；兑三索而得女，故谓之少女。

乾为天，为圜，为君，为父，为玉，为金，为寒，为冰，为大赤，为良马，为老马，为瘠马，为驳马，为木果。

坤为地，为母，为布，为釜，为吝啬，为均，为子母牛，为大舆，为文，为众，为柄，其于地也为黑。

① 桡：读作ráo。指弯曲的枝条。在本句引申为万物受到巽风的吹拂而改变了原来的形态。

② 熯：读作hàn。又作“暵”。指干燥、热。

震为雷，为龙，为玄黄，为旉[①]，为大涂，为长子，为决躁，为苍筤竹[②]，为萑苇[③]，其于马也为善鸣，为馵[④]足，为作足，为的颡[⑤]。其于稼也为反生，其究为健，为蕃鲜。

巽为木，为风，为长女，为绳直，为工，为白，为长，为高，为进退，为不果，为臭，其于人也为寡发，为广颡，为多白眼，为近利市三倍，其究为躁卦。

坎为水，为沟渎，为隐伏，为矫輮[⑥]，为弓轮，其于人也为加忧，为心病，为耳痛，为血卦，为赤，其于马也为美脊，为亟心，为下首，为薄蹄，为曳，其于舆也为多眚，为通，为月，为盗，其于木也为坚多心。

离为火，为日，为电，为中女，为甲胄，为戈兵，其于人也为大腹，为乾[⑦]卦，为鳖，为蟹，为蠃[⑧]，为蚌，为龟，其于木也为科上槁。

艮为山，为径路，为小石，为门阙，为果蓏[⑨]，为阍寺，为指，为狗，为鼠，为黔喙之属，其于木也为坚多节。

兑为泽，为少女，为巫，为口舌，为毁折，为附决，其于地也为刚卤，为妾，为羊。

---

① 旉，读作fū。古同“敷”。广泛、普遍之意。

② 苍筤竹：一种青色的竹子。筤，读作láng。

③ 萑苇：一种草本植物，《诗经·豳风·七月》：“八月萑苇。”萑，读作huán。

④ 馵：读作zhù。犹指左后脚白色的马。《诗经·秦风·小戎》：“驾我骐馵。”

⑤ 的颡：犹指白色额头的马。的，白色。颡，额头。

⑥ 矫輮：以外力改变木材原有的形态，使其变直或弯曲。輮，读作róu。

⑦ 乾：读作gān，古同“干”。

⑧ 蠃：读作luǒ。同“蜾”。

⑨ 蓏：读作luǒ。植物果实。

序卦传

有天地然后万物生焉。盈天地之间者唯万物，故受之以《屯》；屯者盈也，屯者物之始生也。物生必蒙，故受之以《蒙》；蒙者蒙也，物之稚也。物稚不可不养也，故受之以《需》；需者饮食之道也。饮食必有讼，故受之以《讼》。讼必有众起，故受之以《师》；师者众也。众必有所比，故受之以《比》；比者比也。比必有所畜，故受之以《小畜》。物畜然后有礼，故受之以《履》。履而泰，然后安，故受之以《泰》；泰者通也。物不可以终通，故受之以《否》。物不可以终否，故受之以《同人》。与人同者，物必归焉，故受之以《大有》。有大者不可以盈，故受之以《谦》。有大而能谦必豫，故受之以《豫》。豫必有随，故受之以《随》。以喜随人者必有事，故受之以《蛊》；蛊者事也。有事而后可大，故受之以《临》；临者大也。物大然后可观，故受之以《观》。可观而后有所合，故受之以《噬嗑》；嗑者合也。物不可以苟合而已，故受之以《贲》；贲者饰也。致饰然后亨则尽矣，故受之以《剥》；剥者剥也。物不可以终尽，剥穷上反下，故受之以《复》。复则不妄矣，故受之以《无妄》。有无妄然后可畜，故受之以《大畜》。物畜然后可养，故受之以《颐》；颐者养也。不养则不可动，故受之以《大过》。物不可以终过，故受之以《坎》；坎者陷也。陷必有所丽，故受之以《离》；离者丽也。

有天地然后有万物，有万物然后有男女，有男女然后有夫妇，有夫妇然后有父子，有父子然后有君臣，有君臣然后有上下，有上下然后礼义有所错。夫妇之道不可以不久也，故受之以《恒》；恒者久也。物不可以久居其所，故受之以《遁》；遁者退也。物不可以终遁，故受之以《大壮》。物不可以终壮，故受之以《晋》；晋者进也。进必有所伤，故受之以《明夷》；夷者伤也。伤于外者必反其家，故受之以《家人》。家道穷必乖，故受之以《睽》；睽者乖也。乖必有难，故受之以《蹇》；蹇者难也。物不可以终难，故受之以《解》；解者，缓也。缓必有所失，故受之以《损》。损而不已必益，故受之以《益》。益而不已必决，故受之以《夬》；夬者决也。决必有所遇，故受之以《姤》；姤者遇也。物相遇而后聚，故受之以《萃》；萃者聚也。聚而上者谓之升，故受之以《升》。升而不已必困，故受之以《困》。困乎上者必反下，故受之以《井》。井道不可不革，故受之以《革》。革物者莫若鼎，故受之以《鼎》。主器者莫若长子，故受之以《震》；震者动也。物不可以终动，止之，故受之以《艮》；艮者止也。物不可以终止，故受之以《渐》；渐者进也。进必有所归，故受之以《归妹》。得其所归者必大，故受之以《丰》；丰者大也。穷大者必失其居，故受之以《旅》。旅而无所容，故受之以《巽》；巽者入也。入而后说之，故受之以《兑》；兑者说也。说而后散之，故受之以《涣》；涣者离也。物不可以终离，故受之以《节》。节而信之，故受之以《中孚》。有其信者必行之，故受之以《小过》。有过物者必济，故受之以《既济》。物不可穷也，故受之以《未济》终焉。

杂卦传

《乾》刚《坤》柔，《比》乐《师》忧；《临》、《观》之义，或与或求。《屯》见而不失其居，《蒙》杂而著。《震》起也，《艮》止也；《损》、《益》盛衰之始也。《大畜》时也，《无妄》灾也。《萃》聚而《升》不来也，《谦》轻而《豫》怠也。《噬嗑》食也，《贲》无色也；《兑》见而《巽》伏也。《随》无故也，《蛊》则饬也。《剥》烂也，《复》反也。《晋》昼也，《明夷》诛也；《井》通而《困》相遇也。《咸》速也，《恒》久也；《涣》离也，《节》止也。《解》缓也，《蹇》难也。《睽》外也，《家人》内也；《否》、《泰》反其类也。《大壮》则止，《遁》则退也。《大有》众也，《同人》亲也；《革》去故也，《鼎》取新也；《小过》过也，《中孚》信也。《丰》多故也，亲寡《旅》也；《离》上而《坎》下也。《小畜》寡也，《履》不处也。《需》不进也，《讼》不亲也。《大过》颠也，《姤》遇也，柔遇刚也。《渐》女归待男行也。《颐》养正也，《既济》定也。《归妹》女之终也，《未济》男之穷也。《夬》决也，刚决柔也；君子道长，小人道忧也。